长薜书院

洪东亮 著

江西高校出版社
JIANGXI UNIVERSITIES AND COLLEGES PRESS

图书在版编目（CIP）数据

长芗书院/洪东亮著. —南昌：江西高校出版社，2018.1（2024.9重印）
ISBN 978-7-5493-6632-3

Ⅰ.①长… Ⅱ.①洪… Ⅲ.①书院—教育史—景德镇 Ⅳ.①G649.299.563

中国版本图书馆 CIP 数据核字（2017）第 327574 号

出版发行	江西高校出版社
社　　址	江西省南昌市洪都北大道96号
总编室电话	(0791)88504319
销售电话	(0791)88592590
网　　址	www.juacp.com
印　　刷	三河市京兰印务有限公司
经　　销	全国新华书店
开　　本	787×1092mm　1/16
印　　张	14.5+0.5
字　　数	245 千字
版　　次	2018 年 1 月第 1 版 2024 年 9 月第 2 次印刷
书　　号	ISBN 978-7-5493-6632-3
定　　价	98.00 元

赣版权登字-07-2017-1681
版权所有　侵权必究

图书若有印装问题，请随时向本社印制部（0791-88513257）退换

通往禅师山的古山门

禅师山俯瞰图

本书作者洪东亮于北京大学访著名学者楼宇烈先生(左)

中国工艺美术大师王锡良为长芗书院题写院名

长芗讲坛六百年后重开讲

长芗书院文化研究会会长释果祥（右一）赴安徽祁门考察并受赠唐代西峰禅师遗物

通往禅师山的宋元古道

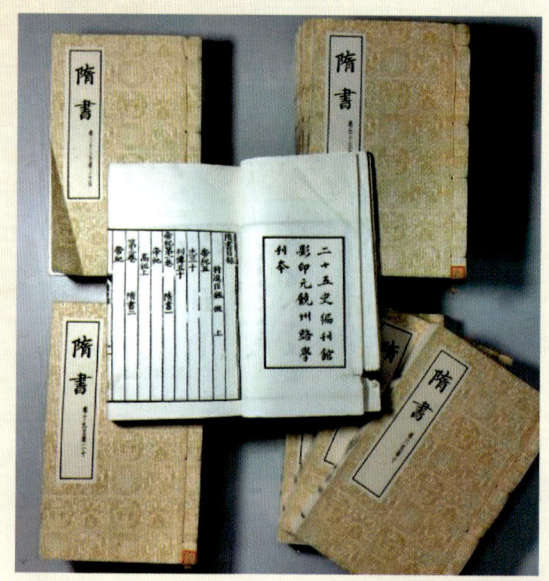

影印长芗书院参刻
元刊本《隋书》

长芗书院收藏的陶
瓷文献典籍(部分)

铭有长芗书院名称的国宝
——元青花釉里红楼阁式谷仓

长芗山房

状元亭

长芗梅开

云林深处

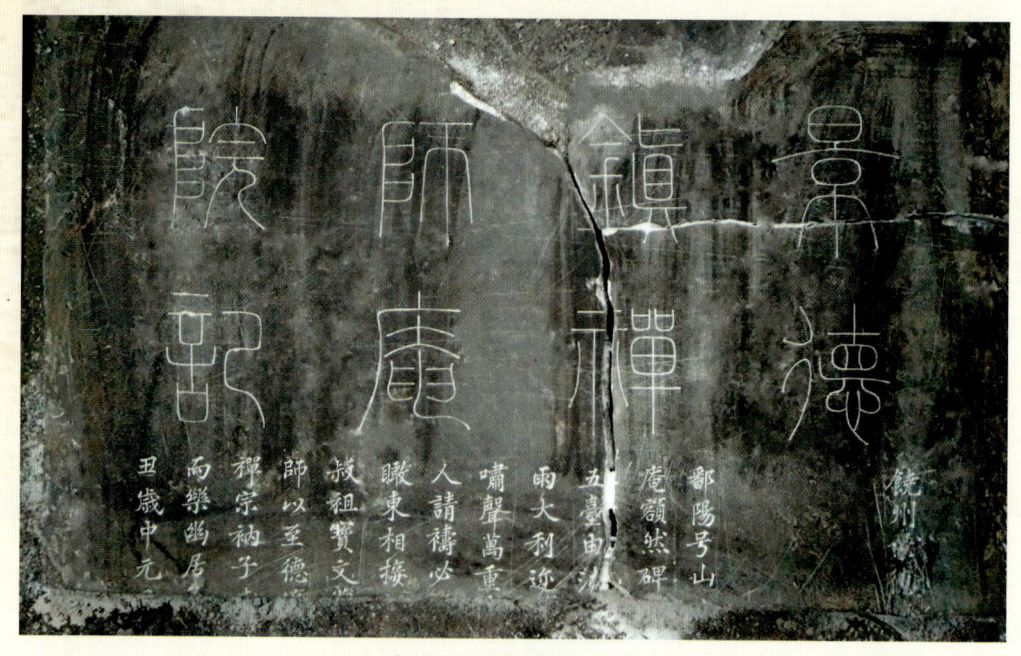

南宋禅师庵碑刻残片

元代元贞三年禅师院碑刻

书院是中国教育史和文化史上的一朵奇葩。元代嵇厚在《长芗书院记》中说，"大江以右，书院为盛。"旧志载，浮梁"书院之建，盛于他邑"，"士趋诗书，矜名节"，历代"衣冠人物之盛甲于江右。"书院在景德镇（古代浮梁）的历史上曾经书写过绚丽多彩的一笔。

长芗书院创建于南宋庆元三年（1197），至今已有820年的历史。作为景德镇历史上第一所官办性质的书院，长芗书院不仅是我市的著名书院，而且是宋元之际江南地区有着较大影响的书院之一，是我市又一十分重要的历史文化遗产。

该书院自宋末创立，历经元代，于明初停办，前后历时174年。其存世时间虽短，但是在一批名师硕儒的加盟与造访下，盛名远播于江南。宋末元初之际，有"江西诗派殿军人物"之称的进士方回重修长芗书院；元代"新安三俊"之一的洪焱祖、"京口四杰"之一的俞希鲁、浮梁大儒吴迁等曾经任过长芗书院山长；一代"词宗"、浙东大儒吴莱被举荐为长芗书院山长。此外，江西省博物馆镇馆之宝——元青花釉里红楼阁式谷仓铭有长芗书院名称，受到世人关注。

元代著名史学家、文学家欧阳玄来此讲学，用"圣朝无地非无教，院在长芗业已专"的诗句盛赞长芗书院。明代著名戏剧家、文学家汤显祖对长芗书院予以肯定。

但是由于时代暌隔，史志文献对长芗书院的记载极为匮乏。目前，所能见到最早记载长芗书院的文献是南宋王象之所著《舆地纪胜》。此外《江西通志》《饶州府志》《浮梁县志》有简略记载。后人对长芗书院的了解十分有限。

可喜的是，省级骨干教师、景德镇市专业技术拔尖人才、昌江区政协委员洪东亮，历时五年，通过查考史志以及碑铭谱谍等大量文献资料，对长芗书院的历史文化进行深入研究，并致力于推动书院的复兴。当二十万言的《长芗书院》书稿摆在面前时，着实给了我一阵惊喜。初读书稿，感觉其考据充分，往往发人所未见。尤其是一些鲜为人知的史料文献的发掘，不仅于长芗书院的研究有重要价值，而且对研究景德镇宋元之际的历史文化都有一定意义。

初识东亮，是因为他的一篇有关北宋状元彭汝砺的研究文章。此后，又因其于长芗书院的研究与复兴工作，加深了我对他的了解。他热心于景德镇地方文化的研究与教育普及工作，出版了地方教材《瓷都三字经》；历时七年挖掘荷塘历史文化，主编出版了纪实性文献《荷塘——社会主义时代的南泥湾》，为弘扬"荷塘精神"做出了贡献。作为一名乡村教师，多年来甘于寂寞，钻故纸堆，艰难探索，难能可贵。

正如其《长芗书院雅集歌并记》中所言，"探长芗故事于典籍碑刻之中，辟云林胜境于榛莽危岩之间。"无疑，东亮对长芗书院的研究与复兴工作所付出的努力是十分有意义的。当前，国民的文化自信得到提升，优秀传统文化的复兴受到关注。我们期待通过各方面的努力，景德镇这所古老的书院能够得以重兴，焕发出新的生机。

是为序。

景德镇市政协主席 黄康明

2018年1月

目 录

第一部分 书院春秋

历史沿革 …………………………………………… (003)

规模影响 …………………………………………… (010)

人文渊薮 …………………………………………… (014)

历代人物(一) ……………………………………… (019)

历代人物(二) ……………………………………… (046)

长芗遗珍 …………………………………………… (055)

历代诗抄 …………………………………………… (062)

佳话传说 …………………………………………… (080)

佛教圣地 …………………………………………… (083)

当代复兴 …………………………………………… (088)

第二部分 文献萃要

长芗书院记 ………………………………… 嵇 厚 (095)

故陈山长妻姜氏墓铭 ……………………… 吴 澄 (096)

华阳贞素舒先生墓志铭 …………………… 唐桂芳 (097)

欧阳玄传 ……………………………… 宋 濂 王 袆 (099)

《经传发明》序 …………………………… 吴 迁 (101)

《钦定四库全书·集部·杏庭摘稿》提要 …… 纪 昀 等 (102)

《杏庭摘稿》原序 …………………………… 危 素 (103)

《杏庭摘稿》序	宋　濂	(104)
方总管回传	洪焱祖	(105)
《浮梁志》序	屠济亨	(106)
胡翰传	张廷玉	(107)
《钦定四库全书·环谷集》提要	纪　昀 等	(108)
《经礼补逸》后论	汪克宽	(109)
《通鉴纲目凡例考异》自序	汪克宽	(111)
《钦定四库全书荟要·渊颖集》提要	纪　昀 等	(112)
渊颖先生碑	宋　濂	(113)
渊颖先生私谥议	宋　濂	(116)
《渊颖集》序	胡　翰	(117)
《渊颖吴先生集》序	刘　基	(119)
《渊颖吴先生文集》序	胡　助	(120)
赵公卫道墓志铭	杨维桢	(121)
《春雨轩集》原序三	宋　濂	(122)
《经礼补逸》原序	曾　鲁	(123)
环谷汪先生行状	吴国英	(124)
明代琉球册封使臣刘俭史料辑录	洪东亮 辑	(127)
元监署各路儒学书院医院刻书	叶德辉	(130)
程节、程筠家族由族而家的发展	黄宽重	(135)
俞希鲁家世考	高启新	(145)
洪焱祖咏浮梁诗五首注析	韩晓光	(147)
西峰禅师有关文献辑录	洪东亮 整理	(153)
唐氏三先生生平介绍	唐　宸	(157)
元代著名理学家唐元	洪东亮 整理	(166)
元末明初新安理学家汪克宽	康　健	(170)
汪克宽撰《重修郑司徒庙记》考释	陈　琪	(177)
刘鼎改状	吴先龙	(182)
我在禅师庵读经馆	姚甘霖	(185)
禅师庵前百亩田	陈海澄 整理	(187)

附录 …………………………………………………………（189）
 景德镇市历代书院述略 ………………………… 洪东亮（189）
 浮梁县的书院 …………………………………… 徐镇寿（198）
 杨简与乐平慈湖书院 …………………………… 徐行溥（204）
 东山书院 ………………………………… 吴嘉球　吴　庄（208）
 西河书院 ………………………………………… 杨瑞开（212）
 北斗书院 ………………………………………… 郑惟馨（215）
 景德镇的私塾 …………………………………… 王达林（218）

参考文献 ………………………………………………………（222）
跋 ………………………………………………………………（224）

第一部分 书院春秋

历史沿革

1.史志对长芗书院的记载

有关景德镇长芗书院的记载，目前所发现最早的史志文献是南宋王象之所著《舆地纪胜》。其载："长芗书院在浮梁之景德镇，季齐愈创，有夫子庙，屋四十间，田二百亩。"①

明正德刻本《饶州府志》卷三记载："长芗书院在景德镇，见《一统志》注，宋李齐愈建，方回记，兵毁。"②

康熙二十一年版《浮梁县志》记载："长芗书院，宋庆元三年，监镇李齐愈请于郡，建书院于镇市西。守林桶援白鹿例名长芗。元贞丙申，山长凌子秀、朱继曾请于江东宣慰使稽厚以旧基新之。泰定乙丑，进士方回请于郡守段廷珪，以训导臧履、直学闵济重修。明初，举朱伯高为山长，张京伯为直学。洪武辛亥，徐逊赴省主试，荐朱伯高为府教授，学遂废。"③

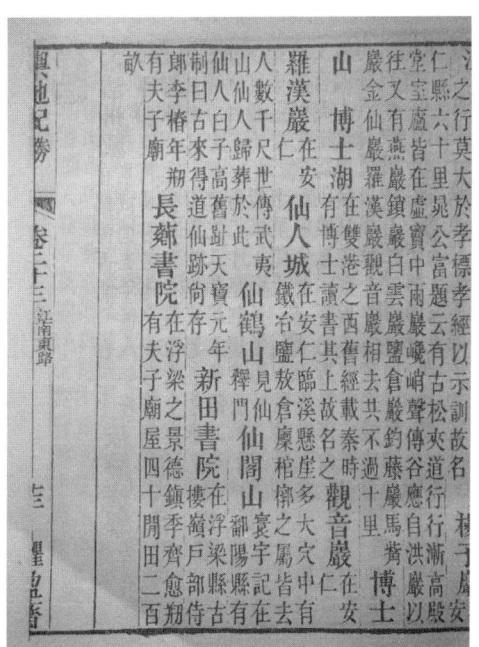

南宋王象之《舆地纪胜》载长芗书院事

---

① 《舆地纪胜》卷二十三·江南东路·饶州，中华书局，1992年据道光二十九年版影印出版，2003年第二次印刷，1045页。
② 《正德饶州府志》，天一阁藏明代地方志选刊续编，明正德刻本影印，上海书店，337页。
③ 《浮梁县志》，据清陈淯、邓燨等纂，清康熙二十一年刊本影印，台湾成文出版社有限公司出版，1989年12月台一版，268~269页。

清程廷济、凌汝绵纂,清乾隆四十八年(1783)《浮梁县志》卷三《学校志》载:"长芗书院在景德镇,宋庆元三年监镇李齐愈请于郡建。元贞二年山长凌子秀、朱继曾请于江东宣慰使嵇厚以旧基新之,厚有记。记曰……欧阳元至书院语学者诗:圣朝无地非无教,院在长芗业已专。须慎言行遥聚日,尤参理欲独修前。花香鸟语山千屿,月霁风光水一川。暂驻星昭语多士,学成芸阁自求贤。刘俭书院怀古诗:川转峰峦绕,当年诵读乡。惟志依典籍,不敢远宫墙。茂草封前迹,荒藤夹旧疆。书声还隐约,飞鸟下斜阳。延祐间浦江吴莱署山长。泰定二年,进士方回请于总管段廷珪,以训导臧履、直学闵济重修。明洪武初,举朱伯高为山长、张京伯为直学。洪武四年,以徐逊赴省主试,荐朱伯高为府学教授,书院遂废。"①

道光十二年《浮梁县志》载长芗书院事

道光版《浮梁县志》对长芗书院的记载,与乾隆四十八年(1783)《浮梁县志》记载相同。

清同治十一年版《饶州府志》卷七记载:长芗书院在景德镇,宋李齐愈建,今废。②

2.长芗书院的创建时间

长芗书院创建于南宋庆元三年(1197)。由于史料的缺乏,对这一时间的

---

① 《浮梁县志》卷三《学校志》,1960年江西省图书馆据国家图书馆藏清乾隆四十八年刻本油印本。
② 《饶州府志》,清锡直修,石景芬纂,鄱阳县地方志编纂委员会办公室同治十一年刊本点校,连四纸印,2014年江西人民出版社出版,238页。

认定，仅限于清代康、乾以后的地方志的记述。元代嵇厚作《长芗书院记》，述及书院创建，说"有宋庆元之初，浮梁之镇市长芗书院先监务李韩思所建者也"，与前述吻合。另外，查考记载有长芗书院事的《舆地纪胜》，其作者系南宋王象之。王象之，字仪父，婺州金华人，庆元二年登进士第，曾任江宁知县等职。《舆地纪胜》初稿约于嘉定十四年（1221）完成，至宋理宗宝庆三年（1227）全书始成。可见长芗书院创建时间至少要早于该书成书时间。综上，长芗书院创建于南宋庆元三年，是可以得到认可的。

3.长芗书院的创建者

关于长芗书院的创建者，主要有两种说法。

一是据景德镇（浮梁）当地的地方志资料记载，长芗书院的创建者是南宋景德镇监镇李齐愈。康熙、乾隆、道光各版本《浮梁县志》，均记载为"李齐愈"，元代嵇厚《长芗书院记》（见乾隆版《浮梁县志》）说，长芗书院为"先监务李韩思所建"，其姓为"李"。由于史料匮乏，李齐愈（韩思）不见于其他记载。

二是据《舆地纪胜》记载："长芗书院在浮梁之景德镇，季齐愈创，有夫子庙，屋四十间，田二百亩。"这一说法，引自中华书局影印出版的南宋王象之著《舆地纪胜》。与前述不同，"李齐愈"变成了"季齐愈"，仅一字之差。

长芗书院的创建者究竟是李齐愈，还是季齐愈？按成书时间先后说，我们认为《舆地纪胜》的记载更为可靠。

《舆地纪胜》大约成书于宋理宗宝庆三年（1227），离长芗书院的创建仅三十年时间。该书对长芗书院的记述其可信度更高。而且，该书对长芗书院的祭祀（夫子庙）、大小（屋四十间）、田产（田二百亩）的记述，是其后所有关于长芗书院的记载都不具有的内容。另外，我们在考据季齐愈其人上，也可以获得一些新的发现。长芗书院创建这一时期名叫"季齐愈"的人，可查考的有嘉定十七年任象山县令的季齐愈。季齐愈任象山县令事，在当地县志有零星记载，有善政，作《等慈寺僧堂记》（今亡佚），在石浦渔港留有"季侯顾我"等石刻。季齐愈与金华（东阳）的王象之是同时代的人，同属浙江，地域相近，而且同样任过县令。他们之间有交集的可能性极大。《舆地纪胜》所记载的江南东路饶州府"景物（上、下）"中，以书院列入的仅有浮梁的新田书院和长芗书院。至于季齐愈有没有来景德镇任监镇，目前尚无资料显示。以上有待于进一步考证。如果长芗书院的创建者是"季齐愈"的话，那么其后由于笔误而成"李齐愈"也就不难理解了。

4.长芗书院的旧址

长芗书院创建于南宋末期，历元代，于明初停办，前后仅有174年的历史。明清以来的史志对其具体位置的记载均语焉不详。《舆地纪胜》只说在"景德镇"；康熙版《浮梁县志》说"镇市西"；嵇厚《长芗书院记》仅说"旧基新之"，不载详细地址。"镇市西"，镇市即镇市都，今属景德镇老城区。

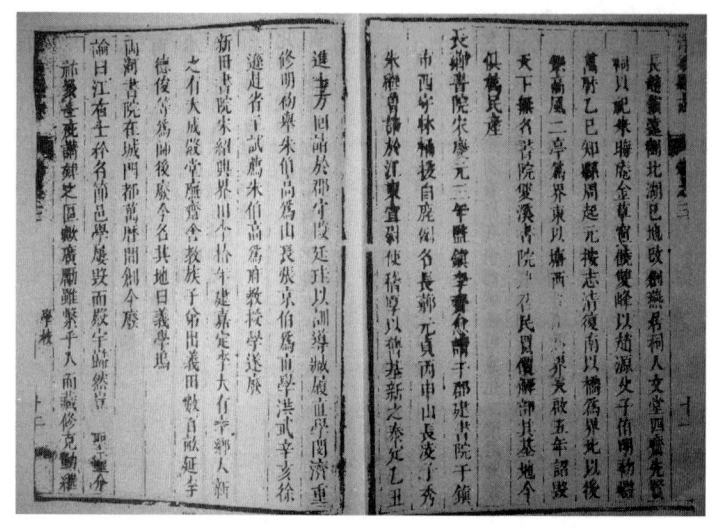

康熙二十一年版《浮梁县志》载长芗书院事

长芗为景德镇旧地名，处镇市以西。据1989年版《景德镇市志略》载，清代康熙、乾隆、道光时期，长芗都属浮梁县兴西乡，至县治30里。历史上的长芗都（亦写作长香都），其大致位置在昌江河以西，北起三间庙，往南含金鱼山、十八渡、官庄，最南端至禅师山一带，最西端为二亭村龙塘山与鄱阳界，今为景德镇市昌江区辖地。

长芗书院在长芗并无疑义，但具体的位置仍有待考证。

目前，对长芗书院地理位置的考证主要有两种意见：

一是禅师山说。

1988年由汪水传主编，景德镇市地名志办公室编印出版的《景德镇地名志》中，《景德镇的会馆和书院》一文附表记载长芗书院"坐落地址为禅师庵"。禅师庵在今景德镇市昌江区境内，位于昌江河以东的渡峰坑村东南的禅师山。这里山势险峻，古道有"十八折"之称。禅师山因唐代名僧西峰禅师来此传经而得名。禅师山地处景德镇南山，翠峰环峙，远离尘嚣，历来是读书讲学的好地方。据道光版《浮梁县志》记载，禅师山在北宋时建有云林别

道光版《浮梁县志》载禅师山位置图

墅,宋嘉祐四年状元上饶铅山人刘辉(初名几)随父寓居景德镇时,与程筠(程节之弟,宋嘉祐二年进士)交游,曾读书其间。

持这种意见的还有1988年版《景德镇市教育志》主笔徐镇寿先生。他对浮梁历史上的书院进行过考察。他在《浮梁县的书院》一文中,述及长芗书院时,说"长芗书院当设于禅师山一带"。①但不知所据。前不久,笔者走访了现年八十岁的徐镇寿先生。据他回忆,二十世纪八十年代他对景德镇地区书院进行调研,依据对年长者的采访,以及基于禅师山自宋代以来就是办学之地,而初步断定其为长芗书院的旧址。不过为谨慎起见,1988年版《景德镇市教育志》述及长芗书院旧址时备注"待考"二字。②

2008年,《景德镇市志》第五卷之《教育志》载,"南宋庆元三年(1197),景德镇监镇李齐愈于景德镇仿白鹿洞书院制,创建长芗书院。有人说长芗址在禅师山,待考。"

2009年出版的吴逢辰主编《浮梁民俗》一书,在《南宋至清代浮梁县历代书院一览》中,载长芗书院原址为"镇市都",今地名为"禅师庵"。

二是官庄说。

近年来随着研究的深入,发现了长芗书院位于官庄的有力证据。

昌江区吕蒙乡官庄村《史氏宗谱》,谱中有"浮梁镇西官庄史氏世居地图",官庄以东标注有"长芗书院"名。其北为兰冲寺、东北为市埠渡,东为张家社,南为龙塘。另谱中载有长芗书院诗三首,其一:"官庄地冕即长芗,世泽源流一水长。乐育何年春草满,歌吟时带古书香。"官庄地冕,即指官庄村东头。

---

① 《景德镇文史资料》(第八辑),王遐主编,石奎济副主编,景德镇市政协文史资料研究会编,1992年,72页。
② 《景德镇市志(有史记载—1985)》(第五卷),陈新平、江寿如主编,景德镇市地方志编纂委员会,2009年第一版,2012年再版,2008页。

在现年74岁的史氏族人史火松的带领下，我们按照宗谱所载示意图，查考了图中几个地点。史氏祠堂位于现黎明制药厂厂区内，离昌江五十余米，1979年建厂时被拆，原居住在祠堂附近的史火松等村民同时迁居他处。龙塘是一个两亩左右大小的池塘，周边流水积于此，过去有一条水沟流经祠堂入昌江。龙塘离昌江百余米，距岚山大桥北桥头两百米左右，近几年池塘被填埋建起了几栋楼房，龙塘彻底消失。至于长芗书院，史火松说以前没有听说过此事，按图所示，大概位置应在康家花园以西两百米处，以前这里是一片竹园，现在是厂区。张家社情况不详。其他地名，如勒马山，位于昌江区政府大院西南侧，西山路与瓷都大道交汇处东北侧；石灰窑在现昌江人武部和气象局所在地；舒家庄过去属鄱阳管辖；鄱阳与浮梁分界点在今新都民营陶瓷园兴园路。

对长芗书院旧址考证的新发现，我们感到十分欣慰。毕竟对长芗书院的身世有了进一步的认识。不过，基于现在的官庄村已蜕变成了城市新区，地形地貌发生了巨变，过去的丘陵山岗多被铲平、沟渠被填埋，已不具备原址复建长芗书院的条件。结合禅师山的历史文化及其生态环境，择址其间复兴长芗书院，目前看来依然是最佳选择。

5. 长芗书院的历次重修

长芗书院南宋庆元三年（1197）创建，至明洪武四年（1371）停办，期间历时174年。因战火等原因屡毁屡兴。查考有关史志资料，主要有以下几次重修：

一是宋末元初之际进士方回重修长芗书院。方回（1227—1307），字万里，别号虚谷，徽州歙县（今属安徽）人，宋景定三年（1262）进士，元朝诗人、诗论家，为江西诗派殿军人物（参见《中国文学史·第三卷·第六编·元代文学》），著有《瀛奎律髓》四十九卷。其重修长芗书院事迹考证详见下文。

二是元代元贞丙申年（1296），山长凌子秀、朱继曾请于江东宣慰使嵇厚以旧基新之。

经历宋元之际的动荡，长芗书院一度被毁。元成宗元贞年间，天下初定，百废待兴。时为山长的凌颖山（字子秀）率众修复长芗书院，并得到时任江东宣慰使的嵇厚的支持。嵇厚为此作记，称新修成的长芗书院，"堂庑斋舍使俾焕然"，其规模远比南宋庆元之初创建时要大得多。这一次重修，不仅延续了长芗书院的历史生命，还为后人留下了十分珍贵的《长芗书院记》。

三是郡守段廷珪，以训导臧履、直学闵济重修长芗书院。

据康熙版《浮梁县志》记载，泰定乙丑（1325）进士方回请于郡守段廷珪，以训导臧履、直学闵济重修。关于这次重修，没有其他史料佐证，而且查考《方回年谱》等文献可知进士方回不可能在泰定乙丑年重修长芗书院，因为方回已于大德十一年（1307）卒，享年81岁。

据蓝浦《景德镇陶录》载，"元改宋监镇官为提领，至泰定后又以本路总管监陶，皆有命则供，否则止，税课而已。"①经查考，泰定前后督陶者有泰定二年的段廷珪与至顺二年（1331）的堵闰。

道光版《浮梁县志》载元代浮梁州知州屠济亨旧序，称"余出守是州之三月，郡刺史清泉段公蒙旨董陶至州。"泰定乙丑《浮梁州志》刻本，为段廷珪修、臧廷凤纂。清泉，旧县名，今属湖南省衡阳县。段公即段廷珪，事迹不详。臧廷凤为臧履的先人，南徐（今江苏省镇江市）人。

闵济（一作齐），生卒年不详，县志无传。据《编类运使复斋郭公敏行录》载，皇庆元年（1312），郭郁来浮梁任知州。闵齐与郭郁有唱和，并为郭郁父亲作贺寿诗。详见本书"历代人物（一）"郭郁篇。

堵闰，元代曾任长芗书院山长的俞希鲁所编《至顺镇江志·人材·仕进·土著》有记载：

堵闰，字济川，金坛人。初辟浙西、浙东宪司书吏，历昌化尉，信州路总管府知事，选为江浙行省掾。除从仕郎、建州路录事，再调承务郎、饶州路总管府推官。趣召入觐，以母老俾便侍养，特改授镇江等处稻田提举，且赐金币以宠行。至顺二年（1331）七月，奉命督陶器于饶，行次三衢之常山，以病卒。②

堵闰未到景德镇督陶而卒，不可能参与长芗书院的重修。

元泰定乙丑年，郡守段廷珪，以训导臧履、直学闵济重修长芗书院是可信的。此时离凌颖山于元贞丙申年重修长芗书院已近三十年。至于进士方回重修长芗书院，其时间当在凌颖山之前。据明正德刻本《饶州府志》载，长芗书院在景德镇，宋李齐愈建，方回记，兵毁。目前，由于史料缺乏，方回重修长芗书院的具体时间待考，方回所作的记有待发现。

6. 长芗书院的当代复兴

2013年，本书作者开始对长芗书院历史文化进行研究。2015年成立了景德镇市长芗书院文化研究会。2016年3月，在景德镇南山腹地的禅师山中启动长芗书院的复兴工作。详见本书"当代复兴"章节。

---

① 《景德镇陶录》卷五，蓝浦原著，郑廷桂补辑，清光绪辛卯年，京都书业堂藏版。
② 《至顺镇江志》卷十九，（元）俞希鲁编，江苏古籍出版社，1999年，762页。

规模影响

1.规模

关于长芗书院的办学规模,由于其停办时间久,历史资料又极为缺乏,因此目前对长芗书院的规模了解比较少。据南宋王象之所著《舆地纪胜》,知其创建之初,有"屋四十间,田二百亩。"至于生徒数量则不得而知。

长芗书院的学生来源不限于本地。乡塾的优秀人才,邻州远邑的学者亦前来求学。

2.学规

正如史料记载,长芗书院援白鹿洞例而建,其学规等与白鹿洞书院同。长芗书院建于南宋庆元三年,此时白鹿洞书院学规成熟,为天下书院之榜样。尤其是朱子学规,为天下范。朱子学规即《白鹿洞书院揭示》,又名《白鹿洞书院学规》。

白鹿洞书院,位于庐山五老峰南麓后屏山下,唐李渤读书其中,养一白鹿自娱,人称白鹿先生。因此地四山环合,俯视似洞,由此得名。南唐升元年间,白鹿洞正式辟为学馆,亦称"庐山国学",后扩为书院,与湖南的岳麓书院、河南的嵩阳书院和应天书院并称为"中国四大书院"。

《白鹿洞书院学规》原文如下:

父子有亲。君臣有义。夫妇有别。长幼有序。朋友有信。

右五教之目。尧、舜使契为司徒,敬敷五教,即此是也。学者学此而已。而其所以学之之序,亦有五焉,其别如左:

博学之。审问之。慎思之。明辨之。笃行之。

右为学之序。学、问、思、辨、四者所以穷理也。

若夫笃行之事,则自修身以至于处事、接物,亦各有要,其别如左:

言忠信。行笃敬。惩忿窒欲。迁善改过。

右修身之要。

正其义不谋其利。明其道不计其功。

右处事之要。

己所不欲,勿施于人。行有不得,反求诸己。

右接物之要。

熹窃观古昔圣贤所以教人为学之意,莫非使之讲明义理,以修其身,然后推以及人,非徒欲其务记览,为词章,以钓声名,取利禄而已也。

今人之为学者,则既反是矣。然圣贤所以教人之法,具存于经,有志之士,固当熟读、深思而问、辨之。

苟知其理之当然,而责其身以必然,则夫规矩禁防之具,岂待他人设之而后有所持循哉?近世于学有规,其待学者为已浅矣。而其为法,又未必古人之意也。

故今不复以施于此堂,而特取凡圣贤所以教人为学之大端,条列如右,而揭之楣间。诸君其相与讲明遵守,而责之于身焉,则夫思虑云为之际,其所以戒谨而恐惧者,必有严于彼者矣。

其有不然,而或出于此言之所弃,则彼所谓规者,必将取之,固不得而略也。诸君其亦念之哉。

3. 祭祀与学田

长芗书院有夫子庙,祭祀孔子。书院置学田,数量为200亩,具备了书院的基本功能。

4. 地位影响

长芗书院不仅是景德镇地区历史上著名的书院,而且在江南地区有着较大的影响,主要表现在以下几个方面:

一是长芗书院具有官办性质。

长芗书院创办者为当时的监镇。《宋史·职官志》载:"诸镇,置于管下人烟繁盛处,设监官。"景德镇北宋始设立监镇官职,从已知的监镇官看,来源不限于本州县。监镇主要负责城镇治安及税务兼有户籍、保甲、兴办公益事业的职责。长芗书院的创办者季齐愈时为监镇。景德镇地区创办最早的新田书院,由南宋户部侍郎致仕后的李椿年创办,教授的学生也只是族人子弟而已,其实质是家塾性质的书院。至长芗书院的创建,景德镇(浮梁)才有了真正意义上的书院。

元代，长芗书院的官办性质得到进一步加强。元代是书院发展的鼎盛时期。据清初学者朱彝尊《日下旧闻》卷十一记载："书院之设，莫盛于元，设山长以主之，给廪饩以养之，几遍天下。"元代书院以它们的建立历史，可分为三类：第一类是金、南宋幸存下来的旧书院，第二类是官府主持修建的书院，第三类是民间自办的书院。前两类书院基本上是官办性质的，它的资财由官府控制，学官由官府派遣。后一类书院，多民办性质，官府只是予以形式上的承认——"赐额"，至于资财、教务均由书院自主，并"不隶于有司。"（见复旦大学教授、暨南大学古籍研究所研究员王颋《元代书院考略》）长芗书院属于第一类。目前所知的长芗书院山长，均为任命或荐署。如山长吴迁，就是由知州郭郁聘请的，吴莱为御史荐署，其他如洪焱祖、俞希鲁、赵荣等，均为任命，且不限于一地。

另据《元代书院考略》记载，元代全国13个一级行政区，有书院分布的有7个，书院共计400余所。江浙行省167所，分布在29个路，其中饶州路14所，浮梁州长芗书院为其中之一。景德镇地区入列的除长芗书院外，也仅有浮梁双溪书院、乐平的慈湖书院而已。

二是生徒四集，邻州远邑学者负笈来学。

正如南宋宝祐元年进士赵介如（初授饶州通判，入元为浮梁双溪书院山长，与南宋著名理学家、政治家江万里交厚）在《双溪书院记》中说："书院不趋城阙而于山林，不事科举而专义礼之学，贤规也。"[1]古代的学宫只限于本籍人才能参与，而书院不同于学宫，即如嵇厚所称"乡塾之髦士，皆得进而问业焉；邻州远邑之学者，皆得聚而考道焉"。[2]长芗书院一度学者、生徒四方云集。即便是在明初被废后，长芗书院依然对后世有着深远影响。元初，汪天定为山长，一时"担笈者四方云集。"浮梁大儒吴迁任长芗书院山长时期，"进学有序，讲训有则，视听一新，文物甚盛。名公巨卿，躬礼于其庐者相继。"以上虽无具体数字说明，但依然可见一斑。可以说，长芗书院是一所开放性的书院。

三是来书院任山长或讲学之人多为名师鸿儒。

从已知的长芗书院历代山长、名儒及参与建设长芗书院的职官来看，汪天定为宋末元初隐儒，曾杜门著书；进士方回有"江西诗派的殿军人物"之称；元代安徽歙县的洪焱祖被时人称为"新安三俊"之一；来长芗书院讲学

---

[1][2] 清道光版《浮梁县志》卷六《学校·书院》，浮梁县史志档案局整理重印，扬州广陵古籍刻印社，2007年。

的欧阳玄则是修撰辽、金、宋史的总裁官,被称为"一代宗师";被荐为山长的浙东大儒吴莱,被誉为"词宗",其弟子宋濂尊称其为长芗公;山长俞希鲁被列为"京口四杰"之一……此外,从已知的山长籍贯地域看,来长芗书院任山长的已不限于当地,有的来自安徽、浙江、江苏等地。已知最远的有来自江苏镇江的俞希鲁。

四是历史名人的评价较高。

元代嵇厚在《长芗书院记》中所说:"若书院,惟大贤得以建制,惟名儒得以主持。非其人不能创,创亦不能久焉。"长芗书院自创建至废除,前后历经174年,由于一批鸿儒的加盟和造访,其学术风气浓厚,因而在当时影响深远。

元代著名文学家、史学家欧阳玄来长芗书院讲学,用"圣朝无地非无教,院在长芗业已专"的诗句盛赞长芗书院。明代末期,被誉为"东方的莎士比亚"的汤显祖(1550—1616)在《浮梁县新作讲堂赋》中对长芗书院的作用予以充分肯定。后世对长芗书院给予了更高的评价,称"信是明儒涵养处,谩夸上国有黉宫。"见本书"历代诗抄"章节。

五是其刊刻儒学流布至今。

长芗书院在当时还有一个重要的职责是刊刻儒学(见叶德辉《书林清话》)。据薛颖《元代江西书院刻书考论》记载,元至元三年(1332)长芗书院与浮梁、鄱阳县学,乐平州学,德兴的初庵书院,余干的忠定书院,安仁的锦江书院等合刻由唐代魏征主编的《隋书》八十五卷,该书现存于中国国家图书馆。

(元)嵇厚《长芗书院记》

人文渊薮

复兴中的长芗书院位于景德镇南山腹地的禅师山中。这里山川钟秀，人文璀璨。

1.南山——景德镇的人文渊薮

景德镇地区地形独特，东北高耸西南低垂，从浮梁东北绵延的高山，一直往西南过渡成为丘陵、平原，地形总体呈喇叭形，东北狭窄，西南开阔。景德镇城市区域处于山区地貌到平原地貌的过渡带。景德镇山环水绕，山水生态资源极为丰富。南山是景德镇的天然屏障。

景德镇南山，据《清嘉庆景德镇全图》标示，位于镇南，处沙土山与银坑坞之间。南山之名，源于其处于景德镇之南面，为二十八宿中的朱雀方位。过去所指南山范围较小。随着景德镇城市框架的拉大，南山的地理空间在进一步扩大。与南山傍行的南河及南河支流小南河，对应的大致是今天大家所熟知的南山的区域。

南山远眺

本书所述南山，指东起浮梁县湘湖镇南部山区，西至昌江区鲇鱼山镇郭璞峰，东西绵延约40千米，南北宽约20千米的大南山范围。这样考虑，便于从整体上认识南山，以利于从大格局上探讨南山在景德镇城市发展中的地位。南山区域位于浮梁、乐平、鄱阳三地交界处，为天下名山——黄山余脉向鄱阳湖平原过渡地带。南山周边分布有浮梁县湘湖镇、寿安镇；乐平市塔前镇、涌山镇；景德镇市珠山区竟成镇，昌江区吕蒙乡、荷塘乡、鲇鱼山镇；鄱阳县皇岗镇。

南山群峰逶迤，位于荷塘乡与竟成镇交界处的刀口山海拔651米，为南山诸峰的最高峰；位于竟成镇、荷塘乡、寿安镇交界处的牛角岭海拔647.4米，为第二高峰。南山之北面，相伴而行的有南河、昌江及其支流。

南山自古以来就是景德镇的文脉所在。其山水所蕴含的资源，滋养了这一方土地，造就了一方文化。

（1）陶瓷文化。南山是景德镇陶瓷文化的发源地，已经是毋庸置疑的。

南山分布了从晚唐以来的多个著名的窑口，有寿安的南市街窑址，湘湖镇的进坑、白虎湾、盈田、塘下、湘湖街古窑址，竟成镇的黄泥头、湖田、银坑坞古窑址；分布了进坑、三宝、银坑坞、陈湾等瓷石矿。沟壑纵横的南山，形成的发达水系，则维系了上千年的景德镇陶瓷原料的水力运输与瓷石的舂制。元代长芗书院山长洪焱祖在诗中所描述的"野碓多舂土，溪船半载泥"以及清代凌汝绵"重重水碓夹江开，未雨殷传数里雷"的诗句，可见当时之盛况。此外，景德镇地区处黄山余脉，拥有广袤的森林资源，其中尤为丰富的松木资源为景德镇历史上大量烧造瓷器提供了优质燃料。

即便是在今天，南山及其周边区域依然是景德镇陶瓷产业与院校的集聚地，其中著名的有三宝瓷谷、景德镇陶瓷大学等。

湖田窑址

三宝蓬水碓

可以毫不夸张地说，一部景陶史，半部在南山。

（2）儒家文化。历史上，南山所在的区域人文发达。据考证，在宋代，有三位状元，在南山读书或隐居。南山脚下的湖田，有北宋状元彭汝砺读书草堂；禅师山中的云林别墅，曾经是状元刘辉的读书地；银坑坞则是南宋状元吴潜的归隐之所。刘辉事迹本书"历代人物（二）"有述，兹略述彭汝砺、吴潜事如后。

北宋状元彭汝砺塑像

彭汝砺（1041—1095），字器资，饶州鄱阳（今昌江区丽阳镇）人，北宋英宗治平二年（1065）状元，北宋名臣。历官起居舍人、吏部侍郎等职，进权吏部尚书，终官枢密都承旨，《宋史》有传，著有《易义》《诗义》《鄱阳集》。彭汝砺以敢言著称，苏东坡称其"对策决科，尝魁天下之士；犯颜逆指，有古名臣之风。"

从当地史志、宗谱资料查考，彭氏一族自西汉时即已迁居鄱阳利阳镇（今昌江区丽阳镇）。宋代利阳彭氏一度"士望冠于饶郡"。彭汝砺的父亲彭思泳（字季昌）世居利阳镇，其为人敦厚，往来鄱阳、乐平、浮梁，以货殖为业。生汝发、汝砺、汝霖、汝芳四子。彭思泳在浮梁寓居时，长山都（今浮梁东部寿安屏山一带）宁锡招彭汝砺为婿，与其子宁洵同师桐庐倪天隐。据道光《浮梁县志》记载，景德镇湖田都西涧草堂为彭汝砺读书处。彭汝砺母亲去世后葬于浮梁。状元彭汝砺虽然在籍贯上过去属鄱阳，但是其于景德镇（古代浮梁）却有着深厚的感情。彭汝砺有大量涉及景德镇的诗词篇章。对景德镇瓷器的吟咏，除"浮梁巧制瓷，颜色比琼玖"的诗句外，《答赵温甫，见谢茶瓯韵》一诗则更加细致地对当时浮梁景德镇的制瓷技艺及瓷器受时人的追捧进行了描述。诗中："我昔曾涉昌江滨，故人指我观陶钧。庞眉老匠矜捷手，为我百转雕与轮。镂刻画走风雨，须臾万态增鲜新。盘龙飞凤满日月，细花密叶生瑶珉。轻浮儿女爱奇崛，舟浮辇运倾金银……"[①]

吴潜（1195—1262）字毅夫，号履斋，宣州宁国（今属安徽）人。南宋

[①]《鄱阳集》卷一，（宋）彭汝砺撰，《钦定四库全书·集部》。

宁宗嘉定十年（1217）高中状元，授承事郎，迁江东安抚留守。理宗淳祐十一年（1251）为参知政事，拜右丞相兼枢密使，封崇国公。次年罢相，开庆元年（1259），元兵南侵攻鄂州，被任为左丞相，封庆国公，后改许国公。被奸臣贾似道等人排挤，罢相，谪建昌军（宋太平兴国四年改设建昌军，治所在今江西省南城县），徙潮州、循州（今广东惠阳）。

关于吴潜隐居景德镇南山的事迹，道光版《浮梁县志》有记载：

吴潜落职谪建昌军，携幼子硕过浮梁县南，至里仁都，硕有卜居意，而潜谓："入山不可不深。"乃往银溪入谷数里，辟址山椒，为归老计。尝赋诗曰："远引山中是隐沦，岂因君上岂因臣。衡门日月争多少，俯首临安几度春。"寻由建昌徙湖州，安置循州而卒。硕后来家于新平之市。①

（3）宗教文化。南山山水灵秀，自古以来便是宗教乐土。禅师庵、沙陀寺、冷水尖是景德镇地区有名的古寺院。南山最西南端的郭璞峰相传为两晋时期风水仙师郭璞的道场。

（4）红色文化。古代，南山是兵家必争之地。清代，太平天国与曾国藩领导的湘军在南山多个地方进行过鏖战。近现代，南山是红色根据地。1926年2月，中国共产党景德镇第一个小组在南山沙陀庙成立。第二次国内革命战争时期，南山区域成为革命的据点，流传下来许多革命故事。

（5）工业文化。在延续了上千年的陶瓷工业文明的今天，南山周边地区在中华人民共和国成立后成为景德镇的工业基地。这里有以"中国直升机的摇篮"之称闻名于世的六〇二所，有国有大型企业景德镇焦化工业集团。

（6）农垦文化。依托南山丰富的林地资源，这里曾经分布了景德镇枫树山林场、荷塘垦殖场以及乐平科山垦殖场等农垦企业。其中，荷塘垦殖场在二十世纪六十年代建设成为全国农垦系统的先进单位，被誉为"社会主义时代的南泥湾"，"荷塘精神"成为景德镇一笔宝贵的精神财富。

2.禅师山——南山明珠

南山诸峰人文最盛当数禅师山。禅师山作为地名，已载入旧志。禅师山位于古代景德镇版图的西南角，即今天我们所称南山的腹地。其所在林区属景德镇市枫树山林场南山分场，面积17423亩，其中省级公益林5817亩、市级公益林11606亩，2005年划入江西省景德镇国家森林公园范围，纳入国家森林公园总体规划。

---

① 清道光版《浮梁县志》卷十五，浮梁县史志档案局整理重印，2007年。

禅师山谷壑幽深,植被茂盛。北宋时建有云林别墅,状元刘辉、进士程节、程筠兄弟,南宋进士程晖等读书山中。元代,山中建有精舍,明清及民国时期设有经馆,书香传承不绝。如今,有着近千年历史的长芗书院在山中复兴,使禅师山的千年文脉得以赓续。

禅师山的宗教始于唐代,有五台山西峰禅师来此传道,开南山佛教之先河。千百年来,禅师山中的禅师庵成为景德镇最有名的古老寺院。这里有十八折宋元古道,有古山门、古庙址、古碑刻、古墓、古井等历史遗迹。如今,禅师山宝刹重光,成为景德镇市的重要宗教活动场所。

禅师山风光旖旎,山中飞瀑流泉,终年不息。良好的生态环境,使禅师山成为天然的氧吧,为市民休闲避暑、登山赏景提供了不可多得的去处。

禅师山航拍图

历代人物（一）

创建于南宋庆元三年的景德镇长芗书院，虽然存世时间不长，但其影响却是深远的。长芗书院及其山长名儒，所留下的丰富文化遗产，具有重要的历史价值。本书所述"历代人物"主要包含：长芗书院已知的山长名儒、学子及其创建、重修者，长芗书院复兴地禅师山有关历史人物，基于长芗书院旧址新发现地——官庄所涉及的历史人物等等。

现就目前已知有关长芗书院的职官、山长、名儒事迹述略如后。

1.季齐愈（1197年前后在世）

季齐愈（一作李齐愈），生卒年及籍贯等均不详。据南宋王象之《舆地纪胜》记载，季齐愈创景德镇长芗书院。长芗书院创建时间据旧志载为南宋庆元三年（1197）。当时，季齐愈任景德镇监镇之职。详见本书"历史沿革"篇章。

2.冯光大（1216—1308）

冯光大，号月屋，生于南宋嘉定丙子年（1216），浮梁湘湖（今浮梁县湘

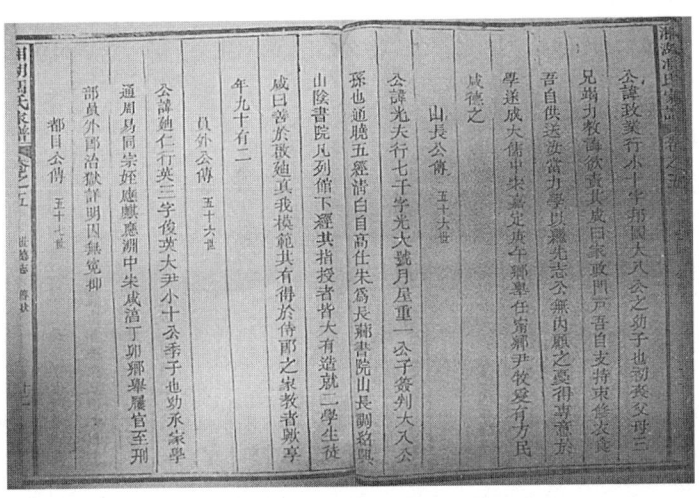

《湘湖冯氏家谱》载冯光大传

湖镇湘湖村）人。冯光大通五经，明性理，宋末任长芗书院山长，后调任绍兴山阴书院山长，卒于元至大戊申（1308）年，年九十二，娶湖田黄半江女，卒葬焦坑田窑坞，家谱有传。

冯光大任长芗书院山长的时间，当在南宋帝昺祥兴二年（1279）南宋灭亡以前。关于冯光大的事迹，县志不载。

今查浮梁湘湖道光版《冯氏宗谱》，述其家世以备考：

冯氏先祖冯延巳，字正中，赋质魁伟，秉心正直。南唐保大元年以明春秋荐，任驾部郎中，升翰林学士承旨，迁中书侍郎，保大十年加左仆射同平章事。公尤工于诗，所著有《阳春集》传世，高邮崔公度题其后。墓在休宁新天墩大桥边。

冯延巳第六代孙冯行己，字肃之，为人端重，处事精详，熙宁庚戌荐授秘书郎，历仕至中书侍郎。尝诏入紫宸殿，曰：卿当为朝辅相，社稷臣也。

冯行己子冯荣，字仲昭，生而性敏好学，登宋绍圣甲戌进士，初授晋陵尉，锄去奸蠹，抚安良善。元符三年，韩忠彦荐其可大用，升监察御史，巡视江东，贪污之吏望风解印。后因疾辞职而归。

冯荣次子冯叔义，字季惠，因方腊寇起，陷歙、杭等州，宣和己亥自休宁迁浮东新正。越三载，仁迁劝义，礼迁高岭，公迁杭溪，以明经及第，任太平令。尚书程瑀、侍郎李润荐迁荆州刺史。建炎元年，尚书胡少汲荐授河南转运使。绍兴壬申，致仕修辑家乘，始自唐公至子经纶止。

冯叔义次子冯纶（后更名冯给），字文达，生而颖异，动止不凡，性质宽厚，才识英迈。年十八，同兄文选（经公）登绍兴己巳进士第。初任南昌令，绍兴丙子还乡，隆兴癸未，国子司业施圣愈论荐，召授嘉议大夫，吏部左侍郎。上数召问赐劳甚厚。未几，以年老辞归。建义井，造双桂楼。甃砌湘湖街道。创资福寺，复造钟楼五间。

冯纶子冯建业，行重一，性颖异，不求闻达，富而好礼，乐于施舍。岁大歉，乡人乏食，公筑台建亭，召人趋事，不论老少、工拙丰其、廪饩得活者，众外泯施济之名，内存施济之实。

冯建业之子冯光大，行七千，字光大，号月屋，通晓五经，明性理，清白自高。仕宋为长芗书院山长，调绍兴山阴书院。凡列馆下经，其指授者皆大有造就。二学生徒咸曰：善于启迪，真我模范。其有得于侍郎之家教者欤。享年九十有二。娶湖田黄半江女，殁葬焦坑旺窑坞。天师赐号寿宁处士。

冯光大之子冯君举，字国纲，号南窗，行南一，性淡泊，尚公直。以儒吏任江浙贵溪典史，调山阴县典史，迁兰溪州都目，以廉洁自守，无一毫贪意，凛然不犯。邑志载其有廉能声。尝迎山长公就养，终于任。遂登外艰，扶榇（棺材）于家，居丧读礼，泣血三年，未尝见齿，时达难之。元泰定甲子卒于家，寿七十一。

冯君举之子冯遇孙，行禄四，字良辅，号退安，自幼聪敏，侍父仕途，遵过庭之训，明性理之学。遭元讫禄，历诸扰攘，不以贫乏丧守而干名达兴。其配潘氏，勤俭自处，隐德弗耀，开家塾以教诸子弟。

明代冯光大后人冯诚举进士。县志有载。

3.汪天定（生卒年不详）

汪天定，字子彝，宋末元初景德镇湖田都（今景德镇市珠山区竟成镇湖田村）人。其事迹见载于《浮梁县志》，其著述未见流传。汪天定任长芗书院山长具体情况不详，大约于元初任山长，从学者四方云集。妻程氏，为北宋程邻的孙女，知书达理，著有《桂堂诗草》。程邻（1070—1119），为北宋进士程节之子，曾出守永州、夔州，历贵州、广州知府，卒赠徽猷阁待制。程氏时为浮梁望族，世代诗书传家。程节之弟程筠、侄子程祈均中进士。

道光版《浮梁县志》卷十四载：

汪天定，字子彝，湖田都人。沉默朴诚，动必以礼。南宋淳祐间一举不第，杜门著书。元初，群士荐为长芗书院山长，天定不欲就。妻劝之行。担笈者四方云集。所著《诗经绎义》《论语绎义》。妻程氏，邻女孙，亦知书，有《桂堂诗草》。

4.方回（1227—1305）

方回，字万里，别号虚谷。徽州歙县人，宋景定三年（1262）进士，元初著名诗人、诗论家，擅长书法，有"江西诗派的殿军人物"之称，一生创作诗歌万余首，现存两千余首。曾往来于徽州、浮梁之间，请于饶州总管重修长芗书院。

由于可考文献资料缺乏，方回重修长芗书院的具体情形待考。

《方回年谱与诗选》书影

(1) 生平简介

据洪焱祖撰《方总管回传》载,"回幼孤,从叔父缘学,颖悟过人,读书一目数行下。少长,倜傥不羁,赋诗为文,天才杰出,乡先达吕左史、方吏部咸亟称之。郡守魏公克愚一见其诗,即延至郡斋,移知永嘉,亦拉以自随。制帅吕公文德尤相厚善。景定三年,以别院省元登第,调随州教授。"①

方回入仕后政治上,并不得意。初提举江东,历江淮郡大司干官、沿江制干,所至皆得幕府誉。与贾似道不协,尝一再除国子正、太学博士,辄遭诬劾。曾历数贾似道十大罪。后出知建德府,兴建学宫,纯清民风,有善政。至元丙子(1276)春,奉宋太后及嗣君诏书,举城内附,改授嘉议大夫、建德路总管兼府尹。方回举城降元,为时人所讥。入元后,在郡七年,不图私利。

方回此后去官,悠游山水间二十余年,年八十一而卒。有子名方存心,荫授义乌尹。

(2) 后人评价

方回晚年专心治学。洪焱祖称其:

"豁达轻财,喜接引后进,嗜学,至老不厌。经史百氏,靡不研究。而议论平实,一宗朱文公。"②

所著有《碧流集》《桐江集》若干卷行于世,又有《读易析疑》《易中正考》《皇极经世考》《古今考》《历象考》《衣裳考》《玉考》《先觉年谱》《瀛奎律髓》《名僧诗话》若干卷。今存《桐江集》四卷,《桐江续集》三十六卷。其作品散失不少。《瀛奎律髓》传世有两种刻本,一为吴之振所刊,一为苏州陈士泰所刻,系翻明成化三年龙集刻本。

方回善论诗文,论诗主江西派。南宋理宗时登第,初以《梅花百咏》向权臣贾似道献媚,后见似道势败,又上似道十可斩之疏,得任严州(今浙江建德)知府。元兵将至,他高唱死守封疆之论,及元兵至,又望风而降,得任建德路总管,不久罢官,即徜徉于杭州、歙县一带,晚年在杭州以卖文为生,以至老死。

方回罢官后,致力于诗,选唐、宋近体诗,加以评论,取名《瀛奎律髓》,共四十九卷。其诗,有不少反映现实社会生活之作。他的《路傍草》描写战争中土地荒芜,屋宇倾倒:"间或遇茅舍,呻吟遗稚老。常恐马蹄响,无罪被擒讨。逃奔深谷中,又惧虎狼咬。一朝稍苏息,追胥复纷扰",痛感"人

---

①② 《方回的唐宋律诗学》,詹杭伦著,中华书局,2002年,282页。

生值艰难，不如路傍草。"《赠高相士饶二首》写"世上封侯人不少，封侯人是杀人人"，语意颇为尖锐。另外《彭湖道中杂书》五首中的"每逢田野老，定胜市廛人。虽复语言拙，终然怀抱真。如何官府吏，专欲困农民。"对农民倾注了同情。《春雨不已甚忧蚕麦》一首则刻画了妇女的心情。方回倡江西诗派一祖三宗之说，诗亦学习黄庭坚、陈师道，而失之粗劲。晚年自谓平易，却入鄙俚。

其散文，《四库全书总目》说："学问议论，一尊朱子，崇正辟邪，不遗余力，居然醇儒之言。"实际上，这些文章虚假迂腐，缺少文学情趣。倒是有些短小精悍的作品，如《送徐君奇入燕序》，却通畅奔放，抒发牢骚，有欲说还休，留不尽之意，颇耐人寻味，文字也简明扼要。他曾以菊自比说："百种花残独傲霜。"对于他这样曾在宋亡后入仕元朝的文士来说，这仅仅是自我麻醉而已。

5.陈山长（1244年前后—?）

名不详，宋末元初长芗书院山长。事见元代著名理学家吴澄《吴文正公全集》中《故陈山长妻姜氏墓铭》一文，称其"负意气，少宦学，遍游诸先进之门。晚值时难，排纷御侮于谈笑间。"

陈山长之妻姜氏，饶州安仁璜塘（今属江西省鹰潭市余江县马荃镇姜家村）人。生有三子，长子陈伟，建宁路崇安县星村镇巡检；次子陈绅，将仕郎瑞州山银冶提举；三子陈经，由平江路长洲县教谕改儒学正。有三女，长女嫁张姓，二女嫁上官姓，三女嫁金溪县吴晋卿。孙子五人，孙女五人。曾孙一男，二女。

陈山长不治家产，妻子姜氏"生殖有经，家业弥裕。勤女工，至老不倦。饥寒不给者，随所有济之。"

陈山长之妻姜氏的事迹，由陈山长的侄子陈厚所叙，吴澄受吴晋卿之请据此作铭文。

姜氏于泰定二年（1325）卒，时年81岁。据此推算，姜氏当生于南宋理宗淳祐四年（1244）。陈山长的出生年代应与之大致相当，与吴澄为同时代人。吴澄与陈山长有无交往，不得而知。从他为其妻子姜氏所写墓铭看，吴澄对其学识、人品是极为肯定的。

吴澄（1249—1333），字幼清，晚字伯清，元代抚州崇仁凤岗咸口（今属江西省乐安县鳌溪镇咸口村）人。吴澄自幼聪慧、勤奋好学，宋末中试乡贡，宋亡后隐居家乡，潜心著述，学界称其为"草庐先生"。元武宗至大元

吴澄画像

(1308)，被征召任国子监丞，至定元年（1321）任翰林学士；泰定元年（1324）为经筵讲官，敕修《英宗实录》。其核定《老子》《庄子》《大玄经》《乐律》《八阵图》等，对《易》《春秋》《礼记》及郭璞《葬书》均有纂言。元统元年因病逝世，享年85岁，死后，追封临川郡公，谥"文正"，有《吴文正公全集》传世。

吴澄为元代杰出的理学家、经学家、教育家，他与许衡齐名，并称为"北许南吴"，以其毕生精力为元朝儒学的传播和发展做出了重要贡献。

6.刘子初（生卒年不详）

元代长芗书院山长。出生年月、字号等不详。县志不载其事。今据景德镇市图书馆藏民国丙戌年（1946）重编《南阳刘氏宗谱》（报本堂纂定本），查考到一些有关刘子初的信息。

刘子初，元代浮梁景德镇人，派行及一，娶湖田李氏，殁后夫妻合葬于山田坞。生有四子，亨甫、吉甫、良甫、艮甫。

其先祖刘仲昭公，唐末任浮梁县令，有惠政，民立生祠，卒于官。因家于浮梁磁石塘，始为浮梁人。至宋，进士登仕郎刘瑛，又徙居浮梁县下辖的景德镇之镇市都落马桥（今属景德镇市珠山区太白园街道）。

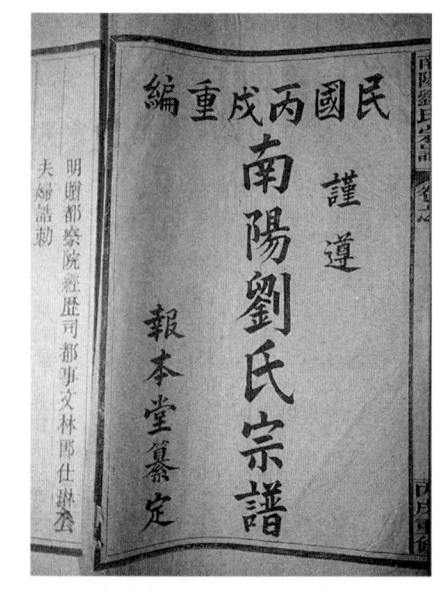

景德镇民国丙戌年《刘氏宗谱》

刘子初的父亲刘英，行问十一，字良英，宋进士，选登士郎。娶历尧朱氏，继娶查村查氏，合葬落马桥。生有四子，子初、子德、子俊、子诚。

刘子初为刘氏宗族中的学者，曾首次撰修浮梁《刘氏宗谱》，以敦亲睦族。其后景德镇刘氏，诗书传家，明代刘骥、刘俭均中进士第。其中，刘俭为刘子初的胞弟刘子德的第四代孙。

刘俭（1414—1476），浮梁人，生于永乐甲午年，景泰二年（1451）进士。天顺初，奉命出使册封琉球。卒于成化十二年（1476）。著有《揽辔集》。详见本书"文献萃要"《明代琉球册封使臣刘俭史料辑录》。

《浮梁县志》载刘俭《长芗书院怀古诗》一首：川转峰峦绕，当年诵读乡。惟志依典籍，不敢远宫墙。茂草封前迹，荒藤夹旧疆。书声还隐约，飞鸟下斜阳。①

7.舒正大（生卒年不详）

字直方，号梅埜（同"野"），绩溪（今安徽省宣城市绩溪县）城北人，元初因学问、德行俱优，被举荐授予饶州路长芗书院山长，转广德路学正。

舒正大任长芗书院山长，不见载于景德镇当地史志文献。今据元末明初歙县人唐桂芳作《华阳贞素舒先生墓志铭》，考其家世、事迹大略如下：

舒正大其先祖居绩溪县舒村，宋代有舒雅、舒雄二公以雄才及第，科甲蝉联。后舒恕四迁家绩溪城北。舒氏人才辈出，代不乏人。

其祖父舒珣，以明经补国学上舍，当时天下大乱，于是辞官归里，著有《鹤林稿》。其父舒梦旂，字武仲，宋末补国学上舍，进阶登仕郎。其子舒彦洪，号白云先生，两任杭州昌化县、临安县教谕。

舒正大家族世代业儒，诗书传家，且数代皆有学正、教谕、山长等人才出现，可谓教育世家。其后代中的舒頔（dí），更是明代初期的文学大家。

舒頔（1304—1377），字道原，舒彦洪之子，舒正大之孙，擅长隶书，博学广闻。曾任台州学正，后因元末天下大乱而隐居不仕。朝廷屡召不出。明洪武十年终老于家。归隐时曾结庐为读书舍，其书斋取名"贞素斋"。著有《贞素斋集》《北庄遗稿》等。

《新元史》卷二百三十八里有舒頔的小传：

舒頔，字道原，绩溪人，年十五六，与同郡程文，讲明经史之学。后至元中，辟贵池教谕。秩满，转台州学正。遭逢世乱，奉亲归遁山中。尝避寇岩谷，被执，頔正色叱贼，贼感而释之。其诗盘郁苍古，不染纤巧织纫之习。书法尤朴拙，识者以为得汉隶法。学者称贞素先生。有《华阳贞素斋集》七卷。

8.洪焱祖（1262—1329）

字潜夫，元歙县（今属安徽）人，于公元1288年前后任长芗书院山长。其为长芗书院山长时曾作《长芗岁暮二首》。另有《浮梁秋晓书事》三首。其

---

① 清道光版《浮梁县志》卷六，浮梁县史志档案局整理重印，2007年。

诗对考证长芗书院乃至元代景德镇陶瓷业的发展都具有一定的意义。美国阿肯色大学历史学教授罗伯特·芬雷在他的《青花瓷的故事》一书中就引用了洪焱祖"山骨竟为齑，野碓多春土，溪船半载泥"的诗句。

（1）生平事迹

洪焱祖少时与唐元、俞魏卿并称"新安三俊"。三人"徜徉山水间，洗濯磨淬，婆娑嬉游，未始不孳孳以苋学为务。戏谑裹狎，不一出诸口。"元灭宋后，科举废止达三十余年，江南文人多成游士。三人在干谒名公硕儒之余，恒心嗜学，闻名乡里。当时歙县的谚语亦云："凡入城府，不之东郭见潜夫（洪焱祖），则之南门见长孺（唐元）。"

关于洪焱祖的身世，据《四库提要》之《杏庭摘稿》一卷（浙江鲍士恭家藏本）称：

元洪焱祖撰。焱祖字潜夫，歙县人。是集前有危素序，称为徽州路休宁县尹致仕。而叙其仕履乃曰年二十六为平江路儒学录，浮梁州长芗书院山长，绍兴路儒学正，调衢州路儒学教授，擢处州路遂昌县主簿。天历元年年六十二致仕。

（2）著述评价

洪焱祖著有《杏庭摘稿》，危素、宋濂为之序。此外，据《四库提要》述及洪焱祖的著述还有：

焱祖尝作《尔雅翼·音释》，至今附罗愿书《尔雅翼》以行。又有《续新安志》十卷，亦继罗愿《新安志》而作。盖亦博洽之士。是集为其子浦江尉

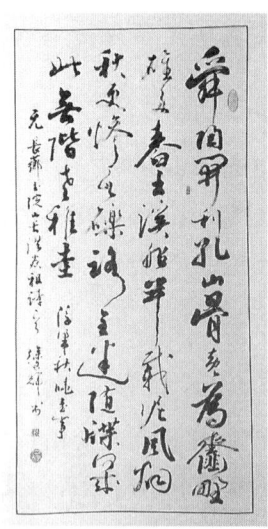

洪焱祖诗歌书法作品

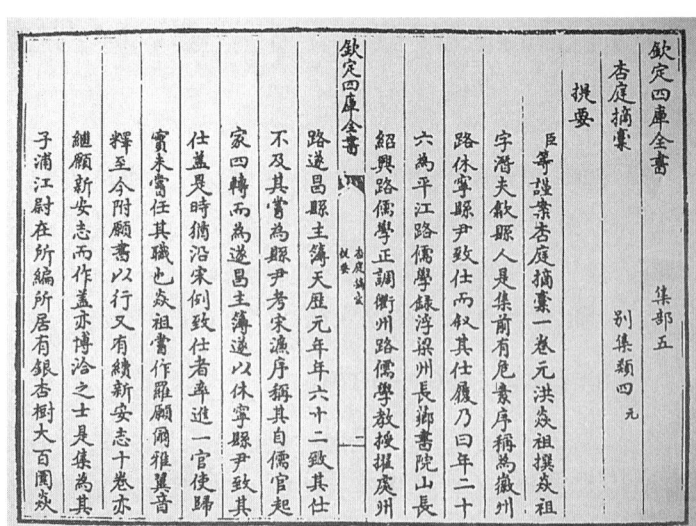

洪焱祖《四库全书·杏庭摘稿》书影

在所编。

论及洪焱祖的诗歌成就,《四库提要》评价说:

其诗虽纯沿宋调,而尚有石湖、剑南风格,抗衡于虞、杨、范、揭诸家则不足,以视宋季江湖末派则蝉蜕于泥滓之中矣。

(3) 门人弟子

洪焱祖的弟子,其中最著名的数唐桂芳。

唐桂芳(1308—1380),字仲实,号白云,又号三峰,安徽歙县人,元末明初著名学者、文学家。少年时代求学于洪焱祖,勤奋苦学,名闻乡里。弱冠有志"领州牧",而乡试不中。客金陵,名士大夫皆折节与交。先后聘明道书院训导、集庆路学训导。未几,列为教官,授建宁路崇安县儒学教谕,再任南雄路儒学正,以忧归。遂终老歙县槐塘,不复仕进。日以诗酒为乐,自号"酒狂"。明太祖定徽州,召对称旨。命之仕,以瞽废辞。寻摄紫阳书院山长,卒年七十有三,入府学乡贤词祭祀。著《白云集》七卷。唐桂芳与其父唐元、子唐文凤俱以文学擅名,时号"小三苏"。

唐桂芳的祖父唐虞,字常道,为唐宣宗子昭王李汭后裔,迁歙县改唐姓。唐桂芳的父亲唐元,字长孺,歙县人,泰定间以文学授平江路学录,再任建德路分水县教谕,高年以徽州路学教授致仕,时人誉为"东南学者之师",传世有《筠轩集》。唐桂芳的长子唐文凤,字子仪,号梦鹤。少而颖异,长益自奋。以文学授江西兴国县知县,改赵府纪善。传世有《梧冈集》。明代徽州文献学家程敏政曾合编校定为《唐氏三先生集》,有正德十三年(1518)徽州知府张芹刻本传世。

洪焱祖与唐氏一家是通家之好,交往颇多。

9.凌颖山

即凌子秀,生卒年不详。元元贞二年(1296),时为长芗书院山长的凌颖山与直学朱继曾修缮长芗书院,嵇厚作《长芗书院记》。朱继曾,生卒年不详,事迹未见其他记载。

凌颖山,景德镇本地人。据《浮梁凌氏宗谱》载,凌氏自周初卫康叔子琪为周官凌人,后遂以官名为姓。浮梁凌氏始迁祖凌道原,字文仲,唐末乾符年间出守江州(九江),因夷黄巢余寇,驻兵徽、歙,由黄墩迁浮梁景德镇,

《浮梁凌氏宗谱》书影

为一世祖。其后，二世邦公之后十一世刚公支居景德镇；毅公支迁浮西西冲坞；邓公支迁浮北曲潭；木公支二十世迁浮南湘湖。二世琛公后裔，五世德安公迁浮北凌村港口，号武陵派；十三世应机公迁祁南为竹溪派；二十世德惠公迁浮北辛正都葫芦坑，为蓼源派。凌氏一族，在景德镇及其周边有十六个字号，为"东壁图书，西园翰墨。南田阡陌，北苑芹香。"

凌颖山世居景德镇，为刚公支派十四世。谱序称其为山长，任松江府判。宗谱为其立传：

《凌氏宗谱》载凌颖山画像

颖山公，行四，淳祐（1241—1252）间以文学入官，历松江府判。下车接见士绅风采凛然。平反冤狱剖断如流，称奖人才不遗寸长。时征赋滥溢，吏胥以为奸，公不执己见，询之乡老耆儒，行成法。上之当事，宿弊为之一清。当时咸谓政事本于经述术，弘才运以密虑者，惟公有焉。

琴川（今江苏常熟）雷升题《宋松江府判颖山公像赞》：

政简悬鱼，刑清调鹤。萧然一官，云间落落。归来两袖清风，丝尘不染囊橐。勿恤子孙，无余赢。而断不忍负乎生平之所学。

依据宗谱资料及县志所载，凌颖山当生活在1200年至1300年前后。其任长芗书院山长，当在卸任松江府判之后。凌颖山的弟子学人及后代，不显见于史志。1974年景德镇市郊出土后至元四年（1338）墓葬纪年青花釉里红楼阁式谷仓一个，其墓志铭："夫人，故景德镇长芗书院山长凌颖山之孙女也。"此为目前所发现与凌氏有关的实物。本书"长芗遗珍"篇章有详细介绍。

10.嵇厚（生卒年不详）

字、号不详，祖籍为宋代谯郡（今安徽省亳县）嵇山，其父嵇安精于骑射，南宋诏授其为承节郎，任制将沿海巡检使，统领义兵。嵇厚曾任元朝镇国上将军、江东道、山西道宣慰使（官名，唐始置。元置宣慰使司，掌军民事务，分道管郡县，为行省与郡县间承转机关。）

元代元贞二年（1296），时为长芗书院山长的凌颖山请求时任江东宣慰使的嵇厚修缮书院。为此，嵇厚作《长芗书院记》一篇，以记其事。此记成为研究元代书院文化的一篇重要文献，阐明了学宫与书院的不同。他说，"书院与学宫相表里，尤为人才之本也。学有专官，论其秀者为博士第子。惟本州之人士肄业于斯。吉凶乡射宾燕之时，惟本学之人士行礼于斯。若书院则不然。即乡塾之髦士，皆得进而问业焉。临州远邑之学者皆得聚而考道焉。"

对于书院的创办与传承，嵇厚更是有其独到的见解，值得后人借鉴。

"若书院，惟大贤得以建制，惟名儒得以主持，非其人不能创，创亦不能久焉。"

此外，在这篇记中，嵇厚所说"大江以右，书院为盛"，对研究江右书院有一定的意义，故为学者所重视。

故涟川嵇府君墓碑记

嵇厚的家世情况，不见于史志记载。1968年，江苏省淮安市涟水县南集乡长浦村石碑庄前发现嵇安墓碑。碑记名为《故涟川嵇府君墓碑记》，正楷大书，碑文为正楷小书，共1116字。内容为嵇家家世、五代世祖特别是嵇安的功德、立碑缘起及意义等。

嵇家祖籍为宋代谯郡（今安徽省亳县）嵇山人。嵇安的五世远祖嵇弘政，曾任宋朝京东提点刑狱、兵部郎中等职，谥号庄肃。曾祖嵇克仁，进士出身，曾任宋朝朝议大夫、知集贤院、兼太常寺丞事。祖父嵇大成，进士登第，曾任宋朝监察御史、镇南军副节度使、龙虎卫上将军。年老退休时，经过涟水，爱涟水土俗民情，畏北方战乱频仍，遂于涟东择地定居。父亲嵇迪，清高文雅，隐居不仕，积德乡里。

嵇安，字宽济，身材魁伟，勇敢尚武，精于骑射。时值南宋末年，天下大乱，兵匪为灾。嵇安聚集义旅，构筑堡栅，护卫乡井。南宋诏授其为承节郎，任制将沿海巡检使，统领义兵。嵇安外御内抚，兴修水利，奖励农耕，赈济流民，声望著于乡里。南宋景定三年（元中统三年，1262），嵇安病逝。

其子嵇厚，曾任元朝镇国上将军、河东道、山西道宣慰使（署治济南）。元至元二十二年（1285）十一月二十日，嵇厚将其父嵇安灵柩葬在涟东长乐乡逢原。至元三十年（1293），恭请奉训大夫国子司业商琥（字台符，元时曹州济阴人，其父商挺元初官至枢密副使。至元十四年，以姚枢、许衡荐，拜江南行御史台监察御史）撰写碑文，集贤侍讲学士奉政大夫宋渤（宋渤，字彦齐，元代诗人、书法家，至正前后在世。官至集贤殿学士，元至正年间，曾任湖南按部）书写及题额，益都路莒州沂水县安平乡石工雕刻碑文、翁仲（石人）及其他祭器，于至元三十一年（1294）十一月竖立嵇安墓前。

后嵇厚去世，亦葬于其父嵇安墓侧，事见《康熙安东县志》载："嵇安墓、嵇宣慰墓，俱去治东五十里，在太平乡逢村浦北。"

11.郭郁（约1256—1327）

元贞元年（1295）浮梁县升浮梁州，属饶州路（明洪武元年降为县，属饶州府），隶江浙行省。江浙行省，为元置江浙等处行中书省，治所设在杭州路（今浙江省杭州市），简称江浙行省。辖地自两浙以至江西东部，及福建境内，即今江苏与安徽的长江以南、江西鄱阳湖以东及浙江、福建全境。

元代皇庆元年（1312）春三月，郭郁由江浙行中书省都事出守浮梁州。关于郭郁事迹，《元史》不载。《浮梁县志》有传，载名宦列。今据元代邓文原《巴西集》，清代阮元辑录《宛委别藏》之《运使复斋郭公言行录》《编类运使复斋郭公敏行录》二书，略述郭郁为政及其社会交往等事迹如后。

（1）郭郁的为学为政履历

据福州路儒学教授徐东《运使复斋郭公言行录》，述其经历为：

郭郁，字文卿，汴（汴梁，今开封）之封丘（今河北新乡市封丘县）人。金末避兵徙大名，因家焉。性姿颖悟，六岁知读书，日记数千言，博通著经子史。学《易》于武林侯先生（即侯克中，字正卿，号艮斋先生，真定人。精研究《易经》，著有《大易通义》一书。宋亡后游历汴梁、浙江杭州，著有《艮斋诗诗集》。卒于1315年，寿九十余。《全元散曲》收其套数两篇，残曲一则）。深明旨要奥，故号"复斋"。诗文尚华藻，辞达而已。居家尽孝敬，刚介独立。年十九，江淮省以如雅辟克充江淮枢密院令史，精明廉敏贤劳几二十年。元贞元年（1295）掾河南省。大德九年（1306）授承务郎宣徽院都事。十一年授承德郎江浙省都事。皇庆元年（1312）知浮梁州。延祐五年（1318）三月授奉政大夫中书检校。八月丁父忧。延祐七

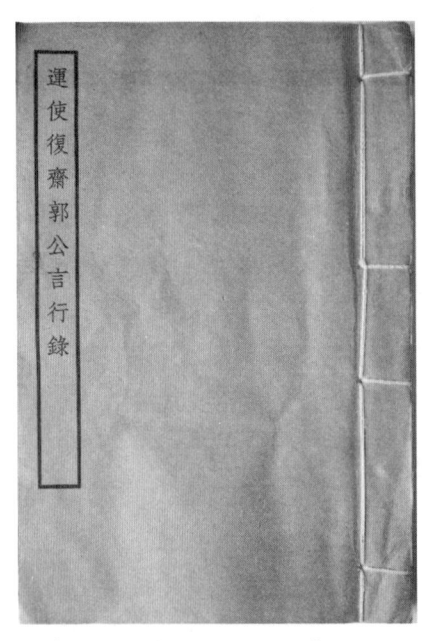

《运使复斋郭公言行录》书影

年（1320）九月服除，授中顺大夫知高邮府。至治三年（1323）正月授中宪大夫同知两浙都转运盐使司事。泰定元年（1324）十月升亚中大夫佥江西湖东道肃政廉访司事。二年（1325）十月授庆元路总管兼劝农事。四年（1327）进授嘉议大夫福建等处都转运盐使。历官四十余年，皆有政绩。

与其同时代的文学家邓文原的著述对郭郁生平亦有记载。据邓文原《巴西集》中《浮梁州重建庙学记》一文记载：

侯名郁，字文卿，喜读书，于易尤研赜，其守浮梁尝新三皇殿，建舟梁，均赋役，汰烦冗，雪滞冤，为政号称廉能云。

《巴西集》中另有《送郭文卿赴浮梁知州序》一文，称郭郁"雅尚儒术""受《易》于真定侯先生，不间寒暑风雨，每读书至夜分乃寐""其学如百川东注，不进不止。才猷且将大用，教子弟奕奕有诗礼风。"

(2) 郭郁兴学对浮梁的影响

郭郁由江浙行中书省都事出守浮梁州。在浮梁前后六年时间。

郭郁在浮梁历史上有过突出贡献，尤其是其以兴学为要，复建县（州）学、书院，延请名师，在当时影响较大。这一时期的浮梁著名地方教育家吴迁就是郭郁聘请出山，任州学庠师，兼长芗、双溪二书院山长。

徐东《运使复斋郭公言行录》述，郭郁知浮梁州，"首兴学校，改创州学殿堂廊庑，塑绘圣贤像，设焕然一新，括勘出隐漏田二百余亩，出三十余石，钞一百余缗。不给则又捐己禄米，以供诸生廪膳。厚币礼请明经者师三人。广弟子员百余。每听政退，即率领僚属毕集讲堂，与诸生分序诵经书，立赏试，激昂后进，彬彬邹鲁之风矣。"

对于在浮梁的德政，当时有民谣云："桃李阴阴六万家，下车民不识州衙。甘棠喜有千年政，美玉终无一点瑕。"（见《编类运使复斋郭公敏行录》提要）

据《编类运使复斋郭公敏行录》提要，援引江西饶州府志，称"(郭)郁知浮梁。聘吴仲迁为后进师，士风丕变，政为江南诸邑最。"

(3) 郭郁在浮梁与时人士子间的交往

如前所述，郭郁自幼饱读诗书，又深研《易经》，与江南名士有颇多交往。

邓文原（1265—1328），字善之，绵州（今四川绵阳）人。随其父流寓钱塘，自称巴西。宋末应浙西转运司试中魁选。至元间，行中书省辟为杭州路儒学正，官至集贤直学士兼国子监祭酒致仕。其政绩卓著，为一代廉吏，其文章出众，堪称元初文坛泰斗，《元史》有传，著有《巴西集》《内制集》《素履斋稿》等。邓文原擅行、草书，传世书迹有《临急就章卷》等，与赵孟頫、鲜于枢齐名,号称"元初三大书法家",尤以擅章草而闻名。邓文原有《送郭文卿赴浮梁知州序》《浮梁州重建庙学记》述及郭郁事迹。

仇远(1247—1326),字仁近,一字仁父,钱塘(今浙江杭州)人。因居余杭溪上之仇山,自号山村、山村民,人称山村先生,元代文学家、书法家。元大德年间(1297—1307)五十八岁的他任溧阳儒学教授,不久罢归,遂在忧郁中游山河以终。仇远与郭郁交厚,对其在浮梁兴学为要、政绩卓著颇为满意,作诗称赞说:"中朝外省久知名,上选循良治此城。编户歌谣庆新守,升堂问辨骇诸生。

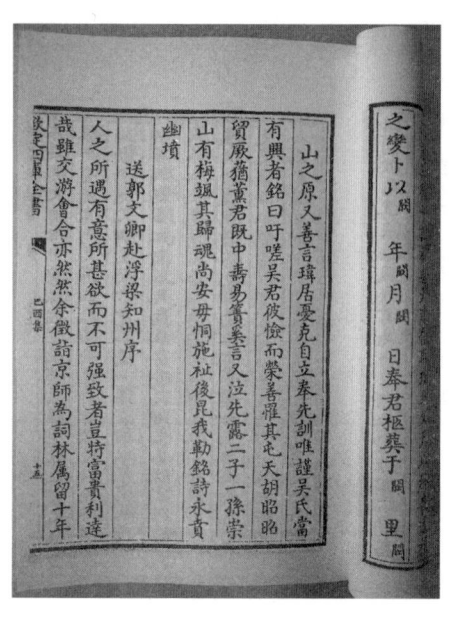

邓文原《送郭文卿赴浮梁知州序》

兰舟小作临歧别,竹马悬知甲道迎。从此昌江春水满,与公心事一般清。"①

胡长孺(1249—1323),字汲仲,号石塘,婺州永康人。宋咸淳中从外舅徐道隆入蜀,铨试第一名。初授迪功郎。宋亡,退栖永康山中。至元二十五年(1288),拜集贤修撰,与宰相不合,改扬州教授。至大元年(1308)转台州路宁海县主簿。延祐元年,转两浙都转运盐使,后以病辞,不复入仕,隐居杭州虎林山以终。《元史》有传。胡长孺与郭郁友善。郭郁携年迈父亲一并来浮梁,以尽孝道。胡长孺为此作《寿老致政嘉议郭公序》,称誉其事亲美德。

浮梁当地的儒学士子,如吴迁、姚畴、闵济(长芗书院)、赵镇远(双溪书院)、郑兰玉(长于乐府,荐授山长,升南阳路知事,后授翰林院国史编修。同治《饶州府志》、道光《浮梁县志》有传)等与郭郁多有唱和。姚畴作《知州郭侯德政序》。值郭郁父亲七十大寿时,浮梁士子多有贺寿诗,载于《编类运使复斋郭公敏行录》。

长芗书院直学闵济为郭郁父亲作贺寿诗,诗曰:"郎官官贵拥朱轮,鹤发翁翁七十春。清气中州分月露,祥光南极现星辰。黄花对酒有佳色,元尘挥尘无杂宾。只恐汉庭思用老,商颜还访采芝人。"

郭郁赴浮梁任职,他的老师侯克中(艮斋先生)赠诗以勉励。诗曰:"令

---

① 《编类运使复斋郭公敏行录》,(清)阮元辑,《宛委别藏》,江苏古籍出版社,1988年。

下能如草偃风，民归复若水朝东。是非淆乱由多欲，邪正分明本至公。时论已传今胜昔，汝心当以始要终。三年平地为山了，九仞无亏一篑功。"皇庆甲寅年（1314），时任州学师兼长芗书院山长的吴迁将其诗悬挂起来，"传之天下，使凡为师，为弟子，为学，为政者皆有所矜示。"

延祐甲寅年（1314），昌江方希愿将赴京师会试，有感于郭郁兴学之德政，为郭郁作《复斋说》一篇，说"大梁郭侯文卿治昌江之又明年，而与人诵之。百废俱兴，而民不知役，一廉自律而浩然无馁。退以诗书淑士，尤喜《谈易》。揭复斋二大字，榜其燕寝，盖有得于涵养之素。"

对于郭郁在浮梁的德政，时人作《昌江百咏》诗予以称赞。《编类运使复斋郭公敏行录》载四十五首，其中佳句有："下车先政辟儒宫""崇儒重道已经年""昌江学授几多儒，经阁从来属子虚。一旦洋洋弦诵起，不惟教养更储书""上能好礼下兴仁，解使民间薄俗淳""整顿昌江百废兴，黄云栖亩岁秋成，从今岁岁秋成望，凡有荒间劝尽耕"。

12.吴迁（1313年前后在世）

字仲迁，浮梁县城西隅人，为元代的地方教育家，师承南宋末期著名理学家饶鲁（朱熹门人）。元仁宗皇庆二年（1313），知州郭郁聘吴迁为州庠师，兼长芗、双溪二书院山长。他教学程序清楚，训导讲学求法则，课程安排合理，屡出高徒。来访的名士乡绅络绎不绝，学者称他为可堂先生。

吴迁一生著述颇丰，主要有《易学启蒙》《经传发明》《孔子世家考》《孟子年谱》等。明代永乐年间，朝廷诏令编辑的《经书性理大全》多引用他的著作。

吴迁塑像

吴迁墓在横塘。（据康熙二十一年版《浮梁县志》）吴迁事迹载诸县志、府志，明冯从吾《元儒考略》、清黄宗羲《宋元学案》有传。

（1）师承饶鲁，传道朱子

吴迁自幼天资绝人，有志圣贤之学，却无意科举。师从著名理学家饶鲁先生。他亲往饶鲁讲学之所石洞书院游学。饶鲁称他"立志坚确，用功精密"，尽以平日所得教授于他，自是"体认日亲，践履益实"。

吴迁隐居讲学地——浮梁县新平横塘坞

饶鲁（1193—1264），饶州余干（今万年县青云镇）人。南宋著名理学家。字伯舆，一字仲元，号双峰，门人私谥文元。著有《五经讲义》《春秋节传》《语孟纪闻》《学庸纂述》《十二图》《太极三图》《西铭图》。

饶鲁自幼有志于学。先后从柴元裕、柴中行、黄榦、李燔学。游学豫章书院、东湖书院，归里，建朋来馆，广聚学者，互相切磋。复筑石洞书院，聚徒讲学。其学以持守涵养为主，学问思辨为先，而笃行终之，远近从学者众。时理学大明，师儒攸属，四方聘讲无虚日。作朋来馆以居学者，又作石洞书院，前有两峰，因号"双峰"。受诸道部使之聘，历主白鹿洞、濂溪、建安、东湖、西涧、临汝诸书院。景定元年（1260）荐授迪功郎差饶州州学教授。

饶鲁（1193—1264）画像

饶鲁是朱子理学思想的重要传承人之一，为朱子学盛行于元代的江西地区做了极好的理论准备。

《宋元学案》第八十三卷《双峰学案》中，说饶鲁为"黄勉斋（榦）、李宏斋、黄尚质、柴南溪、强恕门人。晦翁（朱熹）、清江再传。"据《宋史》第四百三十卷记载，淳熙二年，黄榦师事江西清江学者刘清之，次年春，在其引荐下，始于崇安五夫里从朱熹求学。淳熙九年，朱熹以次女嫁黄榦。庆元六年，朱熹病重，将深衣和所著《礼书》底本托付黄榦，嘱其继续完成未尽部分。朱熹去世后，黄榦为之持守了三年心丧。朱熹卜居建阳考亭，黄榦就近买地建房，居家以随。

作为朱熹的弟子兼女婿，黄榦是朱熹学术的重要继承人。

饶鲁师承黄榦，吴迂师承饶鲁，均为朱子理学的传人。故而，《宋元学案》将吴迂列为"双峰学案"。

(2) 处士名儒，载之典籍

吴迂事见康熙二十一年《浮梁县志·贤士》，《饶州府志》有传。

吴迂，字仲迂，浮梁人，天资绝人，有志圣贤之学，力探理窟，一举于乡，不合，不复屑意于篇章训诂。闻双峰饶氏讲道石洞书院，往从之游，鲁称其"立志坚确，用功精密"，尽以平日所得者与之，自是"体认日亲，践履益实"。元兵下饶州，后避兵隐横塘山，犹讲道不废，皇庆癸丑 (1313)，知州郭郁延之州庠为师，躬执馈食之礼，兼长芗、双溪二书院。"进学有序，讲训有则，视听一新，文物甚盛。名公巨卿，躬礼于其庐者相继"，部使者表所居之巷曰"逸民"，学者宗之，称"可堂先生"。寻谢教事，退而讲道于邑北瑞莲精舍，从学者益众，若进士郑合生、章谷、乡进士徐逊、汪克宽。其卓然者也，年逾八十视听不衰，著述不倦。年九十三岁而卒，著有《易学启蒙》《左传义例》《左传分纪》《春秋纪闻》《孝经附录》《语孟类次》《孔子家世考异》《孟子年谱》《先儒法言粹言》《重定纲目》等。门人查镒如镂板行于世。明永乐年间，诏辑《四书大全》等书多引用其说，祀乡贤。

黄宗羲《宋元学案》载"逸民吴可堂先生迂"事迹：

吴迂，字仲迂，浮梁人。从双峰学。尝应科举不上，遂弃之。辟兵横塘，讲道不废。皇庆年间，浮梁牧郭郁延之为师，以训学者，时称可堂先生。汪克宽其门人也。(云濠案：黄氏本云："同邑郑合生、戴櫏 (注：从王) 皆师事之。") 所著有《四书语录》《五经发明》《孔子世家》《先儒法言粹言》《重定纲目》。使者表其所居曰："逸民"。年九十卒。[①]

(3) 门人弟子，文采彬彬

黄宗羲《宋元学案》将吴迂列入《双峰学案》。其门人：徐逊、汪克宽、郑合生、戴櫏 (注：从王)、朱坦等皆一时人物。今辑其门人弟子事迹如下：

郑合生 (生卒年不详)

浮梁人，受业于吴迂。延祐二年 (1315) 举进士。为兰溪州 (今浙江省兰溪市，唐咸亨五年建县，因兰江古称兰溪，故名。元元贞元年升为州，属

[①] 黄宗羲《宋元学案》，中华书局，1986 版，2009 年第四次印刷，2823 页。

江浙行省婺州路，明洪武三年复为县）属官时，受到排斥，达鲁花赤（督官，元置，掌握地方行政和军事实权，是地方各级的最高长官。明废）更换他的职位，他不卑不亢，术业精进，由是两浙间声名鹊起。后迁婺州录事，转汉阳尹，皆有善政。康熙二十一年《浮梁县志》列其为名臣。《饶州府志》有传。

道光《浮梁县志》卷十三有传：

"郑合生，字子谦，受经于吴迁，苦志锐力，为文简明。延祐乙卯登进士，倅兰溪。时，南士摈斥达，鲁花赤易之。合生不激不随，济之以文。由是声驰两浙间。迁婺州录事，转汉阳尹，政皆称，最为儒吏云。"

汪克宽（1301—1369）

字德辅，一字仲裕，安徽祁门人，元末明初理学家、教育家。他六岁能作骈偶，十一岁能自断《四书》句读。十岁，父授以双峰问答之书，辄有悟。举泰定三年浙江乡试。后问业于吴仲迁，学益笃。谒见吴仲迁先生而归，遂有志圣贤之学。归以经学教授宣、歙间。其后又从学延陵吴朝阳、翰林学士邓文原、金华许谦、鄱阳朱公迁、建康彭炳诸人，数与师山郑公讲理论学，意气相得。汪克宽博学多才，声名远播京师，学者称其环谷先生。著《环谷集》《诗集传音义会通》《程朱易传义音考》及《春秋经传附录纂疏》《经礼补逸》等著作。虞集为《春秋经传附录纂疏》作序。

明太祖洪武元年（1368），元朝灭亡，朱元璋下令编修《元史》。洪武二年，以宋濂、王祎为总裁官、汪克宽等十六人为纂修，开史局于南京天界寺。历时一百八十八天，修成元顺帝以前元朝各代的历史，共一百五十九卷。书成后，将授其以官，汪克宽以老病辞归。汪克宽回归乡里后，建"书舟可楼"，广藏经史，潜心讲道著述，淡泊自乐。年六十九而卒。葬于县东盛村。

其弟汪时中，字天麟，博学善吟，不乐仕进，后隐居山中与兄克宽讲学，学者称其为查山先生。

《明史》卷二百八十二 列传第一百七十《汪克宽传》：

汪克宽，字德一，祁门人。祖华，受业双峰饶鲁，得勉斋黄氏之传。克宽十岁时，父授以双峰问答之书，辄有悟。乃取《四书》，自定句读，昼夜诵习，专勤异凡。后从父之浮梁，问业于吴仲迁，志益笃。元泰定中，举应乡试，中选。会试以答策忼直见黜，慨然弃科举业，尽力于经学。春秋则以胡安国为主，而博考众说，荟萃成书，名之曰《春秋经传附录纂疏》，《易》有《程朱传义音考》。《诗》有《集传音义通》。《礼》有《经礼补逸》。纲目有《凡例考异》。四方学士，执经门下者甚众。至正间，蕲、黄兵至，室庐资财尽遭焚掠。箪瓢屡空，怡然自得。洪武初，聘至京师，同修《元史》。书成，将授官，固辞老疾。赐银币，给驿还环。五年冬卒，年六十有九。

汪克宽慕名来浮梁向吴迂求学，事迹亦见载于《汪环谷先生年谱》。

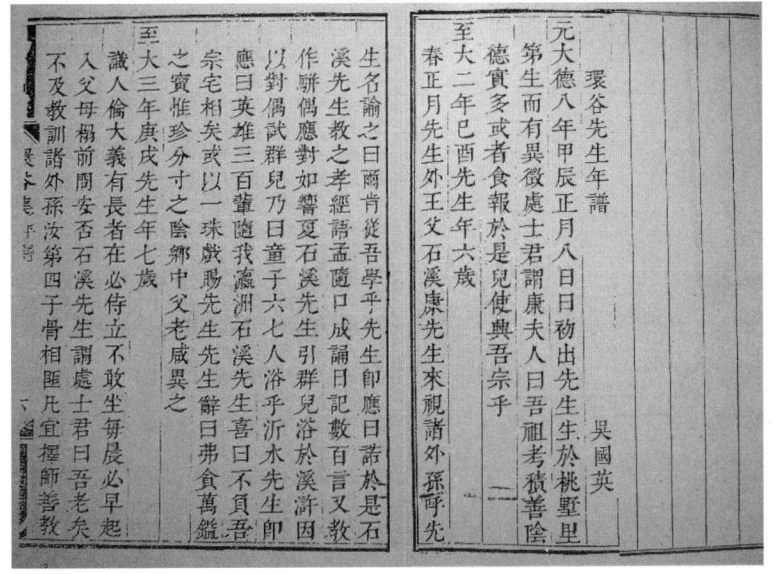

吴国英《汪环谷先生年谱》

年谱记载：

至治二年壬戌，先生年十有九岁。

春，处士君挈先生往鄱阳之浮梁，拜克堂吴先生仲迂于州学。吴先生与约曰："为己终以成物，为人适以丧己。尔欲为为己之学，则从吾游。"先生曰："某谨受教。"于是，吴先生乃悉出平日讲习之书与之。读之，因谓诸门人曰："新安汪德辅远来从游，颖异绝伦，他日必能有成。"间以所为文印可于吴先生。吴先生曰："读书明理，期体诸身，文章特其余事，异时可不学而能也。"先生遂笃志圣贤之学。是冬归，葺故庐，辟书斋，于居室之旁匾曰：思复。铭之斋壁。继又作喜、怒、哀、乐四铭及主敬存诚诸铭，以自警焉。

至治三年癸亥，先生年二十岁。

是年，两浙运同郭郁以书聘可堂先生讲道武林，先生从游钱塘。秋，吴先生、勉先生充乡试。先生答曰：吾斯之未能信，躐等以谋仕进，某何敢然？

泰定二年乙丑，先生年二十二岁。

浃岁从学于吴先生。

洪武三年汪克宽修撰《元史》后，顺昌江返回祁门，途中经过浮梁，撰《重修郑司徒庙记》。记中自述赴浮梁向吴迂求学之事，说"元至治二年壬戌

(1322)，予年十九，从先君子来浮梁，谒可堂吴夫子。"

汪克宽勤于著述，以非凡毅力和深厚的学术功力，将一些宝贵的古经书籍重新考订整理，分析研究。其治学精髓，在于阐发程朱理学"正心诚意""克己修身"以躬践存省为本的精神，当时的大学士程敏政对汪克宽有这样的评价："六经皆有说，而春秋独盛；平生皆可师，而出处尤正。其道足以觉人，其功足以卫圣。"汪克宽在文学方面也有相当造诣，他的文章温厚明达，颇有大家风范；诗歌则以"造语新警"闻名，接近李贺和温庭筠的风格。

徐逊（生卒年不详）

字士谦，浮梁人。从吴迁游，潜心经史，以博学称。元于光据州治，延为师。劝其除害恤艰，颇于民有济。及光归明，逊遂隐。洪武间以江西佥事召，上书丞相以礼辞。同邑先后有章昭、朱彦俊、方游、郑光、李燧，皆以经术征不就。章昭所著有《辟佛老论》《兰雪诗文集》。洪武初修有《浮梁县志》，今亡佚。

戴樯（樯从王，生卒年不详）

字仲才，浮梁县北隅人，尝从学吴迁，避居深山讲习。洪武初，屡荐不起。时定赋役法，浮梁独重于他邑。戴樯与李叔珍等上章极言得与他邑均，邑民至今赖之语。所著有《东山集》。

朱坦（生卒年不详）

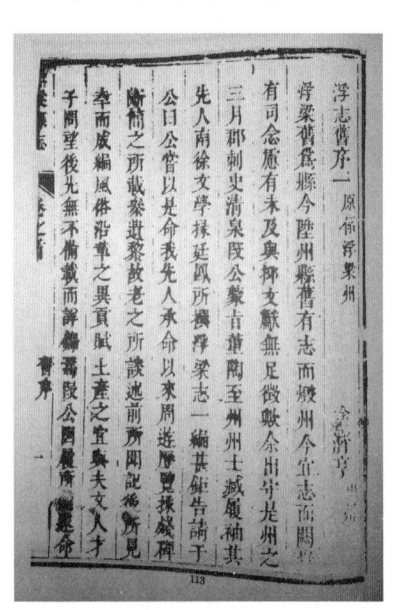

康熙二十一年《浮梁县志》载(元)屠济亨《浮梁州志序》

鄱阳人，举进士。大父明普，字升朝，自号止善，藏书数千卷，耽玩至忘寝食。乡先生吴仲迂、程时登、吴存，并以所学教授。俾诸孙从之游。而往来叩击焉。（事见中华书局《宋元学案补遗》卷八十三，《双峰学案补遗》，2012年版。）

13. 段廷珪（生卒年不详）

据康熙版《浮梁县志》记载，泰定乙丑（1325）进士方回请于郡守段廷珪，以训导臧履、直学闵济重修。

本书"历史沿革"篇章部分述及此事，认为进士方回不可能在泰定乙丑年参与重修长芗书院。查考有关资料，段廷珪实有其人。康熙及道光版《浮梁县志》载元代浮梁州知州屠济亨旧序，称"余出守是州之三月，郡刺史清泉段公蒙旨董陶至州。"泰定乙丑《浮梁州志》刻本，为段廷珪修、臧廷凤纂。清泉旧县名，今属湖南衡阳县。段公即段廷珪，事迹不详。

同样据屠济亨《浮梁县志序》，可知臧履的先人臧廷凤为南徐（今江苏镇江）人。臧履、闵济事迹待考。

14.欧阳玄（1283—1357）

一名欧阳元（清康熙年间避讳改玄为元），元代政治人物、史学家、文学家。至正元年（1341）编修辽、金、宋三史，被奉诏为总裁官，官至翰林学士承旨。《元史》有传，称其"文章道德，卓然名世"。有《圭斋文集》15卷、《睽东记》传世。欧阳玄曾到长芗书院讲学，并留有《长芗书院语学者》诗一首。诗

《欧阳玄全集》书影

中赞曰："圣朝无地非无教，院在长芗业已专。"此诗见载于乾隆版及道光版《浮梁县志》。

15.赵棨（1274—1344）

字卫道，号素轩，元代浙江绍兴路余姚人，宋宗室后裔。少博学，于书无不读，读必有论裁，学成无所于试。大德三年（1299）荐授昌化教谕，转为桐庐教谕，饶州景德镇长芗书院、温州宗晦二书院山长。顺帝元统二年迁温州路学教授，改常州。元至正四年（1344）卒，年七十一。其为人磊落，乐善好施，潇洒豁达。著有《素轩集》若干卷。事见元代文学家杨维桢《东维子集》所载《赵公卫道墓志铭》。

16.吴莱（1297—1340）

字立夫，本名来凤，门人私谥渊颖先生。元朝集贤殿大学士吴直方的长子，浦阳（今浙江省金华市浦江县）人。元仁宗延祐七年（1320）举进士不第，在礼部谋职，与礼官不合，退而归里，隐居深袅山，深研经史，宋濂曾从其学。后以御史荐授饶州景德镇长芗书院山长，未行而卒。年四十四岁。

有《渊颖集》十二卷传世。《元史》有传。

吴莱是元代著名的文学家，与黄溍、柳贯并称"金华三先生"或"浙东三大家"。

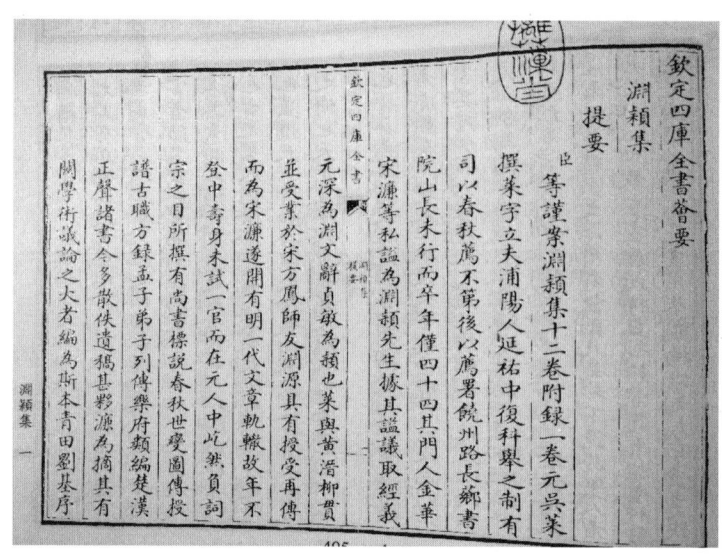

吴莱《四库全书·渊颖集》提要

（1）结缘长芗

一代大儒吴莱是如何被举荐为地处一隅的长芗书院山长的呢？举荐者何人？据宋濂《浦阳人物记·吴莱传》记载，"重纪至元三年（1337），监察御史许绍祖以茂材荐调长芗书院山长。"许绍祖何人？他是金末元初著名理学家、教育家许衡的嫡孙。

许衡（1209—1281），字仲平，号鲁斋，世称"鲁斋先生"，怀庆路河内县（今河南省焦作市中站区李封村）人。许衡自幼勤读好学，之后为避战乱，常来往于河、洛之间，从姚枢得宋"二程"及朱熹著作。元宪宗四年（1254），许衡应忽必烈之召出任京兆提学，授国子祭酒。至元六年（1269），奉命与徐世隆定朝仪、官制。至元八年（1271），拜集贤大学士兼国子祭酒。又领太史院事，与郭守敬修成《授时历》。至元十七年（1280），因病归怀庆休养。次年卒，年七十三，赠荣禄大夫、司徒，谥号"文正"。皇庆二年（1313），从祭孔庙。著有《读易私言》《鲁斋遗书》等。

许衡博学多才，家学传承上，在元代创造了一个传奇。他的子孙在三代之内竟有四人担任过元朝廷的尚书之职。其中许绍祖，字克学，历任秘书著作郎、中书检校、南台御史、云南省郎中、兵部侍郎等职，先后任户部、礼部尚书。

许绍祖举荐吴莱任长芗书院山长时，吴莱已经声名鹊起，俨然一代儒宗。然而此时的他却未授一官半职。对于无意仕途的吴莱而言，入仕已不是他的理想。入主书院，授徒讲学，是当时学者一个十分重要的入世途径。

与吴莱同时代且相往来唱和的著名学者吴师道，在《送包山孙山长序》中说："今州、县学外复有书院，往往处山林间，幽深旷迥，长吏过客之所不至，校官廪俸自给。日与诸生咏歌诵弦其中，暇则登高望远，仰林俯壑，座盘石而濯清泉，亦足以散尘虑。盖静境则志专，志专则业精。士之嗜学者，未有不乐此者。"吴莱隐居深袤山讲学，即是他的心性的体现。

元代书院的主持者称"山长"。按照元中期的规定，山长由礼部、行省或宣慰司任命。官品"秩视州之（学）正"。山长以下，设"直学以掌钱谷"。直学"从郡守及宪府官试补"，考满，"又试所业十篇，升为学录、教谕。"学录、教谕"历二考，升为学正、山长"。学正、山长"一考，升散府上中州教授……又历两考，升路教授。"延祐间，多由地方或中央官员定名，直接任职的山长；延祐后多以落第的举人充任。后例后经揭傒斯等人的努力，成为定制。（见王頲《元代书院考略》）

一些书院也纷纷延请大儒前来讲学。长芗书院当时声名远播，在江浙一带颇有影响。其历代山长均为饱学之士、一时之名儒。基于长芗书院的影响，由许绍祖这样一位家世、地位显赫的官员，推荐吴莱任长芗书院山长，是恰如其分、相得益彰的，同时也是符合当时的惯例的。

对于这样一个职务，吴莱虽然终因早卒未能赴任。但是，仍然得到其弟子门人的认可。宋濂称先师为"长芗公"，并将"长芗书院山长"的职务写入由其编修的《元史》列传《吴莱传》中。

长芗书院对与吴莱这样一位大儒结缘，也是十分荣幸的。数百年之后的《浮梁县志》也记载了这位没有到任的山长。复兴中的长芗书院，将吴莱视为山长名儒，为长芗后学所景仰。

（2）生平事迹

吴莱自幼秉承家学。其父亲吴直方（1275—1356），字行可，婺州浦江人，元代官员、名儒，名臣脱脱（亦作托克托、脱脱帖木儿，蒙古族蔑儿乞部人，元朝末年政治家、军事家）的启蒙恩师，官至集贤大学士，作为脱脱的顾问，对元后期政局颇有影响。

吴莱自幼聪敏好学，时人以"神童"誉之。其母盛氏颇通诗书，其叔父吴幼敏为金华四大藏书家之一。吴莱常借书以观，过目不忘。

18 岁时，朝廷准备出兵东夷讨伐倭寇。吴莱作《论倭文》，文辞雄奇，议论俊爽，甚得当时学者好评，只因当时吴莱刚好生病，所以此文未派上用场。延祐年间吴莱应进士试，不第。延祐七年（1320），吴莱 24 岁时，被荐为礼部编修。后因与礼部官员不合，于是退居家乡深裹山中，自号深裹山道人，潜心读书著述。

吴莱才学渊博，但命途多舛。其父吴直方为实现人生大志，北游京师三十余年，终获元顺帝重用，官拜集贤殿大学士。但这年吴莱已 44 岁，而且也就在这一年病逝。他以布衣之身，教书为业，辅以游历赋诗，先后在诸暨白门义塾、浦江郑义门东明精舍主教，为家乡培育了不少栋梁之材，宋濂便是其中之佼佼者。宋濂继承了吴莱的思想衣钵和学术风格，不但为郑氏义门培养了大批人才，还整理编定了《郑氏家规》。出仕后，宋濂修订了明代法律大典，编纂《元史》，成为一代开国文臣之首。

深裹江源，今名裹溪源，源深十五里，两侧重峦叠嶂，为浦江十景之一。元柳贯《深裹江源》诗中有"滥觞不满瓶盆，百谷浑浑一壑吞"之句。深裹江的源头为无来峰，即深裹山主峰，海拔 788 米。无来峰也是吴莱结庐隐居、著书立说之处。

吴莱平生喜远游，在礼部任职期间，曾东出齐鲁，北抵燕赵，每次经过风光奇绝之地或古战场遗址，皆慷慨高歌，饮酒自慰，得司马迁之遗风。从礼部辞归后，又出游舟山普陀，写下了《甬东山水古迹记》《听客话蓬莱山紫霞洞》等诗篇。

(3) 师承关系

吴莱得继家学，自幼博览群书，后得到大儒方凤的赏识。方凤将自己的

深裹江源吴莱故居（娄永铭摄影）

孙女许配给他，并教他《易经》《诗经》《尚书》等经史及秦汉以来的大家文章。与黄溍、柳贯同为宋末金华地区儒者方凤门人。自此吴莱博览群书，学问日进，经史子哲、兵谋术数、志学族谱无一不通，尤精于音律宫商。

方凤（1241—1322），字韶卿、韶父，一字景山，自号岩南老人。浦江后郑村人。试太学、举礼部均不第，后以特恩授容州文学。宋亡后，遁归隐于仙华山，在义乌县令吴渭的家塾教授子弟。他与流寓浦江的诗人吴思齐、谢翱（福建长溪人，曾为文天祥咨事参军，文天祥抗元遇害后，往依方凤）相友善，吟咏唱和，以寄托故国之思。参与故宋遗民组成的月泉吟社，在当时文坛有相当影响。方凤一生博览群书，尤精于《诗经》，深通毛、郑二家之言。对当时雕琢辞藻、堆砌典故、纤弱艰涩的文风不满，强调为文要内容充实、感情真挚，认为"文章必真实中正方可传"，诗多眷念宗邦而作，音调凄凉，寄慨遥深。其著作有《正人心书》（未完稿），诗文集《存雅堂稿》多散佚，后人张燧辑为《存雅堂遗稿》。

(4) 学术成就

吴莱作文讲究奇正开合，纵横变化，风格高古奇崛，无丝毫甜俗之气；现代汉语中"剑胆琴心""鬼斧神工"等成语出自吴莱的诗文；作诗不喜近体，而擅古体歌行，诗格雄浑奇肆，为清人王渔洋所称赏。在王所编的诗集《古诗笺》中，元代诗人仅有两人诗作入编，吴莱为其中之一，入编28首。"一代诗宗"王渔洋对吴莱先生诗作之推崇可见一斑。

清代宋犖在《唐宋元明诗歌流变评概》中评价吴莱说："唐以后诗派历宋、元、明至今，略可指数……元末，杨维桢、李孝光、吴莱为之冠。"

吴莱专攻学问，一生著作颇丰，著有《尚书标说》《春秋世变图》《乐府类编》《唐律删要》等11种、215卷，尚有《诗传科条》《春秋经说》《胡氏传考误》等未完稿。吴莱去世后，门人宋濂选编其重要诗文成《渊颖集》12卷，并请丞相刘伯温作序。序中说："宋君以其师吴先生之遗文若干卷示予，予一读而骇，再读而敬，三读而不知神之与接，融融漾漾，不知旨之、乐之、咏之、叹之也。于是乎乃知宋君之所以过人者，自莱也。"

明代文学家归有光在《浙省策问对二道》中评价吴莱说："至于以文章名世，如黄溍、吴师道、吴莱、柳贯，皆为一代儒宗。"

《四库全书·宋学士全集》提要中说："元末文章以吴莱、柳贯、黄溍为一朝之后劲。"

《四库全书》荟要《渊颖集》提要说："莱与黄溍、柳贯并受业于宋方凤，再传而为宋濂，遂开明代文章之派。故年不登中寿，身未试一官，而在元人中屹然负词宗之目，与潘、贯相埒。"

（5）门人弟子

吴莱隐居深袤山中，潜心著述讲学，后历主诸暨白门义塾、浦江郑义门东明精舍，门人弟子甚众。其中著名的有宋濂、胡翰等人。

宋濂（1310—1381）

字景濂，号潜溪，浙江浦江人，元末明初文学家，曾被明太祖朱元璋誉为"开国文臣之首"，学者称太史公。宋濂与高启、刘基并称为"明初诗文三大家"。他的代表作品有《送东阳马生序》《朱元璋奉天讨元北伐檄文》等。《明史》有传。

宋濂因为跟随吴莱求学而与长芗书院有着密切的联系。他在为刘炳（字彦昺，今昌江区鱼山义城人）《春雨轩集》作序时自称"予昔学诗长芗公"。此外，作为元末明初的大儒，他与长芗书院山长洪焱祖、俞希鲁以及山长吴迁的弟子汪克宽等有过交往或关联。

宋濂曾为洪焱祖《杏庭摘稿》作序，序中说，"濂昔受学于河东公，获见新安洪先生诗十余篇，心甚乐之。窃意先生之所述篇章必富，而新安远在数百里外，常愧弗能一见先生，以窥夫大全。"其对洪焱祖的仰慕之情溢于言表。

宋濂与俞希鲁关系，见诸宋濂为其父俞德邻作墓志铭事。

清代学者王梓材、冯云濠《宋元学案补遗》载："环谷私淑文宪宋潜溪先生濂。"环谷即汪克宽。作为私淑弟子，宋濂编修《元史》时，请汪克宽一起同修，足见其对汪克宽学识的敬重。

胡翰（1307—1381）

字仲申，一字仲子，浙江金华人。官衢州府教授。洪武乙酉纂修《元史》书成，赐白金文绮，辞归卜居长山之阳，学者称之"长山先生"。工于书法，王世贞国朝名贤遗墨，有其书迹。卒年七十五。有《胡仲子集》《长山先生集》传世。《明史》有传。

胡翰是元末明初婺州文坛著名文学家，又是金华朱学的嫡传弟子，与宋濂、王祎、戴良并称"四先生"。他一生以求学、交游、著述、隐居为主要活动方式，以其诗歌、散文创作获得了同时代人和后世的认同，被朱彝尊誉为元末明初诗歌创作之"巨擘"，与宋濂、王祎俱以文章名江南。

17.俞希鲁（1279—1368）

字用中，元代丹徒人（今属江苏省镇江市），诗文家。自幼爱读书，工古文，当时京口之碑文多请他作，时与青阳翼、顾观、谢震，合称"京口四杰"。清《乾隆镇江府志》称俞希鲁"学业浩博，淹贯群集""境内碑籍多所撰述"。举受初为独峰书院山长。后迁饶州为长芗书院山长，历庆元路学教授、安县丞、江山及永康县尹，皆著治绩。至正十七年以松江府判致仕。明洪武元年卒，年九十。编有《至顺镇江志》。

俞希鲁幼承家学。其父亲俞德邻（1232—1293），是南宋度宗年间从温州平阳考中进士的著名学者。南宋灭亡后，俞德邻无意官场，寓居在镇江著书，死后大学者宋濂为其作《俞先生墓碑》。《至顺镇江志》有其传，"元俞德邻，字宗大，永嘉之平阳人，宋宝祐中，父卓为庐江令，侨寓京口，因家焉。景定辛酉，以书经魁乡举，咸淳癸酉，以礼记魁浙漕，归附之初，阿术丞相辟为行省郎中，不就，行大司农司、江浙行省累荐，皆不起。性极孝，友好施予，学问该洽，问无不知，而宽厚乐易，深藏若虚，一时贤公卿咸敬慕之，西皋赵公文昌赠以诗曰：风尘京洛素衣缁，枕上羲皇目一时。五柳宅边陶令酒，百花潭上少陵诗。三薰三沐真吾事，一笑一颦谁汝疵。庄叟坳堂元自足，世间何许凤凰池。"

（元）俞希鲁撰《至顺镇江志》书影

18.朱伯高（1371 年前后在世）

籍贯、生平事迹等不详，洪武初为长芗书院山长。张京伯为直学。洪武四年（1371），徐逊赴饶州主试，荐朱伯高为府学教授。朱伯高离开长芗书院后，书院即于当年停办，朱伯高成为历史上的长芗书院的最后一位山长。

历代人物（二）

景德镇自古山川钟秀，地灵人杰。长芗书院所系历代人物，如前所述，成为长芗书院乃至景德镇的一笔宝贵人文财富。长芗书院旧址以及当代复兴中的景德镇禅师山，在千百年的历史长河中，同样人文璀璨，在一定程度上，为长芗书院的创建、发展以及当代复兴，营造了良好的人文环境。本章节遴选其优秀人物，简叙如后。

1.刘辉（1030—1065）

字之道，初名几，江西上饶铅山人。少时寓居景德镇，读书于禅师山云林别墅。

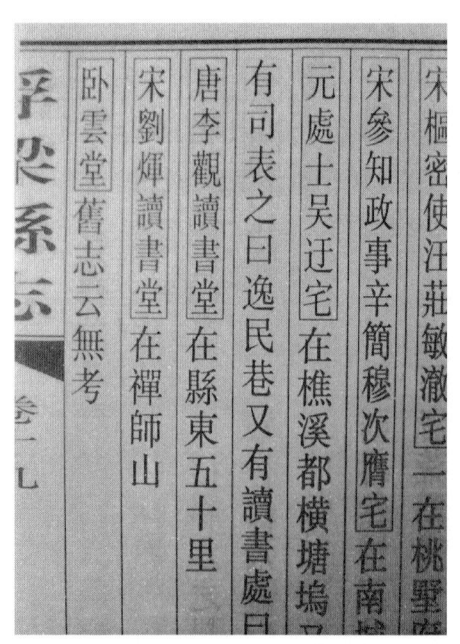

道光《浮梁县志》载刘辉读书堂在禅师山

嘉祐二年刘几进京应试，值欧阳修主考，力改文风，刘几文思敏捷，但行文怪癖，欧阳修没有录取他。两年后，刘几更名刘辉再次应试，终被欧阳修录取为状元。北宋沈括在他的《梦溪笔谈》记载了这一佳话。宋仁宗《赐刘辉及第》诗：治世求才重，公朝校艺精。临轩升造士，入彀得群英。并蹑云梯峻，联登桂籍荣。庇民思善政，慈惠体予情。

刘辉中状元后，被任命为河中节度判官。不久，因祖母不服当地水土，请求解官归养。朝廷准其移任建康（今南京），不久改任著作郎。嘉祐七年（1062）祖母逝世，他以嫡孙再次请求解官"承重服"。居丧期间，四方来从学的士子很多，他特地造起馆舍接待学子。他还为使族中老弱病残者有所养而置办了田产。治平二年（1065）三月十三日卒。葬陈坊下沽溪。著有《东归集》十卷，今不存。

刘辉读书于禅师山云林别墅事，见清道光十二年（1832）乔溎、贺熙龄、游继盛纂《浮梁县志》卷十五《人物·寓贤》：

刘辉，字之道，铅山人，本名几，改曰辉，登嘉祐四年进士第一。初，父巍游学县南，挈家居里仁都东山之麓，而辉生。辉自少迄长，从学邑中最久，尝与程筠游，读书禅师山云林别墅。余详《梦溪笔谈》及《江西通志》。

此外，道光《浮梁县志》卷二十二《杂记》载，刘辉读书禅师山中遇仙而高中状元的佳话。详见本书"佳话传说"篇章。

《梦溪笔谈》卷九《人事》，记欧阳修黜刘辉又荐其为状元事：

又嘉祐中，士人刘几，累为国学第一人。骤为怪崄之语，学者翕然效之，遂成风俗。欧阳公深恶之。会公主文，决意痛惩，凡为新文者一切弃黜。时体为之一变，欧阳之功也，有一举人论曰："天地轧，万物茁，圣人发。"公曰："此必刘几也。"戏续之曰："秀才刺，试官刷。"乃以大朱笔横抹之，自首至尾，谓之"红勒帛"，判大纰缪字榜之。即而，果几也。复数年，公为御试考官，而几在庭。公曰："除恶务本，今必痛斥轻薄子，以除文章之害。"有一士人论曰："主上收精藏明于冕旒之下。"公曰："吾已得刘几矣。"既黜，乃吴人萧稷也，是时试《尧舜性仁赋》，有曰："故得静而延年，独高五帝之寿；动而有勇，形为四罪之诛。"公大称赏，擢为第一人，及唱名，乃刘辉。人有识之者曰："此刘几也，易名矣。"公愕然久之。因欲成就其名，小赋有"内积安行之德，盖禀于天"，公以谓"积"近于学，改为"蕴"，人莫不以公为知言。

2. 程节（1033—1104）

字信叔，宋嘉祐年间进士，历官朝议大夫、直龙图阁及宝文阁待制等。

程节祖籍安徽歙县，祖父程胜迁到景德镇居住在金鱼山下，以捕鱼为业。家族兴旺，于禅师山建云林别墅，教育子孙，以至人才辈出。程节兄弟子侄均于此读书成才。北宋时期，程氏是浮梁县的望族，历代名人辈出。陈柏泉编著的于1990年出版的《江西出土墓志选编》一

程节（1033-1104）画像

书载有程节及其子程邻等墓志铭,成为今天研究程氏的重要文献资料。台湾大学历史研究所博士黄宽重所著《宋代的家族与社会》一书,对程氏家族由族而家的发展有较详细的叙述。详见本书"文献萃要"部分《程节、程筠家族由族而家的发展》一文。

程节自幼聪颖过人,博学多才,以将略自负。嘉祐五年进京赶考,路经安徽亳州,遇盗贼,泰然处之。第二年以礼部试第三名登进士,初授陇右招讨使推官。熙宁时期朝廷在南方用兵,程节以为"示以威,不若怀之以德。"于是单骑领命抚谕诸蛮,事后皇帝称赞他:"真奇才也!"后迁广南西路转运使,知贵州府安边有功,回京为枢密院副使。绍圣中程节以安抚使再赴粤,镇守桂林。在桂林十余年,程节明政务,练甲兵,销患未萌。开园圃,建亭阁,与民同乐。他学识广博,晓事理,广交游,与书画家米芾情谊颇深,米芾有《诗送端臣桂林先生,兼简信叔老兄帅座》诗。元符二年在月牙山山腰及山麓,分别修建环翠阁、骖鸾亭和释迦寺。崇宁元年(1102),重修逍遥楼,更名"湘南楼"。崇宁二年于揭帝塘附近,造"八桂堂"。崇宁年间开辟程公岩,岩以其姓命名。畅游山岩,所至必题刻吟咏,普陀山元风洞、伏波山还珠洞、月牙山龙隐洞,有其题刻数件。回京后程节加爵中书侍郎,晋阶右仆射。后以宝文阁待制(官名,唐代始设,备皇帝顾问)赐金鱼袋封开国侯致仕。著有《竹溪集》。《饶州府志》《浮梁县志》《桂林市志》人物志中有他的传记。

程节去世后归葬故里金鱼山。1976年当地开发金鱼山时发现其墓葬,墓穴在基建时被毁。墓中出土《宝文阁待制程节墓志铭》和《宋饶州长安君沈

北宋进士程节墓志铭(局部)

氏墓志铭》，从出土墓志铭可知该墓为程节夫妻合葬墓。墓志铭记载程节生于宋仁宗明道二年，卒于徽宗崇宁三年，这对考证程节的生卒年提供了直接证据。程节妻沈氏，江西鄱阳人，卒于崇宁元年（1102），封长安县君，赠硕人。程节墓志铭现存古窑民俗博览区内。

程邻，字钦之，程节之子。少有才名，北宋名臣丰稷称他"如太阿出匣，光芒四映"。县志载，其元祐辛未（1091）举进士，除校书郎。绍圣间因言时政获罪，后李清臣谪监虔州时召为秘书省右丞，再转右正言。程邻论事每以直言，议论兵事尤中要领。同列称他堪任边事。宋徽宗初政，程邻上陈"初政四事"，深得徽宗赞许。时值程节离开广西，蛮夷反目，边事再起。徽宗以程邻为广西安抚使，至则平定边事。程邻抚镇边鄙数十年，治兵安民，尝言"马可经年不阵，不可一日不驰；兵可经年不战，不可一日不励"。终进徽猷阁待制，进阶银青光禄大夫。

3.程筠（1036—?）

字德林，程节之弟。少年时代与铅山刘辉读书于禅师山云林别墅。二十岁时举于乡，第二年即宋仁宗嘉祐二年丁酉（1057）试礼部，与苏轼、程颢、曾巩、吕惠卿等为同榜进士。当时欧阳修为主考，大力改革文风，读了程筠的答卷，称赞说"正人直道，溢于其言"。程筠初任江都令。王安石为度支判官时，上万言书论国政，程筠读之而谓不然。不久程筠得罪被贬，五年后复起为县令。熙宁元丰时，天下久苦新法，程筠作《上神宗皇帝论新法疏》，直言新法之弊，神宗皇帝读了他的奏疏为之动容。苏轼也赞他说："疏远不忘纳忠，君子人也。"后调知陈留，他均田赋、平徭役，不避权势。有外戚告他的状，宣仁太后说："筠廉吏，吾何挠其政耶？"元祐末，程筠知真州（在今江苏省）。后升任户部郎中，因与制置司不合，又迁御史之职。任御史不到一年中，因上疏数十次而得罪权贵，出为京东路按察使。一次，哲宗皇帝在迩英阁宴请群臣，他对程筠说："知君才行具优，故特委卿持宪畿辅也。"

程筠与苏轼既是同年进士又是挚友。苏轼曾作《送程德林赴真州》一诗，赞美他的政绩，称道"君为赤令有古风，政声直入明光宫。"

程筠的父亲去世后，他在其父位于昌江之滨金鱼山的墓地左侧建了一座"归真亭"和一座"思成堂"。《苏东坡集》载有《同年程筠德林求先坟二诗》。

其一《归真亭》诗云：

旧笑桓司马，今师郑大夫。不知徂岁月，空觉老楸梧。祭礼传家法，阡名载版图。会看千字诔，木杪见龟趺。

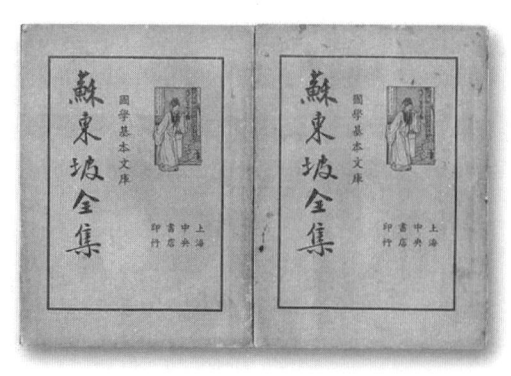

《苏东坡全集》书影

其二《思成堂》诗云：

宰树连山谷，祠堂照路隅。养松无触鹿，助祭有驯乌。归梦先寒食，儿啼到白须。遥知邻里化，醉叟道争扶。

此外，程筠与北宋状元彭汝砺交厚，彭汝砺的《鄱阳集》中收入了他写给程筠的三首诗。其中《与程德林》诗云：

俊骨风标固逸伦，况闻才术巧安民。寻常恨不亲高谊，邂逅相逢即古人。议论耻拘时俗态，笑歌惟取性情真。从今便作忘形契，安得相从席上珍。

程祈，字彦忠，程筠之子。元丰五年壬戌（1082）进士，授国子监博士，历官礼部员外郎。绍圣时程祈升翰林承旨，状元出身的叶祖洽在中书省每每听到他的论述，抚几赞叹说："不惟辞有体要，而忠尽见于声情，真仁义之言！"当时朋党纷争，熙宁、元丰小人被斥，元祐权臣畏其螫语，有调停之说。程祈力议其"非进陈学术之邪正，天下自有去从，何得是非错谬，以致理道乖离。"两宫深以为然。

4.史邈（生卒年不详）

官庄《史氏宗谱》史邈画像

字守易，官庄村人。北宋时，官庄地属浮梁县永固乡，后隶浮梁县兴西乡长芗都，今属昌江区吕蒙乡。其为人行端学博。北宋神宗熙宁三年庚戌（1070）进士，初为司农主簿。王安石荐其才，神宗皇帝召其入对，由是大悦，升兵部郎中，太平通判。不久，因议论新法不合时宜，被罢免。从此，史邈退而授徒讲学，远近学者纷纷前来向他求学，并称之为"江东夫子"。著《易传》《春秋发微》以及诗十九卷。《江西省教育志》（1996）载其事，《浮梁县志》有传。

史邈的弟弟史逊也中了进士，但无意

仕途，与兄长史邈归里，在今金鱼滩西岸官庄筑室讲学，二人均以理学著称于时。省志、府、县志均载其事。史邈筑室讲学虽无书院之名，实开一代学风。史邈讲学遗址具体位置已不可考。但可以想见，史邈筑室讲学对其后长芗书院以及长芗社学的举办，产生了深远的影响。

(1) 江东夫子

绍圣丙子赐进士出身都官郎中浮梁人程祈，曾为史氏宗谱作序，称史氏为"浮西望族也。"官庄民国二十二年（1933）《史氏宗谱》记载：官庄史氏源自溧阳史氏，"唐乾符年间，史谦恕任歙州刺史，遂徙居于歙之严睦。歙即新安，徽州属县。传至五季后唐宏肇公为侍御指挥使，以抗直被害。嫡孙名义方逃难浮邑，遂于浮西官庄而居。"

"相传五代始有邈公，宋熙宁庚戌年进士，任兵部郎中，因王安石行新法，不合，退归乡里而讲学。学者翕然宗仰，如桃李盈庭。昔时人称杨震为关西夫子，故别号邈公为江东夫子。邈公之裔孙又以江东为世家。自宋至元明清，名垂邑志代不乏人。"

史邈辞官归里筑室讲学，时人比之于"关西夫子"，而别号其为"江东夫子"。江东即指江南。称誉史邈为江东夫子，是对其辞官隐居、授徒讲学的高度赞扬。

关西夫子即东汉杨震。杨震（?—124），字伯起，陕西华阴人。东汉时期名臣。他通晓经籍、博览群书，被众儒生称赞为："关西孔子杨伯起。"（后人亦称其为"关西夫子"）。杨震办学三十多年，培养了大批人才，因此名气很大，远近钦慕。至五十岁时，开始步入仕途，位列"三公"。

(2) 人才辈出

史邈归里讲学，培养了不少子侄。对后世影响深远。

官庄《史氏宗谱》有传的历代人物中史迅、史逢辰等人，就是其中的代表。

史迅"字抑之，江东夫子之孙，待制程信叔之婿，中元符庚辰（1100）榜进士，仕终国学博士。以文学名世，时称有祖风。"待制程信叔，即程节，见本章节"程节"。

史逢辰，字日升，宝祐（1253—1258）间中京闱进士。授江陵（今湖北荆州）主簿，值国运将终，惟省刑薄敛，多方设备，以安百姓。卒于官，百姓无不嗟仰，赠江陵尹。

官庄历代学人相继。万历乙巳年（1605）浮梁儒学教谕举人清江王世泰为官庄史秉直《杖乡集》作序。序中说：

万历乙巳，予自清江来视浮梁学政，清漳周侯修邑志，采民间懿行暨有著述者。诸生偕诸父老随地以闻。时史生梦龙状其族老诗逸讳秉直者，并家集一帖示余曰："诗逸于杖乡年，录其生平所作，以记过云。"予读其辞，想其人。噫！兹邑人士豪也……

清漳周侯，即周起元。周起元（1571—1626）字仲先，号绵贞，福建海澄（今漳州龙海）人。明代官员，东林七君子之一。万历二十八年（1600）乡试第一，翌年中进士，授浮梁知县。周起元主持修县志，时为教谕的王世泰访问民间著述，得史秉直《杖乡集》并作序。

道光版《浮梁县志》有史秉直、史彰美、史大志等传。

（3）世代敬仰

史邈的影响对其宗族而言，无疑是巨大的。以至其后代把他视为迁浮梁官庄史氏的一世祖，并以其号冠名为"江东史氏"。历近千年，繁衍至今。

同知饶州府事、刑部员外郎山阴沈伟业《浮邑史氏宗谱》序："予奉命分守饶州，驻劄景镇，因昌江滩河水浅，舟泊官庄，俟舆马取陆而进，见有巍然奂然于溪右者。询之，乃江东夫子祠也。及阅郡县志，知所谓江东夫子者，即送熙宁庚戌进士史公，讳邈，字守易先生者。先生理学渊源深得孔孟薪传，神宗召时，甚悦，晋兵部郎中。因议新法不合，出判太平，遂退而讲学，学者翕然宗之，称为江东夫子云。即今官庄一世祖也。"

江东夫子祠今不存，宗谱记载昔时对联，兹录于下。江东夫子史邈受敬仰及其对后世的影响可见一斑。

"倡道江东，百代宗祠夫子启；秉文周室，万年姓氏史官开。"

"地冕长芗，儒院流风尚在，陈俎豆，礼教雍雍，自当宗邹宗鲁；
岳屏万户，侯封秀气曾符，衍箕裘，英村济济，还期生甫生申。"

5.程晖（生卒年不详）

一作辉，字琴之，景德镇镇市都人。宋宁宗宝庆二年进士。程晖早年读书禅师山中。

程晖事迹不见于其他记载，道光版《浮梁县志》记载程晖禅师山中得神助举进士的佳话。详见本书"佳话传说"篇章。

6.刘鼎（1843—1885）

原名刘国旺，都昌县九都刘仲村（今都昌县万户乡刘仲村）人。同治年间举人，无意仕途，中举后到景德镇禅师庵设经馆教书。

据都昌《刘氏宗谱》记载，刘鼎"字辉祥，讳鼎，号宝三。中同治癸酉（1873）科本省乡试第二十五名举人。敕授文林郎拣选知县。生于道光癸卯六月初七日丑时。娶江氏，生于道光壬寅年六月十五日丑时，例赠儒人。公殁于光绪乙酉年十二月十二日巳时，余江山。江妣殁于民国甲寅年三月廿九日亥时，葬罗家坟峦。"

刘鼎事迹未见载于景德镇本地志书等资料。其于景德镇禅师山设馆教学之事，有其生活在景德镇的曾孙刘兴国等口述为凭。刘鼎才华出众，机智过人，至今都昌县民间仍流传有其巧改诉状的故事。见本书"文献萃要"部分吴先龙《刘鼎改状》一文。

7.姚甘霖（1906—1989）

又名姚润黎，景德镇人，1906年出生。民国七年至民国九年（1918—1920）读书景德镇禅师山养晦斋经馆，授业于晚清举人余国琛（又名余邦辉，字仲昆，都昌人），1927年毕业于上海公学商科。1926年2月，姚甘霖与向义等人在南山沙陀庙建立了中国共产党景德镇第一个党小组。1927年5月中共景德镇市委成立，姚甘霖任市委委员、组织部长。国共合作期间加入国民党，为国民党景德镇党部执行委员、组织部长。1979年退休前为民革南昌市委宣传处处长。1989年病故。

中共景德镇第一个党组织创始人之一姚甘霖

关于姚甘霖的事迹，景德镇地方党史以及文史资料有记载。中共景德镇小组的诞生，是景德镇革命斗争史上的一件大事，景德镇人民的革命斗争从此有了党的坚强领导核心。由于党员人数不断增加，党组织得到发展，1926年6月，中共景德镇小组发展为中共景德镇支部。1927年5月，经中共江西区委批准，中共景德镇支部晋升为中共景德镇市委。作为中共景德镇第一个党组织的创始人之一，姚甘霖值得后人铭记。

关于姚甘霖的籍贯，景德镇党史及其他文史资料，只说他是浮梁人，具体位置不详。笔者经多方查考，终于在三间庙（今景德镇市昌江区新枫街道三河村）找到他的族谱。据重修于民国丁丑年（1937）的姚氏宗谱记载：

姚甘霖，名修铨，一字润黎，光绪丙午年（1906）生，上海大学毕业，曾任国民党浮梁景德镇市党部执行委员兼组织部长,浮梁县党部常务委员,浮梁县政府建设科长,浮梁县绍文高等学校校长。姚甘霖的父亲姚述瑞,字发邦,国学生,生于同治辛未年(1871),卒于民国戊辰年(1928)。姚述瑞生有五个儿子,修鉴、钧、铨、铭、铎。姚甘霖后出继伯父述端为子嗣。

关于姚甘霖在禅师山读书的事,景德镇市政协主办的《景德镇市文史资料》第八辑,载有姚甘霖《在养晦斋受业》一文。2015年景德镇市教育局编印出版的《往事钩沉》一书收入了姚甘霖《我在禅师庵读经馆》一文,详见本书"文献萃要"部分。

中国共产党景德镇第一个党小组诞生地——南山沙陀庙

长芗遗珍

（一）元青花釉里红楼阁式谷仓

江西省博物馆现藏有一件镇馆之宝——元代青花釉里红楼阁式谷仓。它是元代中期景德镇的杰出代表作品，也是目前仅见的有确切纪年的青花釉里红瓷器，具有极高的研究价值。2002年，国家文物局将其与司母戊大方鼎、曾侯乙编钟、三星堆青铜神树、"马踏飞燕"铜奔马、金缕玉衣、长信宫灯等同一批列为禁止出国（境）展出的64件（组）国宝。

这件国宝1974年出土于景德镇南山，1979年9月由原丰城文化馆万良田先生花80元征集到，后由江西省博物馆收藏。该器物通高29厘米，横宽20.5厘米，仿元代江南楼阁式戏台建筑，重檐庑殿顶，由二层主楼和两侧二层亭楼构成。楼阁分为上下两段塑造。下段屋身中央板状箱式结构，面板可拆卸。四周门廊微塑各种舞蹈、奏乐、侍卫俑共18尊。正面青花书写对联一

元代青花釉里红楼阁式谷仓（局部）

副：上联"禾黍丰而仓廪实"，下联"子孙盛而福禄崇"，横批"南山宝象庄五谷之仓"。左右两侧壁分别以釉里红书写"凌氏墓用"和"五谷仓所"。

更为难得的是器物背面底层正中以青花书写159字墓志铭，交代墓主人身份。墓志称："夫人，故景德镇长芗书院山长凌颖山之孙女也。"长芗书院创建于南宋庆元三年（1197），不仅是景德镇（浮梁）历史上最著名的书院，而且在江南地区有着较大影响。凌颖山（生卒年不详），即凌子秀，元代元贞二年（1296）时为长芗书院山长的凌颖山修缮长芗书院。嵇厚作《长芗书院记》。

这件国宝是目前为止所发现最早刻有"长芗书院"名称的实物，对考证长芗书院具有极为重要的意义。该国宝现存于江西省博物馆，滕王阁有该器物复制件展出。

附：国宝档案

元代青花釉里红楼阁式谷仓

元（后）至元四年（1338）

通高29厘米、底横20厘米、底纵10.3厘米

1974年江西省景德镇市郊凌氏墓出土

谷仓模型。仓为楼阁式，上下二层，楼面错落，中高侧低，重檐庑殿屋顶，红柱琉璃瓦。庑殿顶正脊中间饰红邑莲苞一株，复瓣座，圆苞蕊，两端各有一塑座狮吻。侧旁屋顶讲出三面，上置莲花座顶。仓顶四角均塑成卷云形。底层四周围以栏杆，每面中间均留通道开门，两侧对称布置。前后每侧为二栏相连，侧面每侧则一栏独立。立柱和栏杆串珠连成，柱杆间长方框内夹菱形连珠框，局部镂空通透。柱头莲花，前衬荷叶，杆中增饰如意云头。

上层为戏台，正面内置宝座，位居中心，四周及两侧亭楼塑侍女二人、优伶八人。其中两旁各立侍女，妙龄姣容，头梳丫髻，身着长衣，手持宫扇，旁边服侍；廊外两边各有一名女子，身段修美，水袖长舞。后背廊中四名女子一排站

元代青花釉里红楼阁式谷仓（局部）

立，或怀抱抚弦，或挂鼓击打，或拢琵琶弹弦，或低头吹箫。侧楼各有二人站立，使用笛子、笙、夹板、琴等乐器配合演奏。底层为谷仓，周廊侍卫二人、仆人四人，服饰基本相同，头戴无聊幞头，身穿补领长衫，腰系长条绦带。大门两侧栏内，各站一名侍卫，身姿笔挺，手握长棒；左右两侧各有二侍仆。右侧二人身体前倾，双臂弯曲，似在抱物。左侧一人臂曲相叠，长巾直挂，一人左手垂下，右手拿盆，一等候盼咐。全器十八俑以主人宝座为中心，戏者立于前方，乐人则在背后与两侧，侍仆立于楼下，分区清楚，安排有序，寓意墓主在阴间仍然富贵享乐。

谷仓前后侧面多处书写文字。正中大门青花书写对联一副，上联"禾黍丰而仓廪实"，下联"子孙盛而福禄崇"，横批"南山宝象庄五谷之仓"。两侧壁釉里红书写文字，竖直排列，左侧"凌氏器用"，右侧"五谷仓所"。背面宽阔的平板上青花书写159字墓志铭一篇。

谷仓人物雕塑（局部）　　　　　　　谷仓对联（局部）

谷仓背面以青料书12列159字，全文如下：

夫人故景德镇长芗书院山长凌颖山之孙女也。生而贤明，长而周淑。适同镇扬州路召伯大使刘文史男炳文。悉居仁都胡同，知女孙女璧珪。夫人生于前至元癸巳年二月初九日戌时，殁于后至元戊寅五月二十三日申时，享寿四十六岁。以戊寅六月壬寅之吉，安葬于南山。坐巳向亥，大江阳朝。中峙葬麓，形如抚椅，龙盘虎踞，山清水秀，火星宗庙，梅花单于，六秀八茸，件件帽合。后曰田连阡陌，朱紫盈门。谨记。

从青花墓志铭文可知，谷仓主人凌氏，生于前至元三十年（1293）二月，死于后至元四年（1338）五月，享年四十五周岁。凌氏的祖父凌颖山是景德

谷仓墓志铭

镇长芗书院的山长,属于朝廷命官。凌氏嫁给了担任扬州路召伯大使的刘文史之子刘炳文。凌氏的祖父和公公均为朝廷命官,两个家族在景德镇都颇具影响力。凌氏死后,其家人调动景德镇的社会资源,短时间内精心烧造出福佑逝者的一批明器,青花釉里红楼阁式谷仓就是其中一件。这一批纪年青花釉里红瓷器的发现,填补了陶瓷史上的空白,为颜色釉瓷器的研究,提供了珍贵的实物资料。

与此件楼阁式谷仓同时发现的器物,还包括青花釉里红堆塑四灵塔式盖罐、红釉老年文吏俑、红釉中年文吏俑。这批文物均系1974年从景德镇郊区出土后流入丰城,先为江西省丰城市博物馆收购,1979年由江西省博物馆收藏,后来红釉中年文吏俑调拨国家博物馆。这四件器物,釉色均以青白釉与红釉为面色,用青花或釉里红书写文字,釉质光泽温润,瓷胎洁白细腻,器物造型别致,雕塑及装饰手法精湛,烧造年代明确,是元代瓷中的珍品。

(江西省博物馆《镇馆之宝》)

(二) 元刻本《隋书》

1.《隋书》简介

《隋书》,唐魏征等撰。隋文帝时,王劭已撰成《隋书》八十卷。唐高祖武德四年(621),令狐德棻首先提出修齐、梁、陈、周、隋等五朝史的建议。次年,唐朝廷命史臣编修,数年仍未成书。唐太宗贞观三年(629)命房玄龄监修隋史,另纪传部分监修的还有颜师古、孔颖达、许敬宗等。贞观十年(636)成书。帝纪五卷、列传五十卷、志三十卷,多人共同编撰,分为两阶段成书,从草创到全部修完共历时35年。

2.《隋书》的史学价值

《隋书》是唐代官修正史的代表作,也是《二十五史》中修史水平较高的史籍之一。

《隋书》的修史水平是较高的。一是因为当时唐朝集中了一大批有才之士:先后参加编写的孔颖达、许敬宗、于志宁皆名列贞观时期著名的"十八学士"之列;颜师古是当时名垂一时的经史大师;负责修撰天文、律历的是唐代著名天文学家李淳风。二是因为修史当时离亡隋时间较近,有不少隋朝的史料尚可资证。如隋人王劭撰的《隋书》八十卷,便保存着许多隋王朝的诏策。此外,当时也还存有数十卷《开皇起居注》等。三是作为主编的魏征,历史上素称谏臣,号为"良史",他主编修史时一般能坚持据事直书,不像后代史书的一些纪传有那么多的忌讳。

《隋书》的一个重要特点,就是全书贯串了以史为鉴的思想。主编魏征在给唐太宗上书时曾经说过,"殷鉴不远,在夏后之世。臣愿当今之动静。以隋为鉴,则存亡治乱可得而知。"

3.《隋书》历代刻本

现代出版社 2011 年出版的白话精华二十四史之《隋书》,其内容提要关于《隋书》版本的记载:《隋书》最早刻于北宋天圣年间,北宋仁宗天圣二年(1024)由张观等人奉旨勘校,并在天圣三年十月完成刻版,现已失传。另有南宋嘉定间刻本残卷六十五卷及南宋刊十行本传世。传世元刻本有元朝大德

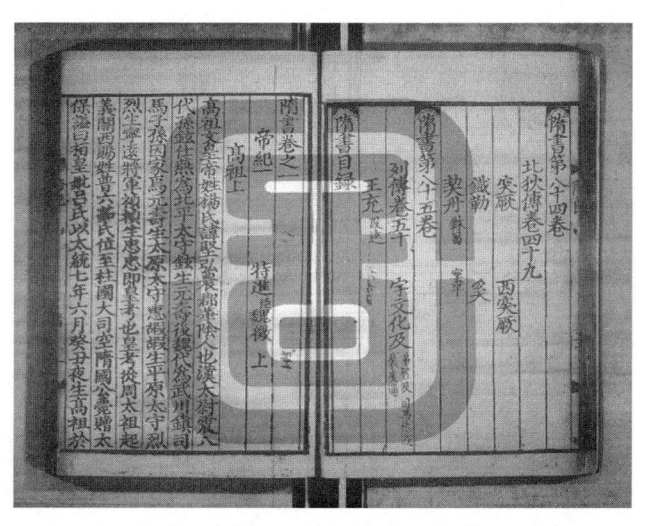

中国国家图书馆藏饶州路儒学刻本《隋书》书影

年间饶州路儒学刻本、以饶州路本为底本翻刻的元至顺三年瑞州路儒学刻本。清乾隆年间的武英殿刊本是较为流行的版本。1973年中华书局依据以上数种版本校勘整理而成标点本，是目前最好的通行本。

元大德年间饶州路儒学刻本《隋书》在传承史学典籍上起到了十分重要的作用。

4.长芗书院与元刻本《隋书》

据薛颖《元代江西书院刻书考论》记载,元至顺三年（1332）长芗书院与浮梁、鄱阳县学、乐平州学、德兴的初庵书院、余干的忠定书院、安仁的锦江书院等合刻《隋书》八十五卷。

清代叶德辉《书林清话》卷四元监署各路儒学书院医院刻书内举大德九路本《隋书》时，据《瞿目》《丁志》《陆志》《陆跋》记载，其刻书除瑞州儒学外，尚有浮梁县学、乐平州学、赵汝愚书院、锦江书院、长芗书院、初庵书院等。

综合目前所发现的刻本《隋书》信息，对照叶德辉《书林清话》等文献资料可知，长芗书院当于元大德间参与饶州路儒学刊刻《隋书》。瑞州路儒学刻本系据饶州路刻本翻刻。因现存两书均为明修本，仍不是元代刻本，故没有发现文献所称版心载长芗书院等刻书者名称。

5.长芗书院参与刊刻《隋书》馆藏情况

中国国家图书馆南区善本特藏元代刻本《隋书》有两种。

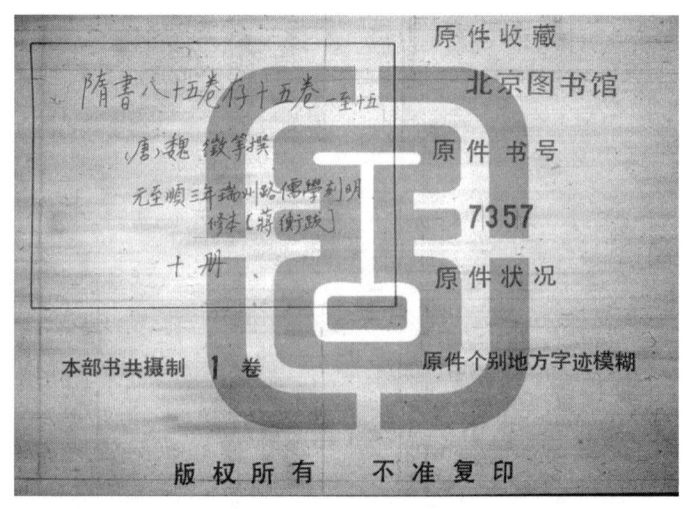

元至顺三年瑞州路儒学刻本《隋书》胶片标识

其一为元大德（1297—1307）饶州路儒学刻本《隋书》（善本）八十五卷，索书号为7359。该刻本为（唐）魏征等撰，20册，明修本，10行22字，细黑口，四周双边。卷五十七配清抄本，卷五十八至六十三配元至顺三年刻明修本。原件有部分破损，字迹模糊。该藏本胶片共三卷，北京图书馆于1986年摄制，第一卷为卷首至卷二十三，第二卷为卷二十四至卷五十七，第三卷为卷五十八至卷八十五。卷末有印二枚，一为涵芬楼藏，一为北京图书馆藏。查看胶片，未见版心等处有"饶州路儒学""大德"等刊刻信息。

其二为元至顺三年（1332）瑞州路儒学刻本《隋书》，明修本（蒋衡跋），10册，9行20字或22字，黑心，左右双边，有耳。原件藏北京图书馆，索书号7357，原书八十五卷，存卷首至卷十五共十五卷。版心等处未载刊刻者信息。

元代刻本《隋书》除中国国家图书馆馆藏外，据上海古籍保护中心公布的《第二批国家珍贵古籍名录上海地区入选藏品清单（共329部）》载，有编号00374《隋书》八十五卷，（唐）魏征等撰，元大德饶州路儒学刻，明修本，上海图书公司，存一卷（二十四）；编号00375《隋书》八十五卷，（唐）魏征等撰，元至顺三年（1332）瑞州路儒学刻明修本，上海图书馆。

历代诗抄

历史上的长芗书院及其当代复兴所在的禅师山，自古以来就是景德镇的名胜之地。历代诗赋歌咏散见于当地史志以及碑刻。长芗书院当代复兴以来，禅师山更是引得诗人和学者纷至沓来，留下了众多的诗词篇章为山川增色。

禅师山诗

（南宋）僧蓼

伫立云林久，王程几岁华。
江南行脚路，天北故人家。
节染檀裘雪，文宜凤阁麻。
空门清供薄，曾约献天花。

题元贞三年二月禅师院重修碑刻诗

（元）竹溪叟

流水涓涓绕槛前，西峰当日此安禅。
特形陇右云游梦，精舍重兴不偶然。

长芗岁暮二首

（元）洪焱祖

阴阴四山合，杳杳一川平。
暮色杂歌哭，年光催死生。
灶陉芬糗饵，家庙洁粢盛。
骨肉望归切，何由风翮轻。

落日窗未掩，忘言几独凭。

乡心生远峤，节意入孤灯。
吾道虎为鼠，何时鲲化鹏。
岁年浑不吝，矗矗向人增。

浮梁秋晓书事三首

  （元）洪焱祖

竟日风兼雨，荒山坐复眠。
收心葬书窟，飞梦入诗天。
甯戚歌牛下，昌黎拜马前。
卿当用卿法，我懒觉犹贤。

舜陶开利孔，山骨竟为齑。
野碓多春土，溪船半载泥。
风烟秋更惨，瓦砾路全迷。
随牒何来此，无阶老稚圭。

众山围我独，极目但风烟。
政自门无辙，何须坐有毡。
谪龙才七日，鸣鸟待三年。
岂不心如铁，居然发早宣。

长芗书院语学者诗

  （元）欧阳玄

圣朝无地非无教，院在长芗业已专。
须慎言行遥聚日，尤参理欲独修前。
花香鸟语山千坞，月霁风光水一川。
暂驻星昭语多士，学成芸阁自求贤。

长芗书院怀古诗

  （明）刘俭

川转峰峦绕，当年诵读乡。
惟志依典籍，不敢远宫墙。

茂草封前迹，荒藤夹旧疆。
书声还隐约，飞鸟下斜阳。

禅师山诗

（清）朱瀚

鱼鸟天地物，飞跃亦何营。
物我两忘机，陶镕归性情。
散观悟至道，挥手江山行。

题禅师山诗

（清）程光霁

选胜招提境，云山第几重。
凝眸才觅寺，豁耳恰闻钟。
风急驱桥虎，雷轰起洞龙。
登临多古意，不为叩西峰。

禅师山宋元古道

林壑幽深的禅师山

长芗书院诗三首

（清）佚名

官庄地冕即长芗，世泽源流一水长。
乐育何年春草满，歌吟时带古书香。

长芗自古书香地，何代无贤发此中。
信是明儒涵养处，谩夸上国有黉宫。

莪菁有旧迹，书带杂草香。
何处问弦歌，夕阳照古道。

（以上三首诗摘自官庄《史氏宗谱》）

七绝·春日访长芗书院

黄河浪

山路蜿蜒林木苍，骚人结侣访长芗。
啁啾鸟啭撩人耳，犹学当年诵读腔。

春日访长芗书院诗六首

韩晓光

南山深处隐长芗，梵韵书香汇一堂。
今日禅林开讲席，千年文脉喜重光。

径弯坡陡且徐行，雨霁青山烟霭萦。
踏入山门清净地，鸟鸣经颂伴溪声。

携侣寻幽值暮春，溟蒙细雨涤嚣尘。
身游方外心神净，坐看岚烟袅绿筠。

山巅雨后白云封，仰望林间泻玉龙。
溅玉飞珠声震耳，葱茏草色染青峰。

讲筵听罢午钟鸣，共享丛林斋饭清。
溪笋园蔬滋味美，心盈法喜境空明。

青山绕寺树笼烟，野径无人落叶旋。
梵呗声幽钟磬寂，坐看云影渡溪田。

踏莎行·南山长芗书院金秋雅集

韩晓光

花影飘红，岚光流翠，南山幽处秋光媚。
良辰雅集聚群贤，骋怀遥慕兰亭会。
风物清嘉，俊才荟萃，长芗自古人文蔚。
如今书院喜重开，传承薪火千秋岁。

长芗之春

调寄鹊桥仙·丁酉重九长芗雅集

韩晓光

菊圃凝烟，荻花飘絮，丛篁影里幽禽语。
长芗九月好秋光，赏心最是登高处。
茶涤尘心，诗吟佳句，今朝又作兰亭聚。
禅关溪畔品清斋，松风引我徐归去。

丙申三月初四，应诗友雅邀登南山赴长芗书院诗会

刘坚

阳春蒙雅邀，登顶赴风骚。
仰面吁吁喘，弓腰步步高。
不经十八折，难近九重霄。
回望青岚外，俗尘千里遥。

五律·丙申四月再登南山赴长芗书院

刘坚

石级费登攀，山门迷古岚。
黄为朝佛路，碧似浴仙潭。
不择夷和险，方知苦与甘。
转身已云外，低语亦高谈。

南山禅寺大雄宝殿

题"长芗之春"丙申诗会

江华明

昔闻善慈庵，今临禅师山。
古道十八折，仲春寨门关。
潇潇长芗雨，朗朗诗声酣。
鸟倦林莽归，寺幽溪水潺。
丙申骚客聚，书院复人寰。

九月十五日登禅师山诗五首（新韵）

余轩宇

一径幽深欲入云，山花摇曳乱人心。
忽闻深涧间关语，忙向林梢四处寻。

一寺沧桑源大唐，蘖龙曾在指中藏。
十八折后尘嚣远，回首唯余天地苍。

一院钟灵古刹旁，风华泽润旧陶阳。
欣逢稚子童蒙训，遥想他年桃李芳。

一溪清湛卸严妆，水落石高木叶黄。
颇爱此间秋意好，将留将去费思量。

长叹昔年桃李夭，芗其重奉在今朝。
书香墨润云林处，院落深深禽鸟悄。

丁酉重阳长芗书院雅集，步韵易安《醉花阴》作

余轩雨

昨日坊间忙彻昼，今作归山兽。
夜露熠重阳，木叶初霜，寒雀犹灵透。
南山折过十八后，槛外舒襟袖。
只恨会兰亭，为觅清词，惹得人消瘦。

丁酉重阳诗会有感三首

喻作云

时届深秋暖似春,只缘党会振人心。
拄杖山行十八折,禅师古寺喜登临。

年年重九客如云,礼佛登山好健身。
更有乾隆留御笔,纷纷拍照笑颜人。

禅儒自古结缘亲,佛印东坡佳话存。
书院为邻添雅兴,诗声琅琅绕山门。

丁酉重阳赴长芗书院诗会

罗焕新

月照松烟岚岭长,密林深处是仙山。
残碑断垣丹书在,风入禅院飘桂香。

长芗书院谷雨诗会

周辉明

久闻书院意,今日始登临。
曲路幽而远,高峰翠亦深。
鸟喧无世界,色静有声音。
至此钟鸣处,诗经半入林。

高山流水遇知音

临江仙·丙申暮秋重游景德镇长芗书院感怀

陈平

剩有啼禽斜照里，书声已逐泉流。
卧虹依约忆前游，屐痕荒草掩。
涧谷冷烟浮，俯看残碑嗟世事。
清商暗惹闲愁，长林翠老又深秋。
石门回望处，薪火待传留。

菩萨蛮·丙申暮秋重游南山禅师庵

陈平

西峰已逐闲云去，梵音依旧萦庭树。
故道漫重寻，梦边山鸟吟。
冷烟兴废幻，叶落秋光晚。
竹影映溪流，暂忘尘世忧。

生查子·丙申暮秋重登禅师山

陈平

古寺隐深山，秋色浓如酒。
竹影幻禅师，淡看烟云走。
落叶写沧桑，涧水商音奏。
茗坐暂忘归，野菊心期守。

长芗书院诗

陈静宜

车行半道步峰峦，古寺书香溢讲坛。
瀑布泻飞流翠谷，山前池水静无澜。

秋登禅师山

李重民

群峰连旷宇，万壑响流泉。
木落萧萧叶，风浮袅袅烟。

碧痕生古道，危石倚青天。
尘外喧嚣绝，闻禅忽忘年。

暮游禅师山
李重民

向晚尤思上翠微，山林漫步叩岩扉。
泉鸣深涧云栖岫，风送清凉雾湿衣。
登顶才知天地阔，凭栏顿觉古今非。
夕烟还共禅音袅，心自陶然已忘机。

高阳台·长芗书院记游
李重民

碧水连天，晴岚映日，瑶台妙境清幽。
野径寻踪，荒烟衰草沉浮。
馨香又值西风晚，正层峦、遍染金秋。
伫岩扉，极目遥空，瑞霭盈眸。
兰阶信步循芳迹，对残碑断碣，顿起新愁。
顾影云林，竹溪佳处凭留。
千年文脉于斯盛，到而今、余韵悠悠。
效前贤，伟业重光，再写风流。

幽谷鸣泉（戴四维摄影）

长芗书院谷雨诗会

丙申深秋与诗友访长芗书院诗二首

王宏

循幽寻梦访长芗,路折坡高笑语扬。
苍翠群峰人愈近,一池秋水泛粼光。

茂林修竹掩书房,弥漫千年翰墨芳。
岁月凋零何足论,浩然文脉历沧桑。

浪淘沙·长芗书院

王宏

路折写蜿蜒,峰翠连天。林幽水绿鸟蹁跹。
禅寺相邻香火盛,容醉南山。
往事越千年,又忆高贤。书声琅琅漫云轩。
文脉传承功德事,已任于肩。

长芗书院诗三首

杨博

书院千年道短长,论坛讲学盛名扬。
继承遗产延文脉,今喜长芗又溢香。

南山秀出绿丛中,名士禅师相映红。
更有群贤襄盛举,千年书院又兴隆。

禅师传道隐南山,书院重开翠谷间。
留迹名人增亮色,风光如画景长环。

**丙申季秋月半,应邀赴南山禅寺,
观摩长芗书院雅集。耳濡目染,爰成三绝**

徐文辉

禅房书院两相牵,香火薪传共永年。
雅集长芗歌盛世,赏心乐事付吟笺。

南山禅寺隐云巅,溪水涓涓泻碧泉。
旖旎风光书不尽,长芗雅集续新篇。

千年古刹换新颜,书院绵延世代传。
道场赋诗问明月,何时华夏共团圆。

紫藤嬉春(戴四维摄影)

长芗书院古茶花树

七绝二首·咏长芗书院

李建强

曲径扶摇近碧天，惠风萦绕院门前。
禅音相伴书声涌，亦是传奇亦是缘。
山路弯弯曲径通，游人醉入乱云中。
忽闻溪畔书声起，惊了林间几阵风。

咏长芗书院

李建强

千载长芗夕照中，层林绚烂意无穷。
清幽书院文风古，陡峭峰峦气势雄。
刘俭挥毫成县志，程筼跃马会苏翁。
只今不与当年异，山里花开山外红。

卜算子·秋日与诗友谒长芗书院

李建强

书院立千秋，风雨经无数。
盛世重开薪火传，喜把丰碑竖。
抚卷忆先贤，检点人生路。
梦在心中总可期，笑迈春风步。

踏莎行·秋游长芗书院

李建强

雾绕峰巅，烟迷岭口。桂香暗袭青衫袖。
长芗书院立斜阳，沧桑古朴今依旧。
远忆贤人，喜随诗友，千年文脉同探究。
纵然往事似流云，乘风归去犹回首。

踏莎行·次韵韩晓光教授南山长芗书院金秋雅集

李建强

丹桂飘香，远山衔翠，风和日丽花娇媚。
群贤雅集赴长芗，畅吟不亚兰亭会。
景色清嘉，诗词荟萃，文朋佳作云霞蔚。
欢欣书院又传承，从头再历千秋岁！

金秋应邀赴南山禅师庵，观摩长芗书院雅集诗三首

张玉春

结伴南山禅寺游，山川秀丽鸟声啾。
翩翩蝴蝶花丛舞，旖旎风光眼底收。

一方宝地觅仙踪，日照松溪绿意浓。
峭壁悬崖观近景，风光无限在岚峰。

长芗雅集漫书香，浅唱低吟著雅章。
蝴蝶翩跹花海戏，千枝万朵溢芬芳。

禅师山长芗书院重建感怀二首

林荔景

幽幽曲径远嚣尘，禅寺钟声涤俗身。
漠漠林梢凝去岁，淙淙溪水道前因。
兰亭修禊今时在，书院遗风古迹循。
漫漶石碑存记忆，留香墨韵有传人。

千年书院隐深山，十八折途思学艰。
光隐群峰寻旧迹，泽披万木待新颜。
忆师话语云笺记，朝圣宾朋车马还。
文脉传承肩重任，梵音伴远惧何艰。

踏莎行·次韵韩晓光教授南山长芗书院金秋雅集

林荔景

柿果飘香，烟云凝翠，花间蝶舞秋光媚。
古桥迎客过山门，沧桑还忆前贤会。

禅院清嘉，诗文荟萃，溪流但伴云蒸蔚。
长芗书院诵书声，千年不断还千岁。

南山禅师庵二首（新韵）

何招英

香烟缭绕意朦朦，疑是祥云萦帝宫。
素信释迦施善广，西峰传道不相同。

重修殿宇塑金身，袅袅香烟入白云。
一自西峰传道后，朝朝名士叩山门。

飞花泻玉（戴四维摄影）

南山即景

何招英

群峰罗列彩云间,路在葱茏十八弯。
竹影千竿遮峻岭,松涛百尺锁禅山。
前贤圣迹留天下,书院名篇昭宇寰。
胜景人文融一体。风流代代换新颜。

咏长芗书院诗

欧阳福明

久住山中为脱尘,人间问有几多真。
长芗书院临斜壁,苦味斋餐迎上宾。
但见金乌今日早,未闻玉兔哪时轮。
传承文化无先后,继往开来又一春。

踏莎行·咏长芗书院

欧阳福明

屋顶霞红,林间竹翠。长芗书院真娇媚。
多年历史纳英贤,而今更有名流会。
山水清嘉,文风拔萃。禅音需借诗丰蔚。
秋高一树桂花香,堂前石刻成千岁。

长芗雅集

景德镇市第二届诗歌论坛在长芗书院举行

咏长芗书院

曾穗云

飞流天水候龙王，书院千年居庙旁。
古道尘封寻旧迹，残桥石垒话沧桑。
白云叆叇林峰翠，禽语间关丹桂香。
振兴长芗新建设，传承文脉美名扬。

踏莎行·游禅师庵

黄　辉

木叶飘黄，丛篁凝绿，相邀竞赏重阳菊。
行云流水绕山间，梵音经诵声相续。
花绽芳蹊，禽鸣幽谷，清泉宛转三千曲。
南山深处隐禅林，天工绘就丹青幅。

长芗书院雅集歌并记

洪东亮

巍巍南山，承黄山之余脉，枕瓷都之东南，古镇一屏障也。百千年来，斯地灵秀，开陶瓷文明之滥觞。湖田、三宝，窑火生生不绝；银坞、陈湾，碓杵隆隆以传。

南山诸峰，人文蔚起，当以禅师山为最盛。

唐时高僧西峰禅师卓锡山中以传道。北宋状元刘辉，读书云林别墅。程节、程筠皆一时之名宦。南宋庆元间，监镇季齐愈，仿白鹿洞规制，肇建长芗书院；传道朱子理学，盛名播于江南。元代，欧阳玄公讲学于此，诗赞长芳之业专；浦江吴莱荐署山长，宋濂称公以长芳。明清以降，或精舍，或经馆，才俊屡出。

余每登禅师圣山，览山川之奇秀，几忘人生悲喜。历时数载，探长芳故事于典籍碑刻之中，辟云林胜境于榛莽危岩之间。屡叹圣学失传之日久；且人心困于物欲累于攀比甚矣。幸得果祥、圣缘法师率众居士同心戮力，续文脉于千载，垂教化于万民。余岂不孜孜以效力！书院重兴在即，镇民翘首以待。

今邀贤达于林泉，开讲坛于旧址；乘东风以游息，沐春明以观览。山风习习，岩泉清洌。携古琴香具，置茶炉蒲团于崖下，煮泉品茗，抚弦而歌，亦一时之风雅也。

岁次丙申仲春二月十八日，长芳后学东亮歌并记。其辞曰：

群峰叠翠兮城之南，
人文渊薮兮历千年。
鸣泉飞瀑兮佛光岩，
高朋满座兮尽雅贤。
焚香煮茶兮沁心田，
抚琴而歌兮欲比仙。
排纷御侮兮谈笑间，
何日辞归兮伴林泉？

在长芳书院

冯千劲

听古筝的天籁
感受禅韵的精深
悠扬的笛声
带我去远方归隐
那远去的时光
在脑海里来来往往
一切都在消失
只剩下唯一的禅音
长芳书院
一个远古的孤品
在深山里再现
犹如唤回景德镇千年文化古韵

佳话传说

长芗书院当代复兴之地禅师山,历史文化厚重,千百年来留有不少人文佳话。

1.西峰禅师卓锡禅师山

据道光版《浮梁县志》之《山川》记载:

禅师山,西峰禅师卓锡之所,有旱常祷之。

今于禅师庵后佛光岩下建祈雨台一座。西峰事迹详见本书"宗教圣地"篇章。

2.状元刘辉读书云林别墅

北宋状元刘辉,本江西上饶铅山人,小时候随父亲寓居景德镇,读书禅师山中的云林别墅。道光版《浮梁县志》卷十五《寓贤》载其事。参见本书

禅师山祈雨台

"历代人物（二）"。

另据道光版《浮梁县志》卷二十二《杂记》：

宋刘辉侨居景德镇时，初往禅师山读书，涉岭，有皓首老叟迎揖而去。次日，叟来谒，留坐，询叟姓字居止。云姓杨字岐山，家居山前。叙论移时而别。辉随访之，不可得。语于山中人，故老云："此山在唐时系杨氏所有，后为僧居，二三百年事不可考，附近亦无此人。"辉遂置之。及嘉祐己亥辉状元及第，人始悟来谒者，山中神也。因名岭为土地岭云。

3.程晖山中得神助举进士成佳话

南宋宁宗时，五台山有僧至禅师山寺。时程晖（一作辉，字琴之，景德镇镇市都人，宋宁宗宝庆二年进士）读书山中，僧通简云："五台山僧蓼特谒秀才。"晖出揖，因称："蓼公。"蓼云："老僧将往黄海，一晤秀才而别，异日到荒山，贫纳采天花相供。"久之，晖成进士，为部副使朝臣，如燕山以谒元上卿，登五台。蓼立山门迎候，为素识元臣，师事蓼公。晖甚得其力，因留数日。晖行赋诗为别。蓼亦赋赠一律云："伫立云林久，王程几岁华。江南行脚路，天北故人家。节染毡裘雪，文宜凤阁麻。空门清供薄，曾约献天花。"此佳话见载于道光版《浮梁县志》卷二十二《杂记》。

4.兵家必争之地

禅师山及其所在的南山，山势险峻，历来为景德镇的屏障。加之其地过去处浮梁、乐平、鄱阳交界之处，战略地位明显，因而成为兵家必争之地。

"船师师禅"牌匾

据景德镇市地方志资料显示，清代咸丰年间，太平天国将领杨辅清率主力部队，打败清军驻牛角岭、鸡脚岭（今南山一带）曾国荃部。太平军与清军交战前后八年，多次在南山一带交火。

民国期间，禅师山一带曾经是国民党军队的士官训练基地。

5.孽龙驯服造田百亩的故事

据《景德镇市地名故事》及景德镇文史资料《景德镇民间故事》等资料载，禅师山法师驯服孽龙，造田百亩。详见本书第二部分景德镇已故著名文史专家陈海登先生整理的《禅师庵前百亩田》一文。

6."康熙一根香，乾隆一块匾，九仙十八拐，三十六坛口"的传说

禅师山中的禅师庵位于群山环抱之中，立于寺内，见群峰似莲花瓣一般环绕四周。因而此地历来被视为佛家乐土。山中一度香火鼎盛，最盛时有三十六坛口，有九仙寓于此中，并流传有康熙点香，乾隆题匾的传说。

佛教圣地

禅师山地处景德镇南山腹地，早在唐代，这里就是景德镇地区的重要宗教活动场所。

据南宋地理学家王象之所著《舆地纪胜》、宋代罗愿著《新安志》、清代道光版《浮梁县志》等史志资料记载，禅师山历史上最早来山弘法的西峰禅师，名清素，唐昭宗光化（898—901）年间来自五台山。宋神宗元丰三年（1080）西峰禅师受赐封号慧应大师，绍兴十三年（1143）依饶州奏请再赐号

南宋王象之著《舆地纪胜》载西峰禅师景德镇卓锡事迹

西峰禅师安徽祁门卓锡地——西峰寺村

神慧永济禅师。在今安徽省祁门县闪里镇港上村，唐末祁门县人郑传为其建庙宇百余间。西峰禅师往来徽、饶两地，于景德镇禅师山传道弘法，道光《浮梁县志》亦有记载。

此外，据禅师山发现的宋元碑刻记载，西峰禅师来禅师山时间与禅师庵始建时间吻合。元代元贞三年的碑刻，署名为竹溪叟者题诗曰："流水涓涓绕槛前，西峰当日此安禅。特形陇右云游梦，精舍重兴不偶然。"其中"西峰当日此安禅"，即指西峰禅师来禅师山传道之事。

这位被称为西峰禅师的开山祖师，在宋代两度受到皇帝赐封，这是十分了不起的事，是南山禅寺乃至景德镇市十分宝贵的文化遗产。

禅师庵，又名禅师院，今更名为南山禅寺。在一千多年的历史岁月，山中寺院屡毁屡兴。从存留的碑刻可见香火传承不断，至民国时有十八座佛堂。

中华人民共和国成立后，禅师庵于"土改""文革"时被毁。二十世纪八十年代受戒于广东南华寺的仁玄法师来山兴复道场。2015 年、2016 年在圣缘

通往禅师山的十八折宋元古道

禅师山状元池

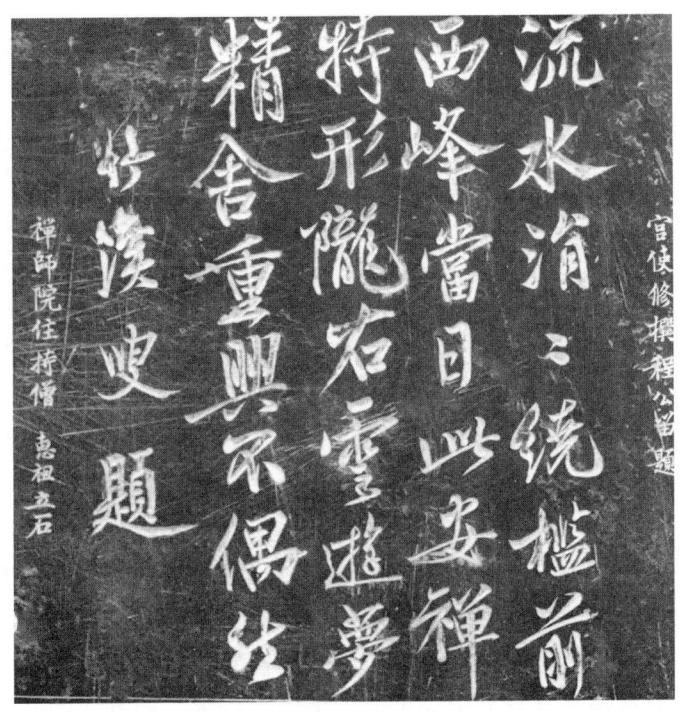

禅师庵元代碑刻

法师的主持下，新建了大雄宝殿、观音殿、上禅堂。如今的南山禅寺成为景德镇的重要寺庙。

历史上，禅师庵就有兴学的传统，禅师山不仅有千年的寺院，而且早在北宋时期，镇人就来此读书讲学。北宋状元刘辉、进士程节、程筠就在山中读书。禅师山中的精舍、经馆一直传承至民国时期。中共景德镇早期党组织创始人之一的姚甘霖就曾经在禅师庵养晦斋读书。据景德镇地方史志以及文史资料记载，仅民国初期，这里就有三位晚清举人在禅师庵设经馆教育镇民子弟。

近年来，南山禅寺坚持禅学并重的理念，在复兴道场的同时，广施教化，大力支持长芗书院的复建，而受到广泛关注。

禅师山峰峦秀丽，历来是景德镇的风景名胜。

景德镇古八景之一的"古寺钟声"就位于此。禅师山自唐代以来，就是佛教圣地。清代至民国时期，禅师山的庵堂仍具有一定规模，其中禅师庵寺是景德镇周边最大的寺庙之一，管理着多座寺庙。据寺庙附近年长的村民回忆，民国至中华人民共和国成立初期，禅师庵有巨钟一口，悬挂在寺庙前一株古树上。古钟敲击时发出巨响，声传数里，在景德镇可以隐约听到。

南宋《景德镇禅师庵院记》碑额

禅师山重峦叠嶂，山水清幽，是景德镇市国家森林公园的重要组成部分。正在恢复建设中的"古寺钟声"景致，对提升景德镇城市形象，丰富市民的文化生活具有十分重要的意义。

古寺保留有较为完整的宋元古道、古山门、宋元碑刻、古井、古寺遗址、庙田、海会塔等宗教文化遗迹。

当代中兴法师仁玄法师（1940—2017），俗家名熊冬根，祖籍进贤，1940年出生，江西抚州市南丰人。少时于南丰崇贞寺皈依戒全长老，不惑之年求归释门。1986年于抚州正觉寺剃度并受五戒。1988年师学善俊和尚，于六祖慧能祖庭广东韶关南华寺受戒，自此持戒修心不违律范，后驻锡景德镇南山，中兴道场，为沩仰正脉十二代法嗣。

现任南山禅寺住持圣缘法师，俗家名张海阳，福建惠安人，1999年出家，

仁玄法师像　　　　　　　　释演德法师介绍长芗书院历史

受戒于香港宝莲寺，后师从释果祥法师，又得仁玄法师真传。圣缘法师多年来精研佛法，曾访学台湾佛光山，深受星云大师的教益。任南山禅寺住持期间，圣缘法师筚路蓝缕，复兴道场，倡导"禅学并重，亦农亦禅"的理念，为广施教化，大力支持景德镇的千年书院——长芗书院的复建。

此外，景德镇市南云寺大力支持南山禅寺和长芗书院的复兴。市佛教协会副会长、南云寺住持释果祥（俗家名张云忠，1970年出生，安徽青阳人，安徽省佛教协会会长妙安长老再传弟子），亲任长芗书院文化研究会会长，不遗余力推动长芗书院的复兴。释演德法师（俗家名宋涛，香港人，2014年于南云寺出家），多方募集资金，为支持南山禅寺和长芗书院的建设做出了努力。

近年来，南山禅寺坚持国家宗教政策，以和谐宗教、爱国爱教为方针，推行禅学并重、农禅并重的建寺理念，得到越来越多信众的支持，为社会和谐和精神文明建设做出了应有的贡献！

南山禅寺（局部）

当代复兴

基于长芗书院的重要历史文化价值,自 2013 年以来,长芗书院得到众多专家、学者的重视。沉寂了六个半世纪之久的长芗书院才撩开了神秘的面纱,逐渐为世人所知晓。

2013 年,本书作者洪东亮,开始对长芗书院的历史文化进行挖掘。

2015 年 9 月,"在南云寺、南山禅寺的大力支持下,成立了景德镇市长芗书院文化研究会。2016 年 3 月,于禅师山南山禅寺客堂成立长芗书院复建筹备处,并于当年 4 月 23 日世界读书日首开"长芗讲坛",聘请洪东亮为长芗书院山长。

1.复兴长芗书院的意义

禅师山深厚的文化底蕴,加之良好的生态环境,极具开发价值。

2013 年的禅师庵外景

2013年本书作者洪东亮（左一）与仁玄、圣缘法师合影

  一是保护文化遗产的需要。禅师山的文化底蕴深厚，在景德镇具有一定的代表意义。深入挖掘其历史文化资源，妥善保护优秀历史文化遗产，积极探索地方文化为当地经济社会发展服务的新途径，有利于提升城市建设文化品位，丰富城市文化建设内涵。

  二是传承传统文化的需要。复兴以长芗书院为主的文化事业，能够为景德镇的广大青少年进行传统文化教育提供一个有效的学习平台，有助于青少年社会主义核心价值观的形成。此举将有效填补景德镇市书院文化建设的空白，为构建书香社会、创建文明城市做出贡献。

中小学生在长芗书院学习传统文化

三是发展文化旅游产业的需要。依托南山良好的自然生态环境,为着力打造融山水生态与传统文化为一体的文化名山、旅游胜地创造条件,在发展文化旅游产业上具有十分明显的优势。

2.复兴长芗书院的规划

复兴长芗书院以复建长芗书院为主。仿照白鹿洞书院规制重建长芗书院,基本再现宋元时期长芗书院的格局。

主要规划建设内容包括:书院门楼(牌坊)、崇圣庙、讲坛、斋舍、碑林、泮池(月池)、状元池、状元桥、景德镇历史名人雕塑园、景德镇书院文化园、云林别墅等。

3.长芗书院复兴之初的工作方针

长芗书院复兴之初,我们提出"深挖文化、广聚人气、巧借外力、高端定位"的十六字复兴工作方针:深挖文化,即进一步挖掘长芗书院以及禅师山的历史文化,出版书院文化宣传画册及专著;广聚人气,即通过书院文化研究会、读书会、文化论坛、国学经典诵读等形式,开展雅集,举办讲坛,提升人气,扩大长芗书院的知名度;巧借外力,即广泛与市内外知名专家、学者、政府官员接触,争取各界对书院复兴的支持与重视;高端定位,即以延续千年文脉、复兴千年书院为宗旨,把长芗书院打造成景德镇的一个有内涵、有品位、有风骨的文化高地、精神家园、诗意栖居之所。

2015年长芗书院文化研究会成员赴白鹿洞书院考察

举行"长芗之春"诗歌朗诵会

4. 复兴后的长芗书院主要功能

1) 藏书功能。建设以收藏景德镇地方文化书籍为特色的书库。

景德镇是举世闻名的瓷都,有着灿烂的陶瓷文化,留下了丰富的陶瓷历史文献。《陶记》《陶说》《景德镇陶录》等历代陶瓷历史文献成为收藏重点,并无偿为社会各界提供文献查阅服务。

2) 讲学功能。围绕以景德镇地方文化、传统文化为主的讲学,开展经典诵读、国学讲坛、启蒙课堂、成人礼等公益活动,重点打造"长芗讲坛"这一文化教育品牌。

3) 文化功能。组织开展对景德镇以陶瓷文化为主的地方文化的研究,开展传统文化论坛、沙龙、笔会、雅集等文化活动;编辑出版"长芗文丛"系列文化丛书等。

5. 长芗书院复兴工作初步成效

经过短短两年时间,长芗书院的复兴工作得到社会各界的广泛关注,取得了初步成效。复兴中的长芗书院,成为景德镇市又一重要的文化景观。

一是扩大了长芗书院的知名度。编辑印发了《千年书院——长芗书院》画册,在市级刊物发表长芗书院调研文章三篇,市社联申请立项一个。

自2016年世界读书日首开"长芗讲坛"以来,至2017年底先后举办了8次文化讲座;与市文联、市宗教局、市体育局、市诗词楹联学会、景德镇市陶瓷历史文化研究会等联合举办"长芗雅集""丙申诗歌朗诵会""诗歌论坛""文物档案交流""重阳登高健身活动""重阳诗会""陶瓷文献学研究"等一系列活动。

专家学者来长芗书院
查阅陶瓷文献古籍

《长芗文丛·瓷都三字经》书影

长芗书院致力于景德镇陶瓷文献的收藏。目前，收藏到包含1856年出版的法译本在内的十多个版本的《景德镇陶录》，有和汉对照版线装《陶说》《景德镇陶录》等珍贵藏本。收藏的历代陶瓷文献受到重视，景德镇陶瓷大学、景德镇学院以及有关单位团体的专家学者前来书院查阅文献。

作为《长芗文丛》的第一本著作《瓷都三字经》，已于2017年8月由江西高校出版社出版。

此外，景德镇市作家协会、昌江区作协、珠山区作协创造基地在长芗书院挂牌，在瓷上功夫陶瓷有限公司建立"长芗书院传统文化讲习基地"。两年来接待来访百余批次。

二是复建工作启动。设立了长芗书院筹备处，完成书院建设规划设计。目前已建成讲坛、状元池、状元亭，建筑面积500平方米的书院活动场所于2017年底交付使用。此外，修复了十八折宋元古道，开辟了白龙谷景区，新增了佛光岩、步云台等景点。

长芗讲坛开讲

第二部分 文献萃要

长芗书院记

● 嵇 厚

  有宋庆元之初，浮梁之镇市长芗书院，先监务李韩思所建者也。历时既久，今山长凌子秀、直学朱继曾率士新之。驱车千里，愿记其事于予。
  夫天子爱育人才，储之非一朝一夕之间，训之非一郡一邑之地。所以，坐庙堂而论天下事者，则真儒；列庶官而司牧黎民者，皆端士。此治效比隆于三代，而大化之成矣。然古今治乱相寻，贤圣之道忽晦而忽明；师儒之业有通而有塞。其故何耶？原于不能多方造就之，而作之之术未弘也。往者，隋唐之际，尝建学于州县，置学官生员。逮庆历之间，诏郡国立学。即五季之乱极矣，而文宣王庙祀不废。自我元受命以来，学校之设遍于都邑。然人知学宫为重，而不知书院与学宫相表里，尤为人才之本也。学有专官，论其秀者为博士第子。惟本州之人士肄业于斯。吉凶乡射宾燕之时，惟本学之人士行礼于斯。若书院则不然。即乡塾之髦士，皆得进而问业焉。临州远邑之学者皆得聚而考道焉。且天下学宫著在成宪。若书院，惟大贤得以建制，惟名儒得以主持，非其人不能创，创亦不能久焉。故学宫与书院，有国者之所并重，而不能轩轾者也。人未尝无美质，未尝非良才，但患禄位富厚之态涽于中，或饥寒穷愁之故累于外，致剥其初性，而汩其天理。遂使一时政治，追汉唐盛时不可得，况欲进此而上哉。倘广历之泽遍，而长养成就之计深。凡为子弟者，以身不出于选举俊造之途为可耻。为知父师者，以吾之晦迪之勤，非本于诗书礼乐之间为可惧。则从此而登于禹汤文武之隆，不犹骋六骥于康衢也哉。藉渐摩无术，振作无由。上欲士于乡，不足当弓旌来赉之典。欲居之于位，尚令人主有借才异代之思。嗟乎！菁莪极朴之风，未尝不存，何可不广为人才地乎？予列职江东，佐上兴起文治为务。尝恐忝居大任，为所学羞。今长芗书院之立，堂庑斋舍使俾焕然。诚继李君之功远也。予闻：大江以右，书院为盛。予记之，亦望尝为天下爱育人才之区，而为天下之所宗仰也欤。

（道光《浮梁县志》卷六）

故陈山长妻姜氏墓铭

● 吴　澄

　　故浮梁州长芗书院山长陈君之配姜氏，年八十一无疾而终。越四年，其婿金溪吴晋卿谂予曰：妻母三子，长曰伟，建宁路崇安县星村镇巡检；仲曰绅，将仕郎瑞州山银冶提举；季曰经，由平江路长洲县教谕改儒学正。长子先二年卒，季子先三月卒，仲子独治事。其从兄桂阳路儒学正厚，为叙其母之行。方将求志铭以葬，而绅亦卒，诸孙惟钧，既壮既室。其余俱幼。晋卿承妻兄之志，敢祈一言，光幽宫。予阅厚所叙：夫人世居饶安仁之璜塘，归为陈氏妇。奉舅姑，无违娣姒，未尝有间言。山长君负意气，少宦学，遍游诸先进之门。晚值时难，排纷御侮于谈笑间。不屑治自产。得内助力，生殖有经，家业弥裕，勤女工，至老不倦。饥寒不给者，随所有济之。偿不偿，不较也。三子皆有立，诸女亦克如其母。婚嫁费繁，办之不劳力。晚受子孙孝养，间里羡其享盛福。其殁泰定二年十月六日也。男三。女亦三，适张，适上官，吴季婿也。孙男五，女五。曾孙男一，女二。某年月日葬某处铭曰：

　　寿且丰，孙承宗用，康厥终允，臧斯封。

（吴澄《吴文正集》卷八十二）

华阳贞素舒先生墓志铭

● 唐桂芳

余先人尝与绩溪先辈王伯经、胡相之、舒彦洪三先生为友,古义称笃。惟彦洪先生子道原公与予又友爱特深。己酉,奉檄赍诏防抵绩溪,与道原尽记登源洞题咏。韩退之有曰:两家子弟材智下,不能通知二父志。志若道原者,可谓善继其志矣。丁巳秋,道原疾逝。予瞀未遑吊哭。己未春,其弟逊与其子询,袖衔行实踵门,告曰:余家与先生忝交载世,先生必能道吾先兄意中事,愿丐一言以贲幽壤。呜呼!予忍志道原之墓乎?按公讳迪,字道原,贞素其号也。先生之先居舒村,有曰雅公、雄公者,宋以雄才及第,科甲蝉联。迨其孙恕四公迁家绩之城北,云仍相继,代不乏人。高祖珣公,以明经补国学上舍,时天下多故,遂不仕,著有《鹤林稿》。曾祖梦旂公,字武仲,宋补国学上舍阶登仕郎。祖正大公,字直方,号梅埜,元初以学行举授饶州路长芗书院山长,转广德路学正。父彦洪公,号白云先生,两任杭州昌化、临安教谕。其渊源所渐者远矣。公秉性豪迈,羞与市儿伍。年十三默诵经籍,十五六淹贯史策。外祖戴公玉甫曰:不特黄太史之有洪钧父矣。寖长颇寻访,在乡里集贤朱公允、升翰林郑公子美、御史程公,以文答问,反复挚挚不厌;在姑孰师礼李公青山,一时父子不减。三苏参政陶公主敬,博士潘公原叔同舍生也;在金陵中丞马公伯庸、祭酒韩公伯高,极口借誉。南院诸彦,分庭抗礼,凛凛不屈。其除贵池教谕,明正学,申教条,俾江淮之人,累累接踵莫不向慕。其调丹徒,倾己帑召群工,曰庙曰学,丹垩翔焕,内外一新。记之者松江府判官俞公用中、侍御秦公元之,设亲主客,以严讲贯。其升台州路学正时,方勖勉不果出矣。壬辰丙申,遁伏岩穴有利其赀者。公曰:但存稚孙,足以供老亲足矣。未几亲没肉消骨立,白头衰尽。公之为诗,盘桓苍古、不贵纤巧织纴之习。字尤喜朴拙。有识之者曰:宗汉八法也。家藏古澹贞素诸集若干卷。春秋七十有四,娶胡氏,子男一人,名询。孙男二人。将以是年五月十日,窆于县治之北秀野。呜呼!士不以道自重久矣。倘遇人之孱懦,则愚弄之;稍振拔者,辄畏缩吐舌。公常太息曰:"士生天地间,浩然正气，金石可磨也，胶漆可解也，吾之正气不可挠也。孟贲失其勇也，陈平失其智也，吾之正气不可夺也。石介字守道，当庆历中献圣德，褒贬忠邪。先是众怒不可犯，遂以奇祸中介，欲凿棺而验其死生。赖天子仁慈而不忍也。公之浩然正气，平日于死生祸福、是非毁誉，无避忌。故忤时触讳而悦之者少，而不乐者滋多。古之烈丈夫，微公其谁耶？余不腆于文夙，辱友爱，姑掇其梗概，揭于墓上。铭曰：

山高则颓，水深则洄。不渝不洇，过者必式，曰防矣。

时洪武十二年四月望日，同郡友人白云唐仲实拜手撰。

（《四库全书·贞素斋集》附录卷一）

欧阳玄传

● 宋　濂　王　祎

欧阳玄，字原功，其先家庐陵，与文忠公修同所自出。至曾大父新，始迁居浏阳，故玄为浏阳人，幼岐嶷，母李氏，亲授《孝经》《论语》《小学》诸书，八岁能成诵，始从乡先生张贯之学，日记数千言，即知属文。十岁，有黄冠师注目视玄，谓贯之曰："是儿神气凝远，目光射人，异日当以文章冠世，廊庙之器也。"言讫而去，亟追与语，已失所之。部使者行县，玄以诸生见，命赋梅花诗，立成十首，晚归，增至百首，见者骇异之。年十四，益从宋故老习为词章，下笔辄成章，每试庠序，辄占高等。弱冠，下帷数年，人莫见其面。经史百家，靡不研究，伊、洛诸儒源委，尤为淹贯。

延祐元年，诏设科取士，玄以《尚书》与贡。明年，赐进士出身，授岳州路平江州同知，调太平路芜湖县尹。县多疑狱，久不决，玄察其情，皆为平翻。豪右不法，虐其驱奴，玄断之从良。贡赋征发及时，民乐趋事，教化大行，飞蝗独不入境。改武冈县尹，县控制溪洞，蛮獠杂居，抚字稍乖，辄弄兵犯顺，玄至逾月，赤水、太清两洞聚众相攻杀，官曹相顾失色，计无从出。玄即日单骑从二人，径抵其地谕之，至则死伤满道，战斗未已。獠人熟玄名，弃兵仗，罗拜马首曰："我曹非不畏法，缘诉某事于县，县官不为直，反以徭役横敛掊克之，情有弗堪，乃发愤就死耳，不意烦我清廉官自来。"玄喻以祸福，归为理其讼，獠人遂安。

召为国子博士，升国子监丞。致和元年，迁翰林待制，兼国史院编修官。时当兵兴，玄领印摄院事，日直内廷，参决机务，凡远近调发，制诏书檄。既而改元天历，郊庙、建后、立储、肆赦之文，皆经撰述。复条时政数十事，实封以闻，多推行之。明年，初置奎章阁学士院，又置艺文监隶焉，皆选清望官居之，文宗亲署玄为艺文少监。奉诏纂修《经世大典》，升太监、检校书籍事。元统元年，改佥太常礼仪院事，拜翰林直学士，编修四朝实录，俄兼国子祭酒，召赴中都议事，升侍讲学士，复兼国子祭酒。重纪至元五年，足患风痹，乞南归以便医药，帝不允。拜翰林学士，未几，恳辞去位，帝复不允,免其行朝贺礼。至正改元,更张朝政,事有不便者,集议廷中,玄极言无隐,科目之复,沮者尤众,玄尤力争之。未几南归,复起为翰林学士,以疾未行。

诏修辽、金、宋三史,召为总裁官,发凡举例,俾论撰者有所据依。史官中有悻悻露才、论议不公者,玄不以口舌争,俟其呈稿,援笔窜定之,统系自正。至于论、赞、表、奏,皆玄属笔。五年,帝以玄历仕累朝,且有修三史功,谕旨丞相,超授爵秩,遂拟拜翰林学士承旨。及入奏,上称快者再三。已而乞致仕,帝复不允。御史台奏除福建廉访使,行次浙西,疾复作,乃上休致之请,作南山隐居,优游山水之间,有终焉之志。复拜翰林学士承旨,玄屡力辞,不获命,奉敕定国律,寻乞致仕,陈情恳切,乃特授湖广行中书省右丞致仕,赐白玉束带,给俸赐以终其身。将行,帝复降旨不允,仍前翰林学士承旨,进阶光禄大夫。十四年,汝颍盗起,蔓延南北,州县几无完城,玄献招捕之策千余言,凿凿可行,当时不能用。十七年春,乞致仕,以中原道梗,欲由蜀还乡,帝复不允。时将大赦天下,宣赴内府,玄久病,不能步履,丞相传旨,肩舆至延春阁下,实异数也。是岁十二月戊戌,卒于崇教里之寓舍,年八十五。中书以闻,帝赐赙甚厚,赠崇仁昭德推忠守正功臣、大司徒、柱国,追封楚国公,谥曰文。

玄性度雍容,含弘缜密,处己俭约,为政廉平,历官四十余年,在朝之日,殆四之三。三任成均,而两为祭酒,六入翰林,而三拜承旨。修实录、《大典》、三史,皆大制作。屡主文衡,两知贡举及读卷官,凡宗庙朝廷雄文大册、播告万方制诰,多出玄手。金缯上尊之赐,几无虚岁,海内名山大川,释、老之宫,王公贵人墓隧之碑,得玄文辞以为荣。片言只字,流传人间,咸知宝重。文章道德,卓然名世。羽仪斯文,赞卫治具,与有功焉。玄无子,以从子达老后,复先玄卒。有《圭斋文集》若干卷,传于世。

〔《元史》卷一百八十二(列传第六十九)〕

《经传发明》序

● 吴 迁

天地万物者，万事之总也。故以为首，天人相配。故天道、人道次之。《易卦》：先乾坤，继屯蒙，即天地万物也。《书》《洪范》一，五行二，五事即天道、人道之义也。天生人不能自治，而教之，必命圣贤以任君师之责。故治教次二篇之后，圣贤继天立极前作，后述其事其理，见于《经传》详矣。是不可以不考也。故《经义》又次之，而后传注者尊经也。学术即《大学》所谓"格物致知"，而见于行事者也。夫学无他，将以求合乎道德。而所谓道德者，其大要又不出人心仁义之理。与夫父子、君臣、夫妇、长幼、朋友之伦而已。故学术之后，道德、仁义、人伦又次之。正心修身，齐家治国平天下，皆《大学》之目。然亦未有不能接物处事，而能齐家治国平天下也。故正心修身之后，先言接物处事。而齐家治国平天下又次之。治教之功于是备矣。《大学》但言明德新民，而天地万物鬼神则未之及，故鬼神又次之。天地万物已见首篇，故不复出。自古圣贤或达而在上，或穷而在下。达而在上则治教并行；穷而在下，则以教辅治。吾党之士，量己度时而行之可也。故仕隐又次之。富贵贫贱死生艰贞，皆仕隐者所当知也。故又出二类论语终篇，《孟子》末章并叙圣贤相传之统。《近思录》亦然。故以先圣先师终焉，而列方外与其后云，名之曰《经传发明》者，非私言也。凡以发明圣经贤传之说而已。《易通》《正蒙》《近思录》读书记此书之例也。穷天地万物之理，推圣贤经世之心，此书之志也。为欲约，事欲备，词欲近，义欲明，此书之体也。孔子曰：知我者其惟《春秋》乎？罪我者其惟《春秋》乎？迁惟孤陋，何敢僭与斯文，虽知其愚，然又不得不作，尽吾职而已。岁在辛卯，书成横塘山中。

(道光《浮梁县志》卷二十一)

《钦定四库全书·集部·杏庭摘稿》提要

● 纪　昀等

　　《杏庭摘稿》一卷，元洪焱祖撰。焱祖字潜夫，歙县人。是集前有危素序，称为徽州路休宁县尹致仕。而叙其仕履乃曰年二十六为平江路儒学录，浮梁州长芗书院山长，绍兴路儒学正，调衢州路儒学教授，擢处州路遂昌县主簿。天历元年，年六十二致其仕。不及其尝为县尹。考《宋濂序》，称其自儒官起家，四转而为遂昌主簿，遂以休宁县尹致其仕。盖是时犹沿宋例，致仕者率进一官使归，实未尝任其职也。焱祖尝作《罗愿尔雅翼·音释》，至今附愿书以行。又有《续新安志》十卷，亦继愿《新安志》而作。盖亦博洽之士。是集为其子浦江尉在所编。所居有银杏树，大百围。焱祖尝以"杏庭"自号，因以名集。其诗以古近体分列，然五言律下注曰"长律附"，不从高柄称排律。七言律下注曰"拗律附"，亦宋人之旧名。盖犹当日原本，未遭明人窜乱者也。其诗虽纯沿宋调，而尚有石湖、剑南风格，抗衡于虞、杨、范、揭诸家则不足，以视宋季江湖末派则蝉蜕于泥滓之中矣。

（《四库全书·杏庭摘稿》提要）

《杏庭摘稿》原序

● 危 素

《杏庭居士集》，故徽州路休宁县尹致仕洪先生所著诗文也。先生讳焱祖，字潜夫，年廿有六。为平江路儒学录，浮梁州长芗书院山长。绍兴路儒学正，调衢州路儒学教授，擢处州路遂昌县主簿。天历元年，年六十有二致其事去。明年，卒于家。此先生之履历也。其为学官，兴修学舍，其佐邑富民不敢踏门，土豪强买民田不收税，壹为正之。甲或驱乙濒死，反自剺其面以诬乙，冀脱其罪，先生卒坐甲。讼由是息，囹圄为空。浦城伪钞诬遂昌富者十有六家，尉卒持公牒至，先生立遣之。南有大溪遇霖雨不可涉，乃捐廪禄为之倡作长桥。夏旱祷于龙湫辄雨，此先生之为政也。初，先生谒宋尚书方公逢辰于建德，方公大奇之。其后客杭，师事建德。守方公回建德，与先生同郡。先生之生父程公，建德同舍生也。客信从学校，授四明戴公表元游，至若高邮龚君绣、吴兴姚君式、南城李君淦，皆东南名士，则又与之同僚，此先生之师友也。由是观之，先生终始可得知矣。先生既没，其子在述其行。以先生践履纯笃为政，清慎遭回半生，位不充其才为痛。余则解之曰：前史所载丞相、御史大夫、大将军，名姓相望，其穹官峻爵，焜耀一世，论其所可传则蔑如也。先生之文，根极理要，而忧深思远，超然游意于语言文字之表。彼丞相、御史大夫、大将军，虽尊显，宁有是哉。然则，为在者可以无憾矣。先生所著别有《续新安志》十卷，《尔雅翼·音注》三十二卷，已刻于徽学。其所居有银杏大百围，故以为号，因名其集云。在以门荫为征官，今调浦江尉，将去京师，属余序其篇端，乃为之书。

至正九年七月己亥，应奉翰林文字文林郎同知制诰兼国史院编修官危素序。

（《四库全书·杏庭摘稿》序）

《杏庭摘稿》序

● 宋　濂

濂昔受学于河东公，获见新安洪先生诗十余篇，心甚乐之。窃意先生之所述篇章必富，而新安远在数百里外，常愧弗能一见先生，以窥夫大全。及河东公殁，先生之子存心来为浦江尉，濂始得悉。受而伏读之，不觉叹曰：呜呼！是岂非诗哉！夫诗未易言也。商周之时，三颂二雅，泊夫十五国风之作，既经孔子所删，列为一经，固将与天地相为终始。若秦汉以来，至于近代，其间雕肝琢肾，以自驰骋于一世者，不为不多。果能传之千万载而弗泯，几何人哉？纵传矣，求其无愧于孔子之删定者，又几何人哉？盖必有超绝之识，充以包罗宇宙之象，济以俊伟光明无所不通之学，然后始能与于斯。不然，则流连光景之辞尔，尚得谓之诗矣乎？新安为江东一大郡，自旧多文学之士，及吏部朱公兄弟以诗倡于建炎、绍兴间，而作者益盛。流风遗韵，直至于今不衰。先生之生虽后，朱公百余年尝及接乡之。诸老故闻见甚多，而讲索甚精，其发之于诗，和而不怨，平而不激，严而不刻，雅而不凡，庶几忠厚恻怛，有三百篇之遗意者。呜呼！是岂非诗哉！濂颇观今人之所谓诗矣，其上焉者，傲睨八极，呼噏风雷，专以意气奔放自豪。其次也，造为艰深之辞，如醉梦人乱言，使人三四读，终不能通其意。又其次也，傅粉施朱，类燕姬越女，巧自炫鬻，于春风之前，冀长安少年为之一顾。诗之至此，亦可哀矣。求其如先生之作尚可多得耶？濂方将誉置东明山中，与二三子共学焉，而存心以四方之士多愿观之，俾濂摘其古今诗若干首，锲梓以传先生之诗，诚不宜无传。故濂特举诗之未易言，而先生绝出于今人者，序之于首简。惜乎，河东公墓木已拱，无从质其说之然否也。先生讳焱祖，字潜夫，自儒官起家，四转而为遂昌主簿，遂以休宁县尹致其事。其善政可称述，而不系于诗者不书。

至正十五年春三月十五日，金华后学宋濂序。

（《四库全书·杏庭摘稿》序）

方总管回传

● 洪焱祖

方总管回,字万里,歙县人。父琢,以太学上舍登第,仕至承直郎、广西经干、权融州通判,坐广西提刑钱弘祖挟私憾诬劾,谪死封州。回幼孤,从叔父缘学,颖悟过人,读书一目数行下。少长,倜傥不羁,赋诗为文,天才杰出,乡先达吕左史、方吏部咸亟称之。郡守魏公克愚一见其诗,即延至郡斋,移知永嘉,亦拉以自随。制帅吕公文德尤相厚善。景定三年,以别院省元登第,调随州教授。吕公师夔提举江东,辟充干办公事。历江淮郡大司干官、沿江制干,所至皆得幕府誉。独与贾似道不偶,尝一再除国子正、太学博士,辄遭诬劾。登第后逾纪始改官通判安吉州、都堂察议,时则德祐元年矣。似道鲁港丧师之后,犹在扬州,众皆惧其复入,莫敢论列。回独首上书,数其罪有十可斩,中外快之。俄除太常寺簿,又上言贾似道与其客廖莹中皆当其诛;王爚势不可为平章,陈合不可为同佥,当去;福王入辅之议当寝。出知建德府,方用兵之际,兴建学宫,以雅量镇浮俗,煦弱锄强,赏罚信必,邻郡草寇乘间窃发,独境内肃然。至元丙子春,奉宋太后及嗣君诏书,举城内附,改授嘉议大夫、建德路总管兼府尹。己卯入觐,迁通议大夫,依旧任。在郡七年,无丝发为利意,至卖寓屋犹不足以偿逋代。归不复仕,徜徉钱塘湖山间二十余年。豁达轻财,喜接引后进,嗜学,至老不厌。经史百氏,靡不研究。而议论平实,一宗朱文公。有《碧流集》《桐江集》若干卷行于世,又有《读易析疑》《易中正考》《皇极经世考》《古今考》《历象考》《衣裳考》《玉考》《先觉年谱》《瀛奎律髓》《名僧诗话》合若干卷,藏于家。卒年八十一。子存心,荫授义乌尹。

(《新安文献志》卷九十五上)

《浮梁志》序

● 屠济亨

浮梁旧为县,今升州。县旧有志而毁,今州宜志而阙,岂有司念虑有未及欤?抑文献无足征欤。余出守是州之三月,郡刺史清泉段公,蒙旨董陶至州。州士臧履袖其先人南徐文学掾廷凤所撰《浮梁志》一编,甚巨。告请于公曰:"公尝以是命我先人,承命以来,周游历览,采残碑断简之所载,参遗黎故老之所谈,述前所闻记后所见,幸而成编。风俗、沿革之异,贡赋、土产之宜,与夫文人才子闻望后先,无不备载,而详录焉。"段公因履所请,遂命吾有司,刊梓以传。吾宦游首至,必访求文献以广见闻。今得臧君所为书,不出户而方百里地,在君目中,诚为政之一助也。后之览者,其毋忘臧君云。泰定乙丑中秋后五日书。

(道光《浮梁县志》卷首旧序)

胡翰传

● 张廷玉

胡翰,字仲申,金华人。幼聪颖异常儿。七岁时,道拾遗金,坐守待其人还之。长从兰溪谷吴师道、浦江吴莱学古文,复登同邑许谦之门。同郡黄溍、柳贯以文章名天下,见翰文,称之不容口。游元都,公卿交誉之。与武威余阙、宣城贡师泰尤善。或劝之仕,不应。既归,遭天下大乱,避地南华山,著书自适。文章与宋濂、王袆相上下。太祖下金华,召见,命与许元等会食中书省。后侍臣复有荐翰者,召至金陵。时方籍金华民为兵,翰从容进曰:"金华人多业儒,鲜习兵,籍之,徒縻饷耳。"太祖即罢之。授衢州教授。洪武初,聘修《元史》,书成,受赉归。爱北山泉石,卜筑其下,徜徉十数年而终,年七十有五。所著有《春秋集义》,文曰《胡仲子集》,诗曰《长山先生集》。

(《明史》卷二百八十五)

《钦定四库全书·环谷集》提要

● 纪　昀等

《环谷集》八卷（浙江鲍士恭家藏本），元汪克宽撰。克宽有《礼经补逸》，已著录。其平生以聚徒讲学为业，本不留意于文章，谈艺之家亦未有以文章称克宽者。然其学以朱子为宗，故其文皆持论谨严，敷词明达，无支离迂怪之习。诗仅存十余首，虽亦濂、洛风雅之派，而其中七言古诗数首，造语新警，乃颇近温庭筠、李贺之格。较诸演语录以成篇，方言俚字，无不可以入集者，亦殊胜之。在其乡人中，不失为陈栎、胡炳文之亚。文士之文以词胜，而防其害理。词胜而不至害理，则其词可传。道学之文以理胜，而病其不文。理胜而不至不文，则其理亦可传。固不必以一格绳古人矣。此集为国朝康熙初其裔孙宗豫所辑，前列行状、墓表、年谱，末附以汪泽民等序文，为胡传纂疏诸书而作者。前有三原《孙枝蔚序》，称《祁门三汪先生集》。今以时代不同，析之各著录焉。

（《四库全书·环谷集》提要）

《经礼补逸》后论

● 汪克宽

　　《周礼》一书，果为周公所为乎？汉武尝谓《周礼》为渎乱不经之书，何休又云六国阴谋之书，欧阳文忠公谓《周礼》可疑者二，苏颖滨谓《周礼》不可信者三，是皆论以为非周公之遗制。然则，《周礼》果非周公所作乎？朱子盖尝以周家法度广大精密言之，尝以周公建太平之基本称之，又尝以周公从广大心中流出称之；张横渠谓周公治周，莫详于《周礼》；贾公彦序《周礼》废兴，又谓郑玄遍览群经，知《周礼》者，乃周公致太平之迹，是则又明为周公所作也。考《西汉志》于《周礼》未见；《东汉儒林传》乃谓《周官经》六篇，本孔安国所献；《隋经籍志》乃云，汉时有李氏得周官，上于河间献王，独缺冬官一篇，献王购以千金不得，遂以《考工记》补成六篇奏之。孝武时盖有其书，特未与《五经》列置博士尔。西汉刘歆始置博士，遂盛行于世，后世因有《周礼》作于刘歆之说。是则《周礼》作于周公，而非他人之作，明矣。然冬官何为而缺也？经罹秦焰，散佚之余，与汉儒编录附丽之误，而始谓之缺也。何以知其然？愚因考补散逸得之。夫五官所掌，曰治、曰教、曰礼、曰政、曰刑，而冬官则掌邦土，或坐而论道谓之王公，或作而行之谓之士大夫，或审曲面势、以饬五材、以辨民器谓之百工，通四方之精异以资之谓之商旅，饬力以长地材谓之农夫，治丝麻以成之谓之妇功，此冬官之大较也。见《考工记》所载者，其属二十有九，皆工之事，而士与商、农之职俱缺焉。考之春官之中，如世妇、内宗、外宗，皆宫中之职，本属天官，而乃入之春官；夏官之中，如司士、诸子，皆掌士之职，本属冬官，而乃入之夏官；地官之中，如司市、质人、廛人、贾师、司虣、司稽、胥师、肆长、泉府，此皆主于商，土均、草人、稻人、场人、司稼等职，此皆主于农，皆本属冬官，因其职与大司徒掌土地人民者相类，乃以入之地官，若是者，谓非编录附丽之误不可也。况小宰记六官六属各六十，考之天官自太宰以下六十二，地官大司徒以下七十九，春官大宗伯以下七十一，夏官大司马以下六十九，秋官大司寇以下六十五，何则冬官独缺，而为数不及？五官皆

盈，而余数过之？无是理也。他如《仪礼》有啬夫之官，《国语》有司商之官，皆不载诸《周礼》，此亦冬官之说脱简也。要之，见载于《考工记》者，固为冬官之属，然司空掌邦土，居四民，时地利，职不止此，当自大司空、小司空而下，撼夏官之中掌士者，地官之中掌商、农者，与夫啬夫、司寇之数，并今《考工记》所载之工，总属冬官，则不惟合于周官司空之所职与小宰六官六属之目，而其周公制作之盛，粲然溢著于编，使人得以观其会通，而为太平典礼之全书也。克宽因并录卷末，以俟博古君子正焉。

（黄宗羲《宋元学案》卷八十三）

《通鉴纲目凡例考异》自序

● 汪克宽

《纲目凡例》与《纲目》之书，皆子朱子手笔，褒善贬恶，明著义例，悉用《春秋》书法，一字不苟。然学者抄录，书肆传刊，久而漏误者多，尹氏发明乃或曲为之说。噫！朱子论《春秋》变例，谓门人曰："此恶可信？圣人作《春秋》，正欲示万世不易之法，今乃忽用此说以诛人，未几又用此说以赏人，使天下后世皆求之而莫识其意，是乃后世弄法舞文之吏所谓也，曾谓大中至正之道乃如此乎？"窃详此言，则《纲目》之与《凡例》，时或异同，皆抄录传刊之失也。况尹氏所纪《纲目》，如秦王迁太后误作秦人，隋主坚弑介公阐误作杀，慕容泓败死作贬死，征士陶潜作处士之类，讹舛尤甚。克宽自幼受读，尝有所疑，而未敢决其必然。今僭躐谨摭刊本《纲目》与子朱子《凡例》相戾者，敬录如左，以俟有识者考焉。

（黄宗羲《宋元学案》2834 页）

《钦定四库全书荟要·渊颖集》提要

● 纪　昀　等

　　臣等谨案：《渊颖集》十二卷、《附录》一卷（两江总督采进本），元吴莱撰。莱字立夫，浦阳人。延祐中复科举之制，以《春秋》贡于乡，试礼部不第。后以荐署饶州路长芗书院山长，未行而卒。年仅四十四。其门人金华宋濂等私谥为渊颖先生。据其谥议，取经义玄深为渊，文词贞敏为颖也。莱与黄溍、柳贯并受业于宋方凤，再传而为宋濂，遂开明代文章之派。故年不登中寿，身未试一官，而在元人中屹然负词宗之目，与溍、贯相埒。遗稿甚夥，濂为摘其有关学术议论之大者，编为斯本，青田刘基序之。碑文、谥议一卷，别为《附录》。张纶《林泉随笔》曰："吴立夫《谕倭书》，盖其十八岁所作，规模仿司马相如《谕蜀》文。其末所述谕其王之言，虽古之辩士，莫能过也。其他《大游》《观日》两赋，与夫《形释》《泰誓论补》《牛尾歌》等篇，皆雄深卓绝，真先秦、先汉间作者。"黄溍亦称其文崭绝雄深，类秦汉间人。皆未免溢量。

　　胡助谓"他人患其浅陋，而莱独患其宏博"，斯为笃论矣。王士祯《论诗绝句》有曰："铁崖乐府气淋漓，渊颖歌行格尽奇。耳食纷纷说开宝，几人眼见宋元诗。"实举以配杨维桢。而其所选七言古诗，乃录莱而不录维桢。盖维桢为词人之诗，莱则诗人之诗，恃气纵横，与覃思冶炼门户固殊。士祯《论诗绝句》作于任扬州推官时。而《古诗选》一书，则其后来所定，所见尤深也。

　　（《钦定四库全书荟要·集部·渊颖集》，吉林出版集团有限责任公司，2005年第一版，405-1、2）

渊颖先生碑

● 宋　濂

浦阳江之上有大儒曰渊颖先生吴公，以精深玄懿之学发沉雄奇绝之文，阖阴辟阳，出神入鬼，纵横变化，其妙难名。生虽弗克显融以伸其志，既没而言立，浩浩穰穰，其书满家，信一代之伟人，足以播芳猷于弗朽者也。

先生讳莱，字立夫，姓吴氏。其先毗陵人，一迁于番，再迁于睦，三迁婺浦江之新田。唐乾宁初，有讳公养者，又迁县西之吴溪，实德政乡尊仁里也。高祖讳闻，赠中奉大夫，福建道宣慰使、护军，追封渤海郡公。妣盛氏，追封渤海郡夫人。曾祖讳蕃，累赠资善大夫、太常礼仪院使、上护军，追封渤海郡公。妣沈氏，追封渤海郡夫人。祖讳伯绍，累赠翰林学士承旨、荣禄大夫、柱国，追封渤国公。妣金氏，追封渤国夫人。父讳直方，集贤大学士，荣禄大夫致仕。妣盛氏。初，盛夫人怀娠始七月，翰林公忽梦西域神人飞空而来，直止夫人之寝，心异之。越翼日，先生遂生，因名曰来。夫人颇知书。年四岁，授以《孝经》《论语》《春秋·梁传》，随口成诵。七岁，善属文，有奴仆命骚之言。岩南先生方公凤，见而奇之，曰："此邦家材也。"取《南山有台》诗中语，更今名。族父幼敏家素多书，先生时出，与群童敖，私挟一编以返，昼夜读竟。又复往易。或以闻于幼敏。迫而观之，乃班固《汉书》也。幼敏指《谷永杜邺传》，谓曰："尔窃观吾书，能记是，当不尔责。"先生琅然诵之，至终篇，一字不遗。幼敏以为偶熟此卷，三易他编，其诵皆如初。乃尽出藏书，畀之读。岩南益异之，许以孙女妻焉。且授《易》《书》《诗》三经义，暨秦汉而下诸文章大家。先生一览即悉其旨趣。岩南退谓人曰："明睿如吴某，虽汝南应世叔，政不足多也。"

自是以来，先生博极群书，至于制度沿革、阴阳律历、兵谋术数、山经地志、字学族谱之属尤无所不通矣。时朝廷将有事于东夷，即自奋曰："此小丑耳，何必上勤王师？使某持尺书谕之足矣。"因撰疏论其事，会病，不果上。

延祐间，贡举法行，有司以先生名上豫章熊公朋来、巴西邓公文原及吾郡胡公长孺主去留士。此三数公辈行老成，学术淹贯，自非博古该今，明体适用，咸惧不得在兹选，而先生与焉。于是，东经齐、鲁、梁、楚之郊，北抵燕，每遇中原奇绝处，辄瞪然长视。平冈灌莽，一望千里。昔人歌舞战争之地，一皆前迎后却，毕在尘沙霜露中。遂与当涂李翼、余姚方九思、临川傅斯正赍酒高歌，天寒风急，毛发上竖，自谓绰有司马子长遗风。寻以论议不合于礼官，退归田里。出游海东洲，历蛟门峡，过小白华山，登盘陀石，著《观日赋》以见志。还寓同县陈士贞家。士贞之居与龙湫、五泄邻，榛篁蒙冪，似不类人世。先生日啸咏其中，畅然自得，或至暮忘返。游览之暇，不废纂述，重取《春秋》传五十余家，各随言而逆其意，一以理折衷之，譬犹法家奏献，传逮爰书，既得其情，而曲直真伪无所隐。至若繁露、释例、纂例、辨疑、微旨、折衷、权衡、意林、通旨之类，皆有论著。复谓孟子乃亚圣之大才，司马迁不当使与邹衍、淳于髡、慎到、荀卿、墨翟、尸佼、长庐同传，因删去诸子，益以万章、公孙丑之徒，作《孟子弟子列传》。古今乐府不同，郭茂倩不当但取标题，无时世先后。就其所次，辨其时代，使各成家，名《乐府类编》。古之赋学专尚音律，必使宫、商相宣，徵、羽迭变。自宋玉而下，唯司马相如、扬雄、柳宗元能调协之。因集四家所著，名《楚汉正声》。其他著述若此者众，不能殚举也。

四方学士慕其声光，多负笈从之游。先生遇之，恒若抚子姓，馈服有不给者周之。监察御史许君克学行部浙东，以茂才荐署饶州路长芗书院山长，未行而疾作，裹风挟沴，其血交袭，颜面壅黑，两胫罢屦，不可越户限。重纪至元六年，先生年四十四，栖迟衽席，愈不自振。忽梦作《童汪踦赞》，觉，谓人曰："汪踦，殇者也。予自婴疾以来，何药不尝，而势革若此。今岁殆不起邪？"夏四月九日，竟卒于家。遗命，治丧不用浮屠法。诸生胡邦翰、郑铭等来，相治后事。二子士㳛、士谧，以至正九年十一月二十四日，奉柩窆乡之盂坞，去家南五里而近。及门之士以其经义玄深而文辞贞敏也，私谥曰:渊颖先生。郡太守、县大夫复合祠之于学官云。

先生自少有大志，专思泽物，不欲以文士名。每慕张宣公为人，推明义利，虽一毫不苟取。表里一致，与人游，欢然有恩，愈久愈固。身虽羸弱，若不胜衣，双瞳碧色，烂烂如岩下电，见者改容。鉴裁精绝，人以古诗文试之，先生察其辞气，即知其为某代某人所作。当其赋咏，捷如雨风。一日于故人家，见几上堆刬纸数十番，戏为长歌，顷刻而尽。属对严巧，文采缛丽，观者惊以为神，谓非人所能及。

所著书有《尚书标说》六卷、《春秋世变图》二卷、《春秋传授谱》一卷、

《古职方录》八卷、《孟子弟子列传》二卷、《楚汉正声》二卷、《乐府类编》若干卷、《唐律删要》若干卷、文稿六十卷。别如《诗传科条》《春秋经说胡氏传考误》未完。夫自文气日卑，士无真识，往往倚人之论以为低昂。其推古之作者，则曰雄浑赡富，唯有汉之文为然。淳质雅奥，亦唯有汉之文为然。今之从事艺文者如之何可及也。呜呼！岂其然哉？苟以先生诸作置之司马迁、相如、刘向、王褒之间，吾知其未必有愧也。第以数与时违，弗沾一命以至于死，不大显白于世。所幸雄篇巨册彪炳烜著，有如日星，尚当藏诸名山，以俟后世之知扬子云者。铭曰：

大火焞焞，司于南辰。重明宣昭，神之伸也。有赫厥灵，郁纷轮囷。敷为至文，降于人也。斧藻交横，黼黻斯皇。变化凌厉，动无方也。云流焱行，品汇咸亨。于烨其光，寂无声也。胡积之腴，不显其施？返于混茫，朱鸟之区也。骑箕之精，上为列星。发天之符，合地坤也。石室之藏，雄文吐芒。鬼神呵卫，禁不祥也。泰华嶙峋，长河瀹沄。永世有耀，与之俱存也。

门人前史官金华宋濂撰。

（《丛书集成·宋学士全集》卷十六，中华书局，1985年）

渊颖先生私谥议

● 宋　濂

《传》曰："物生而后有象，象而后有滋，滋而后有数，数成而文见矣。"是则文者固囿乎天地之中，而实能卫翼乎天地，品裁六度，叶和三灵，敷陈五彝，开道四德，何莫非文之所为？而所谓文者非他，道而已矣。故圣人载之，则为经。学圣人者必法经以为文。譬之于木，经其躯干者欤？文其柯条者欤？安，可以岐而二之也？自史氏失职，以训故列之儒林，以辞章书之文苑，虽欲昭后之弊，而失之古义益远矣。有如长芗书院山长吴公先生，风裁峻明，才猷允茂，漱六艺之芳润，为一代之文英。纂述之勤，汗简日积。于《诗》《书》则科分脉络而标其凡，于《春秋》则脱略《三传》而发其蕴，于诸子则研覆真伪而极其精，于三史则析分义例而严其断。藻缋所及，无物不华。汪如长江，峻如乔岳，激如雷电，和如春阳。其妙用通于造化，其变通莫拘，若应龙之不可羁。观其所志，直欲等秦汉而上之。凡流俗剽窃、无根之学、孱弱不振之章皆不足闯其藩垣而逐其轨辙者也。呜呼，盛哉！门生学子佥曰："经义玄深，非渊而何？文辞贞敏，非颖而何？"于是私谥曰渊颖先生云。

门人金华宋濂等谨议。

（《丛书集成·宋学士全集》卷二十五，中华书局，1985年）

《渊颖集》序

● 胡　翰

　　太上有立德,其次有立功,其次有立言。三者不同,苟有一焉,皆足以立乎天地之间而无愧于为人矣。自世之言者陋文章之习而高德行之士,伸一人于千万人之上,其意将以惩夫末流之敝云尔,非所以显道神德行也。古之圣人德修于身矣,而又欲天下皆加吾身之修也;岂惟天下皆如吾身之修哉,而又欲后世皆如吾身之修也。天下尽乎人矣,吾身可以及之后世,非止乎今也。吾身乌得而及之,是则吾德之所被,而吾功之所树者亦鲜矣。然圣人必欲使天下后世皆有以及焉,则立言其可少哉?六经,圣人之文也,所以为天地立心,为生民立命,为万世开太平者,非细故矣。由是以降,苟非申、韩之刑名,管、商之功利,仪、秦之捭阖,孙、吴之阴谋,杨朱、墨翟、老庄、释氏之淫辞邪说,则凡是非不诡于圣人者,其于人心世教岂尽无所裨益哉。翰尝读贾谊、董仲舒之文,而恨当世不能尽用。及观扬雄之《太玄》《法言》,又叹时人少有知者,以为豪杰之不遇大率如斯,故不待论其言之传否,而深为有国者惜之。南北混一以来,朝廷太平之治垂及百年,仁恩福泽结在人心,而纪纲法度寝不能无弛。先生当延祐、天历之间,尝慨然有志当世之务矣。其拟谕白本书盖其十八时所作也,人谓其有终军王褒之风。其论守令、盐荚、楮币事,逮今十有余年,执政者厘而正之,往往多如其说。先生析辞指事,援笔顷刻数百言,驰骋上下,要不失乎正。虽处山林,未尝忘情天下。使其在官守言责之列,推明古者所以立极成化之道,为吾君、吾相言之,当不止是也。而先生命不与时偶,器不求人售,素又羸弱多疾,未中岁而早卒。今之著于篇者,殆犹未尽其蕴也。初,浦江有宋儒者曰方韶父先生,师法为学者所宗。知名之士如侍讲黄公、待制柳公皆出其门。晚得先生,尤奇其才而以斯文望焉。先生貌寝陋,言语若不出诸口,而敏悟过人,得于天性。少尝从族父功敏家窃取书观之,族父知而叩之,靡不成诵。博闻强记,与之游者皆自以为不及。会有司举进士,遂以《春秋》中乡试。北至燕,东浮于海,好为环奇雄之观。见人固守章句,意颇陋之。然则先生之所负抱者为何如哉?

惜其学不见于用，而世之知者鲜也。门人宋濂惧其泯而不传，乃汇次其诗文为集若干卷，俾翰为之序。呜呼！翰昔受教于先生，窃观先生之所以用其心者，期以立乎天地之间，无愧于为人焉耳，乌暇较一世之短长哉。故论而序之，信是集之不可不传也。先生讳莱，字立夫。

至正十有二年秋八月二十六日，门人金华胡翰谨序。

（《钦定四库全书荟要·集部·渊颖集》，吉林出版集团有限责任公司，2005年第一版）

《渊颖吴先生集》序

● 刘　基

　　人之所以成名者三：道德、文章、技艺，皆不可以无师。道德以为之根干，文章、技艺以为之葩华、枝叶。生而知之者间世或出，人不能皆也。苟无师焉，如矢之无弓，如汲之无绠，虽欲而不能得。如医之无方，虽知病而不能疗。如车之无御，虽有马而不能同。如越人之燕而无为之导，则不阻于江河，必迷于歧路。虽抗其心神，羸其筋骨，终不能以径达。故器备矣，必谐之以律吕，然后可以成声音。物有矣，则将之以礼乐，然后可以致鬼神。兵足矣，必律之以制，然后可以平邦国。是故抟土为尊而画之与牺象不异，而不可以盛酒，未尝由乎钧陶也。削木为弓而漆之与彤弢不异，而不可以穿革，未尝由乎檠括也。人之欲成名而无师焉，亦是之类矣。予尝悲今之为文章者皆不如古。及见宋君景濂而心服之。尝为叙其文集以命后进，又每慨叹舆图之广，生养休息非一二世，何太平遗老就尽，漠乎无有继者而天独私于宋君也？及今年，宋君以其师吴先生之遗文若干卷示予，予一读而骇，再读而敬，三读而不知神与之接，融融洋洋，不知其旨之乐之咏之叹之也。于是乎乃知宋君之所以过人者有自来也。昔者，孟子谓离娄之明、公输子之巧，不以规矩不能成方圆；师旷之聪，不以六律不能正五音；尧舜之道，不以仁政不能平治天下。唐柳子谓今之世，不闻有师。予虽与吴先生同为浙东人，而各里其里，无事不相来往，不及见吴先生。今得偶宋君于羁旅，且因宋君而得见吴先生之文，乃知浙河之东以文章鸣于世者无时而乏，故窃自庆而为之序，具陈其不可无师之说，庶有裨于后来者哉。

　　文林郎、江渐等处行枢密院都事、前进士青田刘基序。

　　（《钦定四库全书荟要·集部·渊颖集》，吉林出版集团有限责任公司，2005年第一版）

《渊颖吴先生文集》序

● 胡　助

　　浦阳仙华诸峰苍翠万仞，其斩绝峻拔之形、瑰诡雄特之状，金华北山不能过也。故其气之清淑灵秀，蜿蜒磅礴而钟为名世文儒者固宜有之。若存雅先生方公、翰林待制柳公，则其人也，最后深褭先生吴君立夫出焉。立夫气禀尤异，负绝伦之才。其少时读书，日记数千百言，下笔为文如云兴水涌，二先生深所爱者也。故方公以孙女妻之，而且尽传其学焉。凡天文、地理、井田、兵术、礼乐、刑政、阴阳、律历，下至氏族、方技、释老、异端之书，靡不穷考。含其英，咀其华，于经史之学益研精究其指归，故发为议论文章，滔滔汩汩，一泻千里，如长川大山之宗夫海岳也，如千兵万马衔枚疾驰而不闻其声也。呜呼，壮哉！他人恒苦其浅陋，立夫独患其宏博者也，庸讵非仙华神秀之所钟而能若是耶？惜其早世，莫得少见于时，仅尝一用《春秋》荐，不第，遂隐居讲学。从游甚众，几经指授，悉有可观。于是大肆其力于学问文章，而卓乎不可及矣。嗟夫！彼其侥幸一官，乘时射利，而无片言只字可传于世者。其视吾立夫雄文伟论，驰骋于司马子长、刘向、扬雄之间者，是果孰为失得哉？必有能辩之者。今门人高第宋君景濂不忘其师，子云之侯芭，昌黎之李汉也。收拾遗文若干卷，征予序引。夫文岂待序而传者哉？然玉韫石辉，珠藏川媚。异时仙华山下有光烛天者，必遗文所在也，尚何患其不传哉？

　　承事郎、太常博士致仕东阳胡助谨序。

　　（《钦定四库全书荟要·集部·渊颖集》，吉林出版集团有限责任公司，2005年第一版）

赵公卫道墓志铭

● 杨维桢

公赵氏，讳棨，字卫道，号素轩，居越之姚江，宋燕懿王德昭之十二世孙。曾祖希秦，宋朝议大夫知衢州军州事，赠大理寺丞。祖与宜，宋朝散郎溧水县尉。父孟侣，宋朝散郎，庆元路沿海制参，赠太府寺簿。母恭人，董氏。先系五世祖太师，讳师龙，长孙孟尊之第三子也。寺簿无子螟之。公博学，于书无不读，读必有论裁，学成无所于试。大德己亥，江浙儒司举为昌化教谕，转桐庐教谕，由年劳升饶之长芗书院长，复长温之宗晦书院。元统甲戌，受牒命教授温州。越五年，教授常州。在处学校有滥给廪给者，必首汰之。以其膳膳儒之老病残疾及贫无依者。早年散家资，结交先达，凡工文与琴画、律历、医药、阴阳者家，皆馆食。西虎不以岁月计。士友告急度家，即尽如所请，与之致空囊不问。酒灌量能倍斗酬，次为古歌诗联章沓韵。对客可待，尝与友饮，大醉梅花树下，曰：梅花独不能饮乎？急呼酒，用大白海浇其根。且为《问梅词》，又为代答词。平生所为诗无虑数百什，名《素轩集》若干卷。公生于某年，卒于至正四年（1344）六月五日。享年七十有一。明年，葬于姚江双雁乡之原。孤子矶，持其叔叙状，诣门泣道遗命求予铭。予以早岁托公忘年交，义不得辞，遂铭曰：

王之孙降皂阁。君为孙而文诗。英酒圣交有神。大树劝海白樽。归大树罗之村。

（杨维桢《东维子集》）

《春雨轩集》原序三

● 宋　濂

予昔与刘君彦昺游，见其赋诗多俊逸，心独奇之。及其奉命佐戎幕于闽，别去且十年，重会秦淮上，亟问近什如何。彦昺解囊中得数十篇，予读已，大惊。璞玉辉春，蠙珠浴月，温润清逸，何其似韦应物欤？胜军百万，鼓行沙漠，风酸霜苦，铁骑惊秋，雄浑悲壮，何其类岑嘉州欤？英英乎芙蓉濯太液之波，楚楚乎兰茝沐湘元之雨，气韵秀丽，何其近谢康乐欤？商敦周彝，朱演翠蚀，龙章鸟迹，欵识独存，典刑古雅，若乐府诸题，又何其骎骎乎汉魏之风也。盖彦昺天分既高人功又深，凡有模拟辄步骤似之。予今犹举其概而言之也。呜呼！予昔学诗长芗公，谓必历谙诸体，究其制作声音之真，然后自成一家。彦昺之学正与予同，自愧跛鳖之行不足以追逸骥，尚何言哉？然又窃怪彦昺何以能致于斯也。颇闻其先人友梧翁，乃月湾吴公高弟，善为诗。与文靖虞公、文安揭公、礼部吴公极相友善。遂由县文学荐入词林，未上而夭。其家庭相传必有卓绝于人者。不然，彦昺之诗何为脍炙人口而不厌哉？其能垂世传后当不疑。予耄矣，文采衰矣，不能有所发越矣。姑摭昔奇彦昺者。为之序，以自附知言之士云。

翰林学士金华宋濂序。

（刘炳《春雨轩集》）

《经礼补逸》原序

● 曾 鲁

六籍之阙也久矣。而礼为甚。汉兴区区掇拾于秦火之余,而淹中古经,旋复散失所存者十有七篇而已。《周官》虽后出,而《司空》之篇竟莫得补。二戴所传又往往杂以秦汉之记。然则,学者之欲睹夫成周三千三百之目之全,固亦难矣。宜乎?其学之寥寥,而莫讲也。虽以韩子之贤尚苦难读,而谓于今,诚无所用矧他人哉。至宋庆历元祐,诸儒先后慨然有志于复古。及朱子乃始断然谓《周礼》为礼之纲,《仪礼》其本经,而《礼记》其义疏。于是创为条目,科分胪列,出入经传,补其遗阙,以为王朝、邦国、家乡学礼。而丧、祭二礼,则以属门人黄氏。其有功于学者甚大。然其书浩博,穷乡晚进有未易以遽究者。祁门汪先生德辅父,间尝因其成法,别为义例,以吉、凶、军、宾、嘉五礼之目,荟萃成书,名曰《经礼补逸》。辞约而事备,读者便焉。学礼之士诚能因汪氏之所缉,以达于朱子之书,则三千三百之目虽不可复睹,其全然郁郁乎文之盛。岂不若身履而目击之矣乎?昔者,窃闻之礼乐之在天下,有君无臣,则不能以明制作之本;臣能而君不之好,则议论无益于当时。必有大有为之君,而复有善制作之臣。因治定功成之余,以明中和之化,而后礼乐之兴可必然,则此其时也。惜乎。先生老且病矣。明良在上,宁不有征于斯文矣乎?先生生朱子之乡,尝游番易吴公可翁之门,笃志古学,老而弥厉,著书满家。真古所谓乡先生者也。间出是书以相视,且谓先人与吴公为同志友故,俾序焉。鲁于先生无能为役。然承命不敢辞也。

洪武二年岁在己酉秋八月下澣临江曾鲁序。

(《四库全书荟要·经礼补逸》原序)

环谷汪先生行状

● 吴国英

先生讳克宽,字德辅,一字仲裕,汪其姓也。上世自歙县之黄墩迁于祁门县北之石山。至讳钊徙居县南之韩溪,五传有兄弟七人,并有才名。其第五子世容生深,深生敏,敏生辙。辙生二子,长若思无子,以弟若谷子侨为嗣。侨补试中国学进士。生煜,煜生灿,字明夫,继家学。时群从昆弟为诸经讲师。学问文章矩范乡邑。从弟国学进士东山,府君华(字荣夫)尝与其族兄二,教府君相(字魏大)学于双峰饶子之门。饶乃勉斋先生黄文肃公高第弟子。二教及东山问难扣恳,悉得其蕴奥。祁邑理学之盛自二公,发之东山,早岁又尝从学鄱阳庐窗赵先生介如,与故中书右丞五峰先生燕公楠为同门。至元初燕公佥江浙行中书省事,道过祁门访求东山,与论旧故,将荐诸朝。东山固辞。明夫无子,东山有五子,稔闻家庭之学。明夫夫人王氏请其第三子应新(字元美)为嗣,是为中山处士,记识博洽,议论慷慨,尝著《便民二十条》,力陈当世要务。欲上之台省,不果,闻者惜之。处士娶同邑贡士石溪先生康鼎实第二女,生五子。次四是为先生,大德八年甲辰正月八日日初出,先生生于桃墅里第,生而有异。处士君谓康夫人曰:"吾祖考积善阴德德多矣。或者食报于是儿,兴吾宗乎?"甫六岁,石溪教之《孝经》《论语》《孟子》,随口成诵,日记数百言。后二年冬,石溪谓处士君曰:"吾老矣。不及教训诸外孙,汝第四子骨相非凡,宜择师善教之。"自是先生从乡先生学,每屈其师。日新月异,至十岁,处士君见先生所学弥进,因取东山问学于饶先生讲授之书及当时问答之言,与先生观玩。遂于理学寖悟,乃取朱子《四书》自定句读,昼夜诵读,恍然知为学之要专勤,异于侪辈,或达旦不寝。母夫人见先生勤苦太甚,谓处士君曰:"是儿读书过勤,脱或因是致疾,不可不戒。"处士君呼先生,谕之曰:"读书以养气为主,不宜过劳"。先生曰:"某自乐此,不为劳也。"自是读六经、诸子、历代史、通鉴、纲目等书悉皆成诵。延祐四年丁巳,先生年十有四岁。是秋,乡里传录江浙秋试三场题目,先生一见挥笔成篇。乡先生惊异曰:"此天才也。"明年戊午,郡守礼罗婺源道一书院山长云峰胡先生炳文，于郡庠开堂试以激励后进。先生屡中郡学及堂试，与庠序诸老成相颉颃矣。至壬戌春，处士君同先生往饶之浮梁，拜可堂吴先生仲迂于州学。吴先生谓诸门人曰："新安汪克宽远来从游，颖异绝伦，勇于为学，他日必有所成。"及以为文印可于吴先生曰："读书明理，蕲体诸身，文章异时可不学而能也。"先生既得吴先生之训，遂笃志圣贤之学。既归，葺故庐，辟书斋于居室之东，偏扁曰：思复。铭于斋壁以自励焉。次年，吴先生讲道武林勉先生、充贡先生，答以"吾斯之未能信蹜等谋进，某何敢然。"至泰定丙寅春，闻严陵吴先生朝阳，以春秋登甲子进士第，任番阳丞，特往访之。朝阳先生闻其言，喜曰："子可谓真知作春秋之心法矣。"是秋，邑长令闻先生学行迈异时辈，举应江浙乡试即中前列。次年春，先生至京会试，论《春秋》与主司不合，又兼对策切直，遂见黜于中书。先生欣然南归，遂奉养之志。时贡待制师泰曰："德辅年妙而质纯，才优而学博，贾勇秋闱即中高等。上之春官辄不偶于主司。是得之于数千人之中，而失之于数千人之外。天道之无常也。先生归自京师，刻励为学，痛自修饬。遂厌科举之文，慨然曰："道不行于当时矣。"乃取圣人手笔之《春秋》，博考诸说之同异得失，以胡文定公之传为主，而研究众说荟萃成书，名之曰《春秋经传附录》。纂疏翰林学士虞公序，行于世。《易》有《程朱传义音考》，《诗》有《集传音义会通》，《礼》有《经礼补逸》，《纲目》有《凡例考异》，其余论著未可枚举。先生于经史圣贤之言，心融神会，造诣深剧，故为文略，不经意而浑融典雅。其教学者诱掖奖劝无不成人。后以经学教授宣歙间。数与师山先生郑公讲理论学，意气相得。尚书巢深先生，汪公谢事家居，因遣其孙世贤执经先生之门。四方学者知先生道学之懿，从游甚众。先生尝语学者曰："圣贤之学，以躬行践履操存省察为先，至于文章特其余事。"鳌峰玉署诸老，交欲以文章举荐，而先生笃志著述不以一毫利禄动其心。诸从学者以先生所居山谷围绕称曰"环谷"。四方学者皆曰"环谷先生"。仍至元戊寅五月，居室灾，先生夜半奉处士君迁于别室，以居奉养备至。是年九月，处士君以疾卒。先生哀毁逾礼。至正壬辰，蕲黄兵至，先生率长幼避兵深山。所居房舍资财为贼焚掠殆尽，箪瓢屡空。先生晏如也。自是连岁兵戈扰攘，至圣朝戡定祸乱。先生始返故庐。洪武三年正月，朝廷命行人赍币礼聘先生至京，同翰林潜溪宋公删修《元史》。是年九月，事毕，特旨一班俱留禄仕。先生以老疾力辞不受，乃命礼部设宴，赐白金三十两，彩缎二表里，给驿而还。先生抵家，以洪武五年壬子十有一月十二日卒。年六十有九。先生平居尝语二子曰："吾殁，则祔于盛材之先茔。"其孤遂以是年某月日葬于其所遵治命也。娶同邑聘君和溪先生程公之女，勤俭以相成其家业。程夫人生与先生同年，卒于先生前十九年癸巳五月八日。子男二人，曰希、曰偕；女二人，长适同邑李杰夫，早卒。次适同里谢子原，子原卒而守节誓终其身。孙男六人，銈、镡、锭、钺、铧、鏓。国英早岁从学于先生，训迪最深，辱知于先生最厚敬，述其梗概于右。俾其孤乞铭于当世之名公以图不朽焉。

门人长洲县学教谕歙人吴国英撰。

（《新安文献志》卷七十二，黄山书社，2004年版，第1766–1767页）

明代琉球册封使臣刘俭史料辑录

● 洪东亮 辑

景泰二年，思达卒，无子，其叔父金福摄国事，遣使告丧。命给事中乔毅、行人董守宏封金福为王。五年二月，金福弟泰久奏："兄金福殂，次兄子志鲁争立，两伤俱殒。所赐印亦毁坏，国中臣民推臣权摄国事，乞再赐印，镇抚远藩。"从之。明年四月，命给事中严诚、行人刘俭封泰久为王。

——《明史》卷三百二十三，中华书局影行

刘俭，字宗禹，镇市人，中景泰辛未，官行人，鸿胪寺丞。

——正德《饶州府志》卷二《浮梁·进士》（上海书店影印出版，《天一阁藏明代方志选刊续编》）

景泰辛未柯潜榜：刘俭，宗禹，镇市人，知府。

——清康熙二十一年《浮梁县志》卷六《选举志·进士》

刘俭，字宗禹，镇市都人。景泰辛未进士，除行人。天顺初，充朝鲜报贺使。比至，馆伴官称候天使入珠城。俭曰："王臣序在诸侯上，岂有奉皇帝简书，入国就见之理。"王出迎，俭乃入。翌日，宴客，王曰："今上复辟，普天称庆，第当日何不命将出师，而必亲征，致有蒙尘之事。"俭曰："天子巡边，祖宗历有成宪。今皇上神武夙成，东陲有警，躬行挞伐，偶幸穹庐。再登大宝。天命有真，前事殆以殷忧，启圣人也。"王闻，悚然。及还，赠遗甚厚。俭概却之。后得奉命封王琉球，亦历清操。而海巡黩货馈无所得，惮俭。入朝言其私，反驰揭污俭携商越海，坐贬。成化间廷议白其诬，起为御史，终知府。著有《揽辔集》。

——清道光《浮梁县志》卷十三《人物·贤良》，2007年重印

天顺初，刘俭官行人，奉命使琉球。比还，驻海滨，登舟，有番僧番道数百人，伏舟前，云：候天使祷神渡海。俭辞迨舟入洋，雾浪腾沸，舟漂摇不进，从人大恐。俭书一笺曰："贝阙珠宫事必真，圣朝四海久咸宾。若知一箧空来往，幸把清风送使臣。"投笺入水顷刻风信东来，云色开霁，舟行无阻。

——清道光《浮梁县志》卷二十二《杂记·佳话》，2007年重印

赠鸿胪卿刘君序

……宗禹自举景泰辛未进士,拜官行人,使于四方,籍然有声。尝一至琉球,大为远人之所敬服。未几,改都察院都事,尤能其官。兹乃受命为卿于南京,岂非以其忠信笃敬之行,素孚于人,将使礼之。在朝廷者因君而益振奋,而宣明之也耶。且今之仕者竞淹速之,格计崇卑之资日敝敝焉。亦陋矣。而宗禹登仕版来几三十年,犹俯焉宪幕之下,视声利纷拏之俗泊然无所动于其中。其贤固有大过人者矣。况礼固士君子之常行。又其素所优为者乎?此予所以于宗禹之行,喜谈而乐道之者也。与之同年而升之士之仕于朝者,谓予致一言以赠,于是乎言。

明成化十二年岁次丙申二月初吉。

赐进士出身翰林侍读兼修国史钱塘倪岳拜撰。

——《南阳刘氏宗谱》,民国丙戌年重编,报本堂纂定

二十世明鸿胪寺少卿俭公墓志铭

君姓刘氏,讳俭,字宗禹。其先有讳仲昭公者,知饶之浮梁县,有惠政,民立生祠,卒于官。因家于邑磁石塘,故今为浮梁人。至宋,登仕郎讳瑛者,又徙居镇市之落马桥。曾祖隆文,祖自诚,父仕琳,世有名德。母程氏。君生而聪警,自幼读书。稍长,力学不懈,以才俊有声,中正统辛酉领乡荐。壬戌、乙丑、戊辰凡三至礼部,名皆在乙榜。君皆辞不就。卒业太学。景泰辛未中进士第,擢行人司。奉使琉球国,赐金织罗衣二品服一袭,宝镪百锭。君至,谕以恩信,诸所馈遗谢不取,中山王敬而惮之。先是,使外国者,多重载而归。君归装萧然,士大夫亦以是称焉。天顺初,被诬谪官广东廉州衙都事。会广西群盗议结高、雷、廉诸郡,势颇猖獗。君从主帅率所部士卒,捍御之,寇退。升俸一级。未几,丁母忧。服除,改浙江宁波卫,任且满,巡抚都御史交章谕荐。上知君贤,陛君都察院都事。三载考绩,赠敕命进阶文林郎,赠厥考如其官,母妻俱赠封孺人。逾年载升今职,其初盖小试之,以循致显庸,而君以属疾盖视事。未浃旬前殁成化十二年丙申四月十三日也。君为人持己端慎,论言谦恭,操觚成文,无以假借。遇事有为,无少屈挠,居常暇日,手不释卷,尤善吟咏。他如风鉴星命之术,博习之,能通其说。昆弟四人克笃友爱,合族百余爨处之,咸不失恩义噫。如君者,可谓修诸己者。有本措于事者,有用究而施之。其所建白宜何如而徒厄于命。沉郁于下辽,迟回于数十年之久。卒使其才不尽展布而死,岂不重可惜哉?君生于永乐甲午六月六日,寿六十有三。配凰岗严氏,子二,纶纳粟受九品散官,先卒;絃为庠生,业进士,举有成。三女,琪真适李肆,监真适朱崇,碧真幼

未聘。孙男四，格聘程进士廷珙长女，标聘朱上舍俊之女，椿梧皆幼。君卒后十日，绒来自乡邑，省君闻讣恸绝，遂奉柩归以率之。今年十月十五日葬于湖田小任原，坐亥向卯山之原。谓余同年及第，知君故详，乃持其姻家南京吏部主事诸君，本所述状泣拜，请志。铭曰：才可施而遭时塞连，志可伸而岁不我延。呜呼！刘君可为者，人而不可为者。天从古已，然今奚咎焉？

时明成化十二年岁次丙申冬十月望日。

赐进士及第朝义大夫南京国子祭酒前翰林学士同修国史兼经筵讲官晋陵王屿拜撰。

——《南阳刘氏宗谱》，民国丙戌年重编，报本堂纂定

（明）彭时《送刘行人俭使琉球国》：

> 金甃麒麟拥赐袍，驰驱万里见贤劳。
> 海边日月明楼艓，水底鱼龙避节旄。
> 重译俗同文化远，陪封礼肃使星高。
> 岛夷一一凭宣谕，职贡时修荷宠褒。

——《彭文宪公集》。彭时（1416—1475），字纯道，庐陵安福（今江西吉安市安福县）人。明英宗正统十三年（1448）状元及第，授翰林院修撰。宪宗成化年间，升任兵部尚书、太子太保兼文渊阁大学士。成化四年（1468）四月至成化十一年（1475）三月间，任内阁首辅。彭时历仕英宗、代宗、宪宗三朝，为天顺、成化年间正直阁臣的杰出代表之一。

元监署各路儒学书院医院刻书

● 叶德辉

《元史·百官志》云:"至元二十四年,国子监置生员二百人。延祐二年,增置百人,兴文署掌刊刻经史。皆属集贤院。"又云:"至元二十七年,立兴文署,召工刻经史子板,以《资治通鉴》为起端。"《元秘书监志》云:"至元十年,太保大司农奏,兴文署雕印文书,属秘书监。本署设官三员,令一员,丞三员,校理四员,楷书一员,掌纪一员,镌字匠四十名,作头一,匠户十九,印匠十六。"又:"至元十四年十二月,中书省奏,奉旨省并,衔名兴文,并入翰林院。"故元时官刻首推:

国子监本。元祐三年,刻小字本《伤寒论》十卷,见《杨志》。次则:

兴文署本。至元二十七年,刻《资治通鉴》二百九十四卷,见《瞿目》《陆跋》《莫录》。刻胡三省《通鉴释文辨误》十三卷,见《陆跋》。又次则:

各路儒学本。至元己卯十六年,当宋帝昺祥兴二年。中兴路儒学,刻沈棐《春秋比事》二十卷,见《陆续志》《陆续跋》。影元刊本。至元壬辰二十九年,赣州路儒学,刻张栻《南轩易说》三卷,见《四库书目提要》。云曹溶传写本。大德乙巳九年,太平路儒学,刻《汉书》百二十卷,见《天禄琳琅》五、《张志》《瞿目》。宁国路儒学,刻《后汉书》一百二十卷,见《张志》《瞿目》《陆志》《丁志》《杨录》。瑞州路儒学,刻《隋书》八十五卷,见《瞿目》《丁志》《陆志》《陆跋》。云板心有路学(瑞州儒学)、浮学(浮梁县学)、尧学(尧,饶省文,饶州学)、番泮(番,鄱省文,鄱阳学)、余干(余干学)、乐平(乐平州学)、平州(即乐平)、忠定(赵汝愚书院)、锦江(书院)、长芗(书院)、初庵(书院)等字。当时各路刊书,滕书院之有余资者与其役。建康路儒学,刻《新唐书》二百二十五卷,见《丁志》。大德丙午十年,池州路儒学,刻《三国志》六十五卷,见《张志》《莫目》《丁志》。绍兴路儒学,刻《越绝书》十五卷、《吴越春秋》十卷,见《四库书目提要》。绍兴路儒学,刻徐天祐《吴越春秋音注》十卷,见《陆志》《陆跋》。信州路儒学,刻《北史》一百卷,见《钱日记》《瞿目》《丁志》《缪记》《陆志》《陆跋》。板心有"信州路儒学刊""信州象山刊""象山书院刊""道一书院刊""稼轩书院刊""蓝山书院刊""玉山县学刊""弋阳县学刊""贵溪县学刊""上饶学刊"等字。《南史》八十卷，见《丁志》《陆跋》。大德丁未十一年，无锡儒学，刻《风俗通义》十卷、《附录》一卷，见《四库书目提要》。至大辛亥四年，嘉兴路儒学，刻《陆宣公集》二十二卷，见《陆志》。皇庆二年，武昌路儒学，刻王申子《大易想说》十卷，见《四库书目提要》。延祐甲寅元年，临江路儒学，刻张洽《春秋集传》二十二卷，见《天禄琳琅后编》三。元板类。《张志》、钞本。《陆志》《陆续跋》。影元刊本。至治壬戌二年，嘉兴路儒学，刻《王秋涧先生全集》一百卷，见《张志》。旧钞本。《陆志》《陆续跋》。明翻宋本。泰定初元，龙兴路儒学，刻《唐律疏议》三十卷，见《杨志》。云重刻。雍正乙卯励廷仪仿元刻本。泰定乙丑二年，庆元路儒学，刻《困学记闻》二十卷，见《天禄琳琅》六、《孙记》《张志》《瞿目》《陆志》《陆续跋》。南京路转运使，刻《贞观政要》十卷，见《杨志》。宁国路儒学，刻洪适《隶释》二十七卷、《隶续》七卷，见《四库书目提要》《瞿目》。旧钞本。泰定四年，龙兴路儒学，刻《脉经》十卷，见《杨志》。景钞元刊本。至顺四年即元统元年，集庆路儒学，刻王构《修辞鉴衡》二卷，见《陆志》。至元改元，漳州路儒学，刻陈淳《北溪先生大全文集》五十卷，见《瞿目》《陆志》。后至元三年，婺州路儒学刻金履祥《论孟集注考证》十卷，见《陆志》。旧钞本。至元四年，嘉兴路儒学，刻元沙克什《河防通议》二卷，见《瞿目》。钞本。至元五年，扬州路儒学，刻《马石田文集》十五卷，见《张志》《瞿目》。元刊本。《丁志》。小山堂钞本。至元己卯五年，中兴路儒学，刻宋沈文伯《春秋比事》二十卷，见《陆续志》。后至元庚辰六年，庆元路儒学刻《玉海》二百卷，附《词学指南》四卷，见《孙记》《瞿目》《莫录》《陆续跋》。至正三年，杭州路儒学，奉旨刻《辽史》一百六十卷，见《丁志》。《金史》一百三十五卷，见《瞿目》。集庆路儒学，刻奉元路学古书院山长张铉《金陵新志》十九卷，见《孙记》《张志》《朱志》《瞿目》《陆志》《丁目》。饶州路儒学，刻《金石例》十卷，见《陆志》。至正五年，抚州路儒学，刻《道园类稿》五十卷，见《张志》。至正丙戌六年，嘉兴路儒学，刻《吕氏春秋》二十六卷，见《孙记》《吴记》《瞿目》《陆志》。杭州路儒学，刻《宋史》四百九十六卷，见《陆志》。江北淮东道本路儒学，刻萧𣂏《勤斋集》八卷，见《丁志》《陆志》。至正丁亥七年，福州路儒学，刻《礼书》一百五十卷，见《陆志》。至正八年，江浙省本路儒学，刻宋褧《燕石集》十五卷，见《张志》《陆志》。影元刊本。至正九年，嘉兴路儒学，刻刘因《静修先生文集》三十卷，见《张志》《陆志》。明弘治刊本。至正十年，集庆路儒学，刻丁复《桧亭集》九卷，见《陆志》。《乐书》二百卷，见《杨录》。至正甲午十四年，嘉兴路儒学，刻《大戴礼记》十三卷，见《丁志》。至正乙巳二十五年，平江路儒学，即蓝山书院刻本。刻《吴师道校正鲍彪注国策》十卷，见《天禄琳琅后编》九、《森志》《丁志》《陆跋》。至正二十五年，江浙儒学刻宋叶时《礼经会元》四卷，见《陆志》。无元号甲申，临川路，刻张铉《金陵新志》十五卷，见《孙记》《陆志》。无元号丁未，刻《通典》二百卷，见《陆志》《陆跋》。即临汝书院本。亦称：

郡学本。大德乙巳九年，无锡郡学，刻《白虎通德论》十卷、《风俗通义》十卷，见《瞿目》。延祐庚申七年，婺郡学，刻戴侗《六书故》三十二卷。至正四年，嘉兴郡学，刻宋林至《易裨传》二卷，见《瞿目》。旧钞本。

郡庠本。至治二祀，福州路三山郡庠，刻《通志》二百卷，见《天禄琳琅》五、《吴记》《孙记补遗》《瞿目》《丁志》《陆续跋》。至正壬寅二十二年，吴郡庠，刻宋沈枢《通鉴总类》二十卷，见《瞿目》《陆志》《杨录》。无年号，吉水郡庠，刻刘岳申《申斋刘先生文集》十五卷，见《张志》。钞本。

府学本。无年号，赣州路府学，刻《南轩易说》三卷，见《浙录》。

儒司本。至大戊申元年，刻《唐诗鼓吹》十卷，见《丁志》。又有：

书院本。前至元癸未二十年，庐陵兴贤书院，刻王若虚《滹南遗老集》四十五卷，见《张志》。文澜阁传钞本。大德己亥三年，广信书院，刻《稼轩长短句》十二卷，见《杨录》。大德壬寅六年，宗文书院，刻《经史证类大观本草》三十一卷、《目录》一卷，见《四库书目提要》《钱日记》《孙记续编》《森志补遗》《丁志》《陆志》。无年号，刻《本草衍义》二十卷，见《陆志》。刻《五代史记》七十五卷，见《张志》《瞿目》《朱目》。大德丁未十一年，梅溪书院，刻《校正千金翼方》三十卷、《目录》一卷，见《森志》《杨谱》《缪续记》。日本仿刻宋本。龙集乙卯当为延祐二年，圆沙书院，刻《大广益会玉篇》三十卷，见《杨录》。延祐丁巳四年，刻《新笺决科古今源流至论前集》十卷、《后集》十卷、《续集》十卷、《别集》十卷，见《瞿目》《缪记》。刻林驹《皇鉴笺要》六十卷，见《朱目》。延祐庚申七年，刻《山堂考索前集》六十六卷、《后集》六十五卷、《续集》五十六卷、《别集》二十五卷，见《瞿目》《朱目》《陆志》《陆续跋》。泰定甲子元年，梅溪书院，刻马括《类编标注文公先生经济文衡前集》二十五卷、《后集》二十五卷、《续集》二十二卷，见《天禄琳琅》六。西湖书院，刻马端临《文献通考》三百四十八卷，见《瞿目》。又苍岩书院，刻《标题句解孔子家语》三卷，见《森志》。泰定乙丑二年，圆沙书院，刻《广韵》五毒，见《森志》《杨谱》。刻《记纂渊海》一百九十五卷，见《浙录》。泰定丙寅三年，庐陵武溪书院，重刻宋淳祐丙壬六年《新编古今事文类聚前集》六十卷、《后集》五十卷、《续集》二十八卷、《别集》三十二卷、《新集》三十六卷、《外集》十五卷、《遗集》十五卷，见《孙记》《丁志》《陆志》《缪记》。泰定丁卯四年，梅溪书院，刻陈栎《书集传纂疏》六卷，见《张志》《森志》《陆志》《陆续跋》。至顺四年，癸酉，是年改元元统元年。龟山书院，刻李心传《道命录》十卷，见《天禄琳琅》六。元统甲戌二年，梅溪书院，刻《韵府群玉》二十卷。后至元丁丑三年，梅溪书院，刻《皇元风雅》三十卷，见《瞿目》。至元又五年，西湖书院，重刻马端临《文献通考》三百四十八卷，见《陆志》《陆续跋》（云至元初余谦刊）《瞿目》。云初刻中泰定元年，置板西湖书院，后有缺失。至正五年江浙儒学提举余谦访得原稿于其子志仁，重为订正补刊，印行于世。（按：此本实后至元五年所刊，非至正五年也。）《瞿目》有误。至正壬午二年，刻《国朝文类》七十卷、《目录》三卷，见《覆目》《朱目》《陆志》《丁志》《杨录》。重修至元四年刊本。至正己丑九年，建宁建安书院，刻赵居信《蜀汉本末》三卷，见《瞿目》。至正庚子二十年，屏山书院，刻陈信良《止斋先生文集》五十二卷，见《瞿目》。刻《方是闲居士小稿》二卷，见《丁志》《陆志》。影元钞本。至正癸卯二十三年，西湖书院，刻岳珂《金陀粹编》二十八卷、《续编》三十卷，见《吴记》《张志》《瞿目》按：本书朱元佑序云书院即岳氏故第《陆志》。至正乙巳二十五年，沙阳豫章书院，刻《豫章罗先生文集》十七卷，见《瞿目》《丁志》。至正丙午二十六年，南山书院，刻《广韵》五卷，见《森志》《陆续跋》《杨谱》。无元号丁未岁，抚州路临汝书院，刻唐杜佑《通典》二百卷，见《陆跋》。按：元有两丁未：一大德丁未；一至正丁未，元亡。此当是大德丁未也。无年号，茶陵桂山书院，刻《孔丛子》七卷，见《天禄琳琅后编》十。梅隐书院，刻《书集传》六卷，见《杨谱》。序后有"梅隐书院鼎新锈梓"木牌记。雪窗书院，刻《尔雅郭注》三卷，见《张志》《朱目》。又有：

太医院本。大德四年，刻《圣济总录》二百卷、《目录》一卷，见《森志补遗》。

官医提举本。至元五年，江西官医提举司，刻《世医得效方》二十卷，见《四库书目提要》。大德丙午十年，湖广官医提举，刻《风科集验名方》二十八卷，见《陆续志》《森志》。至元五年，建宁路官医提领，刻《世医得效方》二十卷、《目录》一卷，见《瞿目》《森志》。明翻宋本。此元官刻书大概也。有名为书院，而实则私刻者：

方回虚谷书院。大德己亥三年，刻《筠溪牧潜集》七类不分卷，见《陆续跋》。

茶陵东山陈仁子古迂书院。大德己亥三年，刻《增补文选六臣注》六十卷，见《丁志》。明翻元本。大德乙巳九年，刻宋沈括《梦溪笔谈》二十六卷，见《丁志》。无年号，刻《文选补遗》四十卷，见《天禄琳琅》十。云目录有"茶陵东山书院刊行"木记。

詹氏建阳书院。大德中，刻《古今源流至论前集》十卷、《后集》十卷、《续集》十卷、《别集》十卷，见《浙录》。

潘屏山圭山书院。至正戊子八年，刻《集千家注分类杜工部集》二十五卷，见《森志》《陆续跋》。云亦题积庆堂。

平江路天心桥南刘氏梅溪书院。无年号，刻《郑所南先生文集》十六篇一卷、《清隽集》一卷、《百二十图诗》一卷、《锦残余笑》一卷，见临桂况周颐《蕙风簃藏书》。传钞本。

郑玉师山书院。无年号，自刻《春秋经传阙疑》四十五年，见《瞿目》。此皆私宅坊估之堂名牌记而托于书院之名。以元时讲学之风大昌，各路各学官私书院林立，故习俗移人，争相模仿。观共刻本流传，固可分别得其主名矣。

（《书林清话》，叶德辉著，李庆西标校，复旦大学出版社，2008年第一版，第81—87页）

程节、程筠家族由族而家的发展

● 黄宽重

一、世系与迁徙

浮梁程氏原是徽州人。方回在《新安太守程公墓碑》文中，略记程氏先世谱说："程氏自黄唐三代迄于汉魏，世有名人，蕃衍硕大，而居于洺水者最盛。故天下之程，皆出于广平。歙之程氏，号黄墩程，自洺水徙。东晋而后，歙程氏又独盛于天下。"

黄墩程氏在唐代有名臣检校御史中丞都使程澐，及检校祭酒岩将公淘兄弟共八房，愈盛硕茂。后因子孙蕃衍，向外移徙，其中程澐的儿子程仲繁，捍御黄巢有功，成兵祁门，戮力却乱。后知唐室危殆，避迁家园于浮梁境内，当是黄墩程氏最早迁移到浮梁的一支。另有一支是程洎的孙子程胜，于五代时由黄墩向饶州迁移，居于浮梁，而祠堂家庙坟墓仍在歙县，二支派之间，似无联系迹象。程胜一系殆居住于浮梁县西三十里兴西乡的金鱼山下，正是程节一系在浮梁的开基祖。

浮梁程氏在南唐并无仕宦记录。程节的高祖移居浮梁的确实时间与动机并不清楚，但已不是新安程氏的富厚大族。因此到浮梁后，开辟家园，戮力创业，为家族建基业，极感艰辛，并无余力应科考，自难谋图在仕宦发展，这大概就是初到浮梁的程氏"隐德不仕"的原因。

移居到浮梁的程氏，虽没有在仕途得意，却奠定了创业的基础。程氏创业的项目，可能是从事渔业产销的工作，《浮梁县志》指出县南的金鱼山"程节之祖，业渔其下"。程节的祖父讳永复，其父名暹。程暹因子贵，死后赠正议大夫，改光禄大夫，暹妻的姓氏不详，笃信佛教，后追赠为蓬莱夫人。上述零散的资料说明程氏移居浮梁后，经营产业的艰辛及成果，经过几代的努力，到程暹时已俨然成为地区性的大户人家，是浮梁程氏始兴之时，约在宋真宗时期。

二、崛起——程节、程筠

程遹虽然没有读书就学的记载,但创业有成之后,积极鼓励二个儿子程节与程筠读书应举。有关程节、程筠两兄弟的资质,资料不多,仅从程节的墓志铭的记载中,知道程节"仁敏警悟,有大志。为儿童,每戏,指麾进止,左右前后,如行军之法",具有军事领导之才。至于幼年求学的情形,只说"未冠能诗赋,四荐春官",实情不详,但隐约透露程节是位允文允武的才干之士。不过从德兴张潜的行状中,却看到程节等人早年受教育的资料。张潜致富之后,收藏万卷图书,建立图书室,并且设置学舍,礼聘名师来授课。接受教育者,除了张氏族人外,也包括乡里有潜力的青年学子,如彭汝砺、熊本、刘正夫、程节等人。这表明程节年轻时是与一些有潜力的饶州子弟,一起在德兴张氏所设的学舍,受教于名师倪天隐的。这些年龄相近的举子一起读书,建立了良好的情谊,使他们未来在仕途发展建立了强固的关系,甚至缔结婚姻。像程氏与熊本及德兴张氏的关系,即奠定于此时。可以说,此一聚集共读的机缘,对程节、程筠两兄弟在仕途崛起及家族的发展具有关键性的影响。

程节是嘉祐六年(1063)进士,年三十一,墓志铭说他四荐春官,当时的省试是两年一次,可见他在二十五岁就曾参与省试。程节的妻子沈氏,及笄(十五岁)就嫁给他,沈氏虽非出身士族,但聪明好学,能画知诗,墓志铭说她"性警悟,事一经目,无不能者。既长,雅好读书。不出闺门,而经史百家之言,已亦略知大意。善字画,知诗,温柔敦厚,颇有古人之风"。她嫁到程家的时候,程节还未中第,"门内无虑千指,竭妆具赒给无惮色",家务都由她料理。由于她"庄重塞渊,动听莫不由礼,事舅姑尊而亲,相君子严而顺,羞祭祀必敬而诚,姻睦内外无间言",更负起教育子女的角色,"教子孙多学问,常贡国学外台;训诸女皆有法,各能通经知诗",甚至还能著书传于家。可见程节在长期科考的岁月中,沈氏和其他士人的妻子一样,在相夫教子及维持门户上,扮演着相当重要的角色。

程节及第后,任临江军司法、蕲州司户,表现均佳,移江陵府潜江令,筑堤有功。熙宁初年,荆广察访使重其才,欲倚他招谕广西诸蛮,乃改任义宁县令,创桑江寨,改著作郎、同知邵州武冈县,劝使首首杨光僭率众请降。以亲年高,乞便养,乃以秘书丞就任江南东路监信州都作院,转太常博士,丁父丧。元丰五年(1082),广西安化蛮叛,杀宜州守王奇、将官费万,岭南震动,宋廷改任工部侍郎熊本为龙图阁待制知桂州。熊本与节为同乡兼旧识,欣赏他的才能，辟为管勾机宜文字。

从此他追随熊本，在广西开展新的事业。元丰七年（1084）五月，因招纳广西浔、融、王江的溪峒蛮，及开辟道路、置驿站有功，迁二官，改为朝散郎。八月，宋廷专委程节招纳措置王江一带，自大溽口以上接连檀溪诸蛮，荆湖路相度公事所孙览建议宋廷筑堡寨以备守御，程节认为建城寨须兵驻守，不如由沿江及中心岭，各治道路渐进，先置堡铺，留兵丁以防抄截粮道，才是久安之计。宋廷接受程节之议。时融州有江接湖南北十州道路，程节为措置诸蛮，通接道路，以轻骑至蛮境，宣示宋廷柔远之意。诸酋首皆顿首纳款，籍土地户口，自桂、融、道、全数百里，墉壑相望。此行展现了他抚治少数民族的长才，宋廷擢为本路转运判官。程节奉旨进筑四堡寨，置佛寺、设学校，鼓舞用夏之风。程节在广西的作为，神宗颇为肯定，向登对论岭右事宜的苗时中说"程节未识其面，盖奇才也。"闻母丧，即分屯军马，解官持服。

元祐二年（1087）八月，除服，改湖北转运判官。当时旧党主政，趋向保守，罢缘边堡寨，加以边臣人谋不臧，不知控扼要害之处，蛮人叛服不常，时时入犯省地，杀害汉人，帅臣促请宋廷弃地，程节条具利害，主张先威后怀。次年八月，渠阳蛮入寇，宋廷讨论应付之法，议论沸腾，但恐程节临以兵威，乃令他戒约兵将，审详贼势，勿与争锋，只需待其归，设奇掩杀。对宋廷的策略，程节认为过于消极，并不遵行，显示程节与宋廷当道者的意见不同。然而，宋廷以弃城安蛮的做法，仍不能安定沿边局势。十二月，荆湖北路罗家蛮仍有劫财烧屋的情形发生，枢密院恐安抚无效，乃令程节等人速具析申奏及措置之因，表明讨捕潜伏诸蛮，并令他在渠阳筑寨协助措置蛮事。从事态的发展，说明程节的策略才是防止蛮乱的要方，因此墓志说："在湖北渠阳，议论方沸，公挺然一守，不惑不回，而同时官吏竟坐罪。"后程节被改命为江西转运判官，又改任江淮等路提点坑冶铸钱、京东路提点刑狱公事等。总之，在元祐旧党当政时期，程节与当道不合，官职屡易，难以发挥他在边政上的长才。

元祐八年（1093）十月，哲宗亲政，力主绍述之说，意在绍复熙丰新政，新党获用。绍圣元年（1094），任程节为户部员外郎，改除广南两路计度转运副使。节以本路地薄民贫，主张不违道干誉，当奉承董劝，察奸匿，以裕岁计。绍圣三年（1096）十月，改朝奉大夫。元符元年（1098）三月，蔡京捕治皇城使张士良，辞牵内侍陈衍，诬指司马光等元祐诸老、大臣，结陈衍谋废立。陈衍先得罪，配朱崖。此时指陈衍罪在不赦，乞正以国法，宋廷诏衍处死，令程节执行其刑。程节随即由朝散大夫加直秘阁权知桂州，兼经略安抚。次年（1099）四月，新党要铲除旧党，察访使董必追究张中役使士兵修建伦江驿，供谪官苏轼居住一事，认为程节对其部属张中所为，朱加觉察，被降授朝奉大夫。程节宽待苏轼，乃因其弟程筠与苏东坡是同年进士且颇有情谊有关，因此对营建伦江驿二事，当是出于善意的安排，不只是"不觉察"而已。这期间，程节经营广西颇有成绩，墓志说："因俗设教，督属郡外严边备，除戎器，阅兵昌，号令肃然。内邵农安富、丰财恤贫，兴学校、礼师儒。"所述虽不免夸大，亦能反映北宋中期西南地区发展及风俗民情变化的面貌。

徽宗即位后，程节迁直龙图阁，再任知桂州，改建桂州城东门，名为湘南楼。崇宁元年（1102），程节的职位是朝请大夫直龙阁权知桂州，充广南西路兵马都钤辖兼经略安抚上护军，当时广西邕、宜等州，地多瘴气，缘边之地羁縻州洞六七十处，险峻隐蔽，官军难以对付蛮兵，非当地土人无法捍御。程节久驻广西，深切了解此一情势，乃于闲暇时，会见当地土著、酋长，知道首黄忱、岑利强忠诚可用，任命他们为归明官。是秋，安化蛮蜂聚龙城下，肆意剽掠，程节发兵击败之。他推测蛮兵再犯，阴遣四方馆使康州防御使黄忱准备。朝命加宝文阁待制，赐金紫。二年春，安化三州一镇的蛮夷、结集了八千多人在卸甲岭、吴村、蒙家寨等处为犯，黄忱等部领兵丁近三千人与贼斗敌，杀敌近六百人，获酋首蒙光有等，贼兵大败，夺到牛羊器械三万余，朝廷降诏奖谕。程节更遣属官至军前招抚，于是蛮人万余皆乞降，复四堡寨旧境，乃亲领将士进次古融，夷人老幼拜服。此役未逾月，驿铺道路无不治，虽三路进筑，而用度不多，诏复加中大夫。程节在广西共十二年，处置军戎，精神耗费甚多，乃请求致仕，宋廷加大中大夫的名号，未拜而终，时崇宁三年（1104），享年七十三岁。

程节以科举入仕，是浮梁程氏家族兴盛的关键人物。程节亦擅诗文，墓志称他"文章平易，尤长表启，诗缘情体物，有古人风格"，有《奏议》十卷，《表启班衣志》三集，惜已不存。后因追随熊本，长期在广西从事征伐与教化的工作，参与军事及边务，反与文事疏远。程节本人"方重严翼"，颇具威望，料事洞见表里，施措纵舍，无不应验，"待僚属能辨贤否，各有礼。为监司、为将帅、为侍从，揆贤准古，莫不有法度"，任官前后四十一年，行己遇物，时刚时柔，多能恰如其分，对北宋开发广西，拓展疆域及兴学教化，巩固赵宋政权的工作，颇具贡献。但因熊本之故，也跟着卷入了新旧党争的政治漩涡中，难以脱身。在仕途上亦呈现与时浮沉的局面。此外，新党党羽的标记，对程氏家族尔后的发展也埋下了阴影。作为家族兴起的代表者，程节的个性与作风，是颇符合家族发展的利益的，墓志说他"天性孝悌，遇亲戚诚爱，与朋友信义，廉于财，赡宗族莫不周，汲引故旧乡里，无不尽力"。不过，程节常年在广西，客居异乡，戮力军戎、边务，至死才回葬故里。

程节的太太沈氏名宜，先世自吴移居饶州，成为鄱阳人。祖父都是平民之身，沈氏自幼父母双亡，由兄嫂抚养长大。她性警悟，墓志铭指出她常在夜间听族中儿童诵读经书，次日即能背诵，长大后雅好读书，能知经史百家的大要。沈氏与程节结婚后，由于程节专心应对科考，她遂负起家族事务及教育子弟的工作。元丰年间，广西统帅熊本召程节任机宜文字，时人以岭南瘴地，多退缩不前，程节在夫人勉励下，携家眷赴任。程节在广西十余年，由奉使到出任帅臣，所至有功，均得力于夫人之助。崇宁元年（1102）七月，沈氏死于桂州官宅，享年六十九岁。有文集十卷传于家。

程筠，字德林，幼年受程节教诲颇多，兄弟感情笃深，其子程祁曾说"予之先通奉，受宝文公教育之恩"，可以为证。筠与苏轼兄弟同登嘉祐二年（1057）进士，熙宁十年（1077）曾知歙州、婺源县，元丰中曾任陈留县令及知真州。知陈留县时，公正无私，曾差外戚执役，戚里之人泣诉于皇太后，太后说"闻其人廉吏，吾可挠其政邪？"程筠以直风闻于世。他反对变法，曾条举新法不便之处，神宗为之改容。因此苏轼在《送程德林赴真州》的诗中称颂道"君为县令元丰中，吏贪功利以病农，君欲言之路无从，移书谏臣以自通，元丰天子为改容……君为赤令有古风，政声直入明光宫。"绍圣元年（1094）闰四月，哲宗亲政后，诏复置提举常平等官，任命筠为开封府界提举常平官，其序位服色视同转运判官，改任户部郎中。元符二年（1099）七月，由权提点江南西路刑狱改知鄂州，元符末年（1100），筠任都官，参与由户部侍郎王吉等人主持的刊修免役法之未尽未便者，更改诸路役法，增元丰旧制凡五百零九项。改知随州。及徽宗继位，蔡京当权，为遂行政治报怨及排除异己之志，置元祐党人碑，以残暴的手段，对待异议士人，诛连广，法网亦密。崇宁三年（1104）二月，臣僚劾奏程筠所参与之修法为：以"私意变乱旧条"、"意在沮毁成法"，批评刊修之官"阿附沮坏，罪状甚明"，乃贬筠为监兖州东岳庙。次年十二月，改为朝奉大夫知随州军事，兼管内劝农事，柱国借紫。及死，赠通奉大夫，著有《葆光集》。

三、转变——程邻、程祁

程节的子、侄辈中，有资料可稽的有程邻、程祁二人。

程节有五男四女。长男程礼英年早逝，生平事迹不详，生一子即程杲，由弟媳陈氏抚养长大。四个女儿中，次女适右班殿直邵州城步寨兵马监押沈炎；三女适瀛州防御推官知永州零陵县事朱君陟，沈、朱二人都未中举，其官职且都与广西、湖南有关，殆为程节所辟任。余二女嫁同里习进士业的史廷、胡经。四女都早死。与史廷结婚的是程洙，她自幼通书传，能作唐体诗，婚后不久廷死，洙抚养遗孤，子又死。洙相继遭丧夫、丧子之痛，心情大坏，抛弃钿珥等东西，并将所写的文稿全数焚毁。程节夫妻令其改嫁，不从。因伤致疾，病笃时仍手书谢夫，行谊为乡人所推崇，其堂弟程祁为她写墓志铭，称她为卓行夫人。

程邻是程节的次子，也是承续发扬浮梁程氏家族声誉的重要人物之一。邻字钦之，生于熙宁三年（1070），以任子恩，补太庙斋郎。幼时读书，弱冠试太学，表现颇优，曾获乡试第一，正待参与礼部考试。大约在绍圣元年（1099），程节由户部员外郎改任广南转运副使时，辟用邻为永州司户参军。邻不以近亲避嫌，莅任后积极任事，知名之士都器重他的才能，认为将来必有作为。徽宗即位，诏程节为直龙图阁知桂州，兼广南西路经略安抚使，再奏辟邻以知延安府司录参军，充广西经略安抚使司管勾书写机宜文字。程邻遂正式追随其父经营广西事务。时徽宗亲政不久，蔡京掌政，亟欲复熙丰鼎新之规，进行积极开边策略。程节奉行宋廷方略，再筑桂州义宁县桑江等寨，控扼诸蛮。邻参与擘划，动中机会。崇宁元年（1102）及三年（1104）相继丁其母及父之丧。服除，恩授文林郎。

不久，广西经略安抚司奏请析安化三州一镇归顺之地，建溪、叙、驯、乐四州，宋廷分融、平二州加上新建四州，另置黔南路。以程邻久历岭南事务，熟悉环境，乃授为宜义郎，提举黔南坑冶。陛对时，徽宗赏识他的奏论见解，留于京师，任大宗正丞，后迁尚书兵部员外郎。等到黔南四州境界划定，宋廷议择宽厚能干又为诸蛮信服的人，俾便宜谕宋廷抚纳的德意，徽宗命邻出使宣谕德音。大观二年（1108），遂以三州一镇户口六万一千上报朝廷，顺利完成使命。除直秘阁知融州，兼黔南路马步军总管，兼经略安抚使。次年，奏请封随从赴安化抚谕的属官刘章及其子程升等人。蛮人寇围观州，邻遣将授以方略，击溃蛮入，守住观州城。及宋廷罢黔南路，所属州县还隶广西，邻还朝，除知永州，改夔州。大观四年（1110），改知桂州，兼广南西路经略安抚使，父子二代均任广西帅臣，人以为荣。朝辞，赐对垂拱殿，徽宗面赐章服，以宠其行，磨勘转宣德郎。时南丹州酋长莫公晟最为强悍，附近诸蛮都畏服他，莫氏谋联合诸蛮内犯，但一向怀程节的恩信，知邻继其父，相互告知说："今经略，宝文公子，不可犯也。"各派其子弟叩边吏，表明有意效顺，莫公晟等更相继率众纳款。邻乃奏请朝廷筑高峰寨，驻重兵，以雄据南丹州酋的咽喉，使南丹州不敢逾寨以窥伺省地。因功转奉议郎。安化蛮以其地距桂州险远，在岭南最为桀骜不驯，程邻以地远难以遥制，于是亲率兵，出其不意而围之。乐州之役，宋官军兵力单弱不振，邻命多张旗帜以疑敌，蛮贼望风起疑。邻整队而行，鼓噪前进，斩首数百，夺得万余器械，班师而回。部使者忌其功，加上有宿怨，乃劾邻六月出师非所宜，被责为监隆德府酒税。宋廷知非其罪，未赴任，复其职。政和二年（1112），差知夔州，移知荆南府。荆南府与夔州，地势险峻，接连广南，诸蛮参错于汉民之间，若威信不立，则蜂屯蚁聚，其势难料。邻久临边境，熟悉蛮情，善于循抚，使夷夏和好相处，所至安贴。

自从程节帅桂以来，由于治理得宜，邕州右江广大地区的诸蛮多心向宋朝，却未能上报朝廷。政和三年（1113），酋首武经大夫权知宾州黄远，率诸蛮归顺。宋廷乃于是年闰四月十三日令邻为集贤殿修撰，知桂州，行经略安抚司事。邻莅任后，平海南黎人及陵家寨蛮之寇乱，以及颁新乐予交趾，以功转承议郎，旋转朝奉郎。奉旨抚纳右江地区，尝言"彼以诚来，当以诚应"，命广州观察使黄璘共同办理，由忠州团练使李坦领军招抚。坦性情宽厚，素为诸部所信服，因此归附者众。从政和四年（1114）冬至次年（1115）春，"凡所录州、县、镇、洞、村、团、隘，共一千三百七处，丁口五十七万四千一百余人，鼎收赋金谷、毡马等物，每岁各以一千六百有奇为定式""以为隆、兑二州，安江、金斗、凤怜、思王、朝天五寨。井邑、居舍、城隍、楼橹，不淹时，悉完具"。特勒石"大宋建筑隆兑州记"，并上表于朝廷。但宋廷的奖赏独不及程邻，此时他年已四十六，官职为朝奉郎集贤殿修撰权知桂州军州管勾学事兼管内劝农事，充广南西路兵马都钤辖，兼本路安抚管勾经略司公事，借紫金鱼袋。

由于长年在岭南，从事抚谕工作，深入蛮区，程邻感染瘴气致疾，乃上章乞宫祠，以便返乡疗治。八月，宋廷改命他为提举洞霄宫。回到浮梁后，选择城中近湖的形胜之地，创建高阁，作为疗养之处，平日则穿戴逍遥幅巾，一如平常百姓。

不久，湖北沅州蛮叛，杀守臣张建侯。宋廷以程邻长于兵戎，匆忙间急召他再领荆南，以经制其事。邻在病间，肩舆上道，说"今贼犯边杀守，岂我自便时邪"。在他领导下，敉平蛮乱。政和七年（1117），宋廷改命他为右文殿修撰知广州，兼广南东路经略安抚使。二月，邻以带病之身奉命知广州，途经江西吉安，与知吉州的堂兄程祁相聚，逗留十日，二人相与乐燕笑歌。

祁表面上虽"强为壮语，以亢其志"，其实知道邻病已深，只能"泪下浪浪，辄不自禁"。此时宋廷为倚重程邻的声望，镇守岭南，相继奖励他昔日守广西之功：如以隆、兑建州功，转两官，改朝请郎。叙海南功，加朝奉大夫，磨勘转朝散，朝请大夫。在广州逾年，程邻以疾再请宫观，未报。适海盗刘花三剽掠广东沿海，来往船舶、商旅深以苦，邻虽为病所困，仍抱持"留贼以遗后人，非我志也"的心情，奏请候败贼再解职。再除提举洞霄宫，归乡途中病情转重，病逝于曲江。宋廷下令邻起知潭州，命至邻已逝，享年五十岁。时为宣和二年（1120）。

程邻面方美髯，身短而神隽，方重严整，待人以诚，善于循抚。他在岭南前后三十年，不论是追随其父或自身任事广南，均能赢得诸蛮的信服。因此，虽穷徼深峒，无不熟知其为人，是宋廷在广南开疆辟土，招抚蛮夷的能臣。交趾之人对他尤为钦服，曾在入贡的宴会中，向程节说："远人被公子机宜之恩，愿以槟榔一屑为寿"，显见待邻之厚重。邻事亲孝，程节曾患病渴，庸医不能治，邻忧形于色，夜里梦神人告诉他《外台秘要》中有地黄散的药方可用，邻亟取其书，依方取药，节病立愈。邻虽以武功显，然本人博学多能，善字画，通音律，称得上是位允文允武的人才。此外，邻不近权势，大观年间，他在开封任官，当时其妻陈氏有长乐族人任显官，派人找寻陈氏之所在，邻不欲倚权势以显荣，不肯与陈氏族人相见，此一行谊程祁曾为加以记录。

程邻先后二娶。前妻陈氏，是福建长乐人，为五代闽主陈洪进的后裔，父宗奭早死，其母吴氏改嫁鄱阳沈锌，锌之妹为程节妻，因此陈氏与程家有姻亲关系。邻由母亲沈氏做主，娶陈氏为妻。当时程氏已为浮梁大族，族人数百口，陈氏应付裕如，并抚养其伯程礼的遗孤，视如己出。程节调任广南转运副使，为增加邻的历练，奏辟他为永州司户参军。邻以远离家庭难尽孝养，颇感犹豫，陈氏勉励邻赴事功，说"时不可失，亲意不可违，若甘旨之奉，当留妇与孙，宜无不可者"，邻乃独自到永州赴任。元符元年（1098），程节任知桂州兼广南西路经略安抚使，再辟邻为书写机宜文字。不料陈氏突得病，死。这年程邻才二十九岁，陈氏的年岁当少于二十九岁，后追赠为孺人、宜人。有二子：长子程昇、次子程昪，一女嫁乡人张煮。由于程邻年轻丧妻，不久又结婚，继娶的妻子是提拔程节的前广西帅臣熊本的三女。

程祁是程筠的儿子，程邻的堂兄，字彦忠，元丰五年（1082）进士。苏轼称祁"文学行义，为时所称"，他历官国子监博士、礼部员外郎、翰林承旨、都官员外郎，政和四年（1114）至政和七年（1117），知吉州。宣和二年

(1120)为朝散大夫,提举杭州洞霄宫,生卒年不详,最主要的著作有《程氏世谱》三十卷。这部世谱对程氏家族的谱系有条理掌握,为此后徽州程氏各支派纂修族谱的参考。《世谱》是程筠在婺源获得程氏谱书后,嘱祁编撰的,祁经多方搜集与编修,至绍圣二年(1095)才完成,从熙宁十年(1077)至此先后历时二十年,江南程氏多宗之。《宋史》不立传,乾隆《浮梁县志》卷八、光绪《江西通志》卷九有传记。祁的事迹所知不多,但由苏轼的赞词知他长于文学,曾为程邻及其夫人陈氏撰写墓志铭,文字明畅。他自称"性拙疏,官久不进",长年在开封任职,与邻之久任广西地方,相距颇远,两人聚少离多,但兄弟之情谊深厚,相见时常歌曲或引酒赋诗相唱和。

程邻、程祁二人为浮梁程氏发展的分界点。二人分别以武功及文事成名。程邻自幼即致力科考,希望由科举入仕,后来因其父的辟荐,在经过一番挣扎后,放弃追求功名,转而追随其父亲经营广西。程邻在广西能有好的表现,除了他个人的卓越能力之外,也与广西特殊的环境有关。

广西在宋代尚为邻近蛮夷的烟瘴边陲地区,许多士人臣僚不愿前往任职,宋廷为了因应此一特殊环境,有许多变通的制度,如荫补子弟为官……在广西这样的边陲地区,程邻既然有卓越的表现,就能和他的父亲一样出任高官,这是程氏成功的因素之一。

对家族而言,程邻和程祁在仕途上各自发展,很难凝聚家族的力量。程邻追随其父程节,经营广西,而程祁经由科举入仕,亦承续程筠之后,致力文事,获苏轼的重视,任中央与地方中级职官。二家文武分途,任事的地区不同,彼此均长期在外,聚少离多,族人的联系不易。因此,浮梁虽是程氏的籍贯,但在外地寄籍既久,呈现每房各自发展的现象,族人或堂兄弟相聚只能相与唱和,引酒赋诗或希冀借着修族谱来从事家族整体发展的活动,以达成敬宗收族的目的。可惜,这样一个亲密的血缘关系,因仕宦在外,聚少离多的外在因素所影响,而冲淡"族"的概念,各自朝"家"的方向发展。加上程邻的英年早逝,程家人丁趋于单薄,人口减少,以及此后再无由科举入仕等情况,都为浮梁程氏家族的发展带来负面的影响。可以说当程邻、程祁这二人各自在发扬家族声望的同时,也埋下程氏家族分殊的种子。

四、没落——程杲、程昇等

程邻的子侄辈中,名讳及事迹可稽的只有程礼的儿子程杲,程邻的两个儿子程昇与程昺以及女儿一人。

程杲自幼丧父,受到邻妻陈氏无微不至的照顾。长大后并无中举的记录,可能也是以荫入仕的。杲先任知真定府司录参军，崇宁四年（1105）任从事郎，充广西经略安抚司书写机宜文字。政和五年（1115）八月，邻建隆、兑二州碑记时，程杲是"文林郎充广南西路经略安抚使司管勾书写机宜文字"，负责石碑的篆额工作。程杲可能是程邻的奏辟下，追随程邻，长期担任广西帅臣的幕僚，此后程杲的事迹不详。程昇是程邻的长子，以荫入仕，崇宁四年时太庙斋郎。大观三年（1109）八月，程邻请求宋廷奖赏抚谕安化三州一镇蛮夷顺归的有功者时，请求将程昇等人"改合入官"，后为奉议郎，管勾德州福堂观。次子程昪，崇宁四年（1105）为郊社斋郎。政和年间，任广西书写机宜文字。政和五年（1115），隆、兑二州纳入宋版图，程邻令界奉隆、兑图籍人奏，中途因病卒于荆门，年龄当不超出二十五岁，诏赠宣教郎，官其一子。一女嫁德兴张焘。焘字子公，是张潜的曾孙，生于元祐八年（1093），自幼聪颖嗜书，虽以荫入仕，务学益勤，入太学，以上舍免省试，登政和八年（1118）进士第三名。宣和初年，授文林郎，迁太学博士，是南宋初期的名臣。孙程源为将仕郎。

程邻的子孙辈，全由荫补任官，他们多半在程邻担任广西经略安抚使期间，任机宜书写文字等随从机要的工作。任官的地区主要在广西，又都是辅佐、幕僚等较低级的职务，加上程邻的罹病与早逝，限制了家庭成员在仕途上的发展。新缔结的姻亲德兴张氏，虽为地方望族，女婿张焘后来在仕途上也平步青云，位至副相。但在北宋末年仍只是太学博士，官位并不显赫，仍待开拓自己前途，对程家能帮的忙实在有限。程氏家族到南宋以后，没有任何可稽的人物、事迹，浮梁程氏家族不仅因各房独自发展而势衰，到第三代更因主客观因素，随着北宋政权的覆亡而没落了。

（《宋代的家族与社会》，黄宽重著，国家图书馆出版社，2009年第一版，有删节）

俞希鲁家世考

● 高启新

近日，与张如元先生在改就一篇文章时，先生提到一本书——元代俞希鲁《至顺镇江志》，按图索骥，收获真不少。二十一卷本的《至顺镇江志》，留下了元代地方政府组织、城市经济、赋税制度、宗教活动的第一手资料，一直以来被研究元史的学者推崇为元代编得最好的一部地方志。这也使我回想起元代另一位名扬海内外的周达观，他因出使真腊而存留下出游记史孤本《真腊风土记》，无意间替真腊国都吴哥书写了一回志书，成为全世界洞悉神秘真腊王国的唯一文字大全。今天看来，温州的先人们，除了做生意是好手外，写书的嗅觉也是相当敏锐的。

说到做生意，在俞希鲁《至顺镇江志》中就记录过温州，这位温州人的后裔不是直白地写，出于世俗的观点，权威性的志书里往往是难能见到商人踪影的。从他的春秋笔法，今天我们读此志书还是能察觉其中不少慈善活动与温州的商人有关。比如说某温州人在哪条巷里建了什么书院，修建了某河上的桥，寺塔院舍的重修为永嘉人某某舍资等。其中，他点到镇江城内"八大寺"之一弥陀寺时，就说是元至元十六年（1279），永嘉（温州）人张氏舍宅建寺，供奉阿弥陀佛。这种记录既是肯定了捐献是光彩慈善事业，也让人得知温州商人已懂得通过群体有意识的公益之举回报社会，扩大在寓居地的认同，以求在社会、经济、文化、教育领域产生的影响。

当时，到底有多少温州人生活在商业重镇镇江、常熟、苏州等地呢？虽说无法统计，但从《至顺镇江志》的一个侧面可以推断出，宋元时期温州人寓居人数绝非少数。他们来到商业重镇镇江、常熟、苏州等地的途径大致两条：外放做官及传教后寓居，还有就是经商。元代是外族统治，废除了隋唐以来开科取士制度，采用举荐，断了大量士子们做官之路。南宋灭国遗臣们又不愿仕元，富庶的长三角便成为客居的首选之地。另外元代提倡发展商业，经商不失为一条好路。此时，造船业发达的温州参与全国大规模粮食海运的物流活动。一些常年往返南北行旅的温州人以敏感的嗅觉嗅出长三角潜在的商机。于是以一种大无畏的精神跨越万水千山来到商业重镇镇江、常熟、苏州等地做生意，通过灵活的头脑，不断做大市场，不少人淘得第一桶金。便留下来定居。比如，目前在考古上，温州漆器出土最多的就是苏南的镇江、苏州、常熟一带，质优物美，超出了后人的想象，1128 年逃难到镇江的宋高宗看到温州漆器都大呼太奢侈了。

话说《至顺镇江志》的作者俞希鲁，他的父亲是南宋度宗年间从温州平阳考中进士的著名学者俞德邻，后随父亲游历而留在镇江的。南宋灭亡后，俞德邻无意官场，寓居在镇江著书，死后大学者宋濂还专门为他写《俞先生墓碑》。俞希鲁本人的经历大致是这样，先是在处州独峰书院、饶州长芗书院当山长，后来在宁波、江山、永康等地当过几任教授、县令，至正十六年（1356）在松江府路当同知。之后，他退出官场，一心一意办学校教学生，口碑相当好，活了九十岁。这里还补充一个插曲是，抢救《至顺镇江志》要感谢两个人：一位是清代经学大师阮元，他独具慧眼将仅存于《永乐大典》中的志书抄出；一位是温州人的女婿冒广生，他在镇江任监督时，自筹 600 块钱翻刻，才有了《至顺镇江志》大行于世的可能。

以丰富的文物知识，严谨的考证，书写历史背后的真实。以散文的笔调，合理的逻辑，书写遗忘在温州历史角落里的人和事，这便是余希鲁《至顺镇江志》的文学价值。

（《东瓯博物志》）

洪焱祖咏浮梁诗五首注析

● 韩晓光

洪焱祖（1262—1329），字潜夫，元代安徽歙县人，学问博洽，著述甚丰。曾任平江路儒学录，绍兴路儒学正，衢州路儒举教授，后擢遂昌县主簿，以休宁县尹致仕。焱祖自号杏亭，著有《杏庭摘稿》一卷，危素、宋濂为之序；还著有《尔雅翼·音释》；又尝继《新安志》作《续新安志》十卷，并传于世。

洪焱祖于公元1288年前后任浮梁长芗书院山长。在此期间曾作《长芗岁暮二首》与《浮梁秋晓书事三首》，共五首诗作。诗篇中描写了浮梁风物，抒发羁旅情怀，表达了平生志趣。为帮助读者更好地理解这些诗歌的内涵，本文对诗中的一些典故及较为生僻的字词做了疏解，并在此基础上对作者于诗歌字里行间所流露的情怀也做了初步的探析。

长芗①岁暮二首

其一

阴阴四山合，杳杳②一川平。
暮色杂歌哭③，年光催死生。
灶陉④芬糗饵⑤，家庙洁粢盛⑥。
骨肉望归切，何由风翮⑦轻。

【注释】

①长芗：长芗书院，位于江西浮梁（今景德镇市）。宋庆元二年（1197）镇监李齐愈创建。元贞二年（1296）山长凌子秀，直学朱继曾请于江东宣慰使嵇厚重新修葺之。延祐年间（1314—1320），浦江吴莱任山长。泰定二年（1325），进士方回请于总管段延珪，与训导臧履、直学闵济再度重修。明洪武初举朱伯高为山长、张京伯为直学。洪武四年（1371）朱受荐为府学教授，后书院遂废。②杳杳：形容境界幽远。《楚辞·九章·哀郢》："尧舜之抗行兮，瞭杳杳而薄天。"洪兴祖补注："杳杳，远貌。"[唐]柳宗元《早梅》诗："欲为万里

赠，杳杳山水隔。"③歌哭：既歌又哭。常用以表示强烈的感情。《周礼·春官·女巫》："凡邦之大灾，歌哭而请。"郑玄注："有歌者，有哭者，冀以悲哀感神灵也。"［晋］张华《博物志》卷八："雍门人至今善歌哭，效娥之遗声也。"［清］谭嗣同《除夕感怀》诗："无端歌哭因长夜，婪尾阴阳胜此时。"④灶陉：灶边突出部分。《礼记·月令》"〔孟夏之月〕其祀灶"［汉］郑玄注："祀灶之礼，先席於门之奥东面，设主於灶陉。"［汉］蔡邕《独断》卷上："祀灶之礼，在庙门外之东，先席於门奥，面东设主於灶陉也。"［清］黄景仁《冬日书闷》诗："商量纸价添窗槅，料理薪材暖灶陉。"⑤糗饵：将米麦炒熟，捣粉制成的食品。《周礼·天官·笾人》："羞笾之实，糗饵、粉糍。"郑玄注："此二物（糗饵、粉糍），皆粉稻米、黍米所为也，合蒸曰饵，饼之曰糍。"⑥粢盛：粢盛:古代盛在祭器内以供祭祀的谷物。《公羊传·桓公十四年》："御廪者何？粢盛委之所藏也。"何休注："黍稷曰粢，在器曰盛。"《汉书·文帝纪》："亲率耕，以给宗庙粢盛。"［宋］吴自牧《梦粱录·明堂差五使执事官》："而其总务官，职任甚繁……如擦祭器，涤濯无垢，以奉粢盛。"［明］徐霖《绣襦记·谋脱金蝉》："神仙斋供，间腥荤粢盛洁丰。"⑦翮：本义为鸟羽毛中间的硬管，亦泛指鸟的翅膀，如振翮高飞。

【简析】

这首诗写于诗人任浮梁长芗书院山长期间，时值岁暮，而诗人却有家难归。眼前四面的山峰、川原渐渐显得阴沉而渺茫。暮色中不知何处传来歌哭之声。一天过去了，一年又过去了，眼看一生也行将过去。遥想家乡，此刻的灶旁糗饵正散发着芳香；家庙里正准备着祭祀的物品。骨肉亲人一定在殷切地盼望自己归去，可是自己又如何能像鸟儿一样在风中轻展羽翼飞向故乡呢？诗句情景交融，虚实相生，心中那缕缕难言的怅惘之情溢于言表，感人至深。

其二
落日窗未掩，忘言①几独凭。
乡心生远峤②，节意入孤灯。
吾道虎为鼠③，何时鲲化鹏④。
岁年浑不吝⑤，叠叠⑥向人增。

【注释】

①忘言：谓心中领会其意，不须用言语来说明。语本《庄子·外物》："言者所以在意，得意而忘言。"［三国·魏］曹植《苦思行》："中有耆年一隐士，须发皆皓然，策杖从我游，教我要忘言。"［宋］陈师道《次韵德麟植桧》："萧萧

孤竹君，忘言理相契。"[明]陈汝元《金莲记·就逮》："莫笑忘言真有道，自惭搜句百无功。"②远峤：远山。[宋]寇准《秋日原上》："萧萧古原上，景物感离肠。远峤收残雨，寒林带夕阳。溪声迷竹韵，野色混秋光。吟罢还西望，平沙起雁行。"③虎为鼠：虎与鼠是用来比喻官场上得意与失意两种情状。[宋]刘克庄《即事六言》："宦情为虎为鼠，世态如云如轮。武夫驾盲宰相，醉尉呵飞将军。"④鲲化鹏：鲲鹏是汉族传说中的大鸟名。语本《庄子·逍遥游》"北冥有鱼，其名为鲲，鲲之大，不知其几千里也。化而为鸟，其名为鹏。鹏之背，不知其几千里也。"⑤浑：全、都。不吝：不吝惜。《尚书·商书·仲虺之诰》："用人惟己，改过不吝。"孔颖达疏："改悔过失，无所吝惜。"[宋]陈善《扪虱新话·趋炎附势自古而然》："唐令狐绹当国日，以姓氏少，族人有投名者不吝，由是远近皆趋至，有姓狐冒令者。"⑥亹亹：（音 wěi wěi），形容不断行进的样子。《楚辞·九辩》："时亹亹而过中兮，蹇淹留而无成。"王逸注："亹亹，进貌。"《文选·陆机<赴洛>诗》："亹亹孤兽骋，嘤嘤思鸟吟。"李善注："亹亹，走貌也。"

【简析】

　　这首诗紧承着前一首的意脉：夕阳已经落山了，诗人并没有掩上窗户，仍然默默无言地守望着窗外的暮景。远处的山影引发他无限的乡愁；闪烁的孤灯慰藉他节日的意绪。诗人虽宦途坎坷，身处下僚，无路请缨，时不我待，但他心中坚信自己只要志存高远，不懈努力，终将会有鲲鹏展翅，直上青云的一天。诗句寓情于景，语义含蓄，用典贴切，意味深长。

浮梁秋晓书事三首

其一

竟日风兼雨，荒山坐复眠。
收心葬书窟①，飞梦入诗天。
甯戚②歌牛下，昌黎③拜马前。
卿当用卿法④，我懒觉犹贤⑤。

【注释】

　　①书窟：五代人孟景翌，一生勤奋读书，广泛涉猎，出门时也要随身携带几本书，时时研读，手不释卷。他的住处书籍卷轴堆积如山，时人谓之"书窟"。这里比喻自己一心向学，勤奋读书。②甯戚：典出《艺文类聚》卷九十四引《琴操》："宁戚饭牛车下，叩角而商歌曰：南山矸……生不逢尧与舜禅，短布单衣裁至骭，长夜漫漫何时旦，齐桓公闻之，举以为相。"常用来表

示怀才不遇，生活困苦；或表示自荐求官。[唐]韦庄《云散》诗："刘伶避世唯沉醉，宁戚伤时亦浩歌。"[唐]李中《投所知》诗："题桥未展相如志，扣角谁怜宁戚歌。"[金]元好问《除夜》诗："折腰真有陶潜兴，扣角空传宁戚歌。"③昌黎：唐代文学家韩愈（768—824），字退之，河南河阳（今河南省孟州市）人，自称"郡望昌黎"，世称"韩昌黎""昌黎先生"。韩愈是唐代古文运动的倡导者，被后人尊为"唐宋八大家"之首，与柳宗元并称"韩柳"，谥号文，故称"韩文公"。韩愈曾著有《马说》，文中发出"世有伯乐，然后有千里马。千里马常有，而伯乐不常有"的慨叹。④卿当用卿法：典出《世说新语·方正第五》："王太尉不与庾子嵩交，庾卿之不置。王曰：'君不得为尔。'庾曰：'卿自君我，我自卿卿；我自用我法，卿自用卿法。'"意思是"你自然用你的方法行事"。⑤懒觉犹贤：典出《论语·阳货》。孔子经常教育他的学生向颜回学习，他说，如果一个人"饱食终日，无所用心，焉矣哉！不有博弈者乎？为之犹贤乎已。"

【简析】

　　竟日风雨交加，诗人幽居空旷的荒山里，终日坐而复眠。在这寂寥的山中，正好一心向学，博览群书，吟咏诗篇。可叹的是怀才不遇，伯乐难逢，书生老去，有志难伸。然而每个人都有其不同的处世方式，还是我行我素吧。诗人处于孤寂之境，不遇之时，既自我勉励，又自我宽解。他期待也坚信自己一定会有实现理想抱负的一天。诗句即景生情，巧用典故，语言摇曳多姿，意蕴含蓄丰富，堪称抒志咏怀的佳作。

其二

　　舜陶①开利孔②，山骨竟为齑③。
　　野碓多春土，溪船半载泥。
　　风烟秋更惨，瓦砾路全迷。
　　随牒④何来此，无阶⑤老稚圭⑥。

【注释】

　　①舜陶：相传制陶始于舜。《孟子·离娄篇》："舜生于诸冯，迁于负夏，卒于鸣条，东夷之人也。"《墨子·尚贤下》："舜耕于历山，陶于河滨，渔于雷泽，灰于常阳，尧得之服泽之阳，立为天子。"《史记·五帝本纪》又载："舜耕于历山，历山之人皆让畔；渔雷泽，雷泽之人皆让居；陶河滨，河滨器皆不苦窳。一年而所成聚，二年成邑，三年成都"。"陶于河滨"应该是说舜制陶于黄河之滨。舜生活的龙山文化时代正是制陶技术的鼎盛时期。②利孔：经济利益的来源。典出《管子·国蓄》："利出於一孔者，其国无敌；出二孔者，其兵不

诎；出三孔者，不可以举兵；出四孔者，其国必亡。"[汉]桓宽《盐铁论·本议》："故平准、均输所以平万物而便百姓，非开利孔为民罪梯者也。"[宋]王安石《兼并》诗："利孔至百出，小人私阖开。"梁启超《为国会期限问题敬告国人》一："夫彼辈本以官职为传舍，以国家为利孔。"③齑：(音jī，同斋)细粉，粉末，碎屑。[清]徐珂《清稗类钞·战事类》："吾村不斋粉乎！"④随牒：据以授官的委任状。《汉书·匡衡传》："平原文学匡衡材智有余，经学绝伦，但以无阶朝廷，故随牒在远方。"颜师古注："随牒，谓随选补之恒牒，不被超擢者。"[宋]陆游《夜读<岑嘉州诗集>》诗："晚途有奇事，随牒得补处。"[清]钱谦益《河南按察司按察使卢维屏授通议大夫制》："尔自筮仕以还，皆用随牒平进，可谓不汲汲矣。"⑤无阶：谓没有门径。[三国·魏]曹植《离思赋》："虑征期之方至，伤无阶以告辞。"[宋]岳珂《程史·淳熙内禅颂》："堕在山林，无阶上彻。"⑥稚圭：典出汉代刘歆著，东晋葛洪辑抄的《西京杂记》："匡衡字稚圭，勤学而无烛。邻舍有烛而不逮，衡乃穿壁引其光，虞书映光而读之。邑人大娃文不识，家富多书，衡乃与其佣作，而不求偿，主人怪，问衡，衡曰：'愿得主人书遍读之。'主人感叹，资给以书，遂成大学。"这里意思是说自己虽有才学却没有做官的门径，只能空老山林。

【简析】

浮梁自古"水土宜陶"。宋代以来，高峰迭起，蔚为大观。诗句"山骨竟为齑""野碓多春土，溪船半载泥"，极为生动地展现了元代浮梁制瓷业的繁荣情景：瓷土源源不断地从山上挖取，在连片的野碓中春碎，然后用溪船运到作坊里去制作……这简直就是一幅优美的瓷乡风情画卷。在结尾处诗人又情不自禁地感叹自己年华空逝，虽壮心不已，但由于没有门路，而只能在此候补待缺。满心的抑郁不平之气无处发抒，令人扼腕叹息。

其三

众山围我独，极目但①风烟。
政自门无辙②，何须坐有毡③。
谪龙才七日④，鸣鸟待三年⑤。
岂不心如铁，居然发早宣。

【注释】

①但：仅、只。[唐]张若虚《春江花月夜》："不知江月待何人，但见长江送流水。"②门无辙：意为自家门庭冷落，无人来访。[宋]韩元吉《雨后睡起有怀》："官闲自爱门无辙，计拙犹惭食有鱼。莫遣功名心易老，只应湖海气难除。"③坐有毡：典出《晋书·吴隐之传》，记载吴隐之为官清廉，以竹篷为屏

风,坐无毡席,清苦同于贫士。300年后,盛唐大诗人杜甫又将"坐客无毡"之词冠于亦师亦友的郑虔。《新唐书·文艺·郑虔传》:"(郑虔)在官贫约甚,澹如也。杜甫尝赠以诗曰:'才名四十年,坐客寒无毡'云。"后人遂以"寒无毡"一指居官清寒;二指清苦的读书人。如[清]钱谦益《蒋允仪父弘宪原任户部贵州清吏司署员外郎事主事加赠奉直大夫制》:"澹泊自将,不改寒毡之雅志。"④谪龙才七日:典出[唐]柳宗元《谪龙说》:"扶风马孺子言:年十五六时,在泽州,与群儿戏郊亭上。顷然,有奇女坠地,有光晔然,被緅裘,白纹之理,首步摇之冠。贵游少年骇且悦之,稍狎焉。奇女颦尔怒焉曰:'不可。吾故居钧天帝宫,下上星辰,呼嘘阴阳,薄蓬莱、羞昆仑而不既者。帝以吾心侈大,怒而谪来,七日当复。今吾虽辱尘土中,非若俪也。吾复且害若。'众恐而退。遂入居佛寺讲室焉。及期,进取杯水饮之,嘘成云气,五色翛翛也。因取裘反之,化成白龙,徊翔登天,莫知其所终,亦怪甚矣!呜呼!非其类而狎其谪,不可哉!孺子不妄人也,故记其说。"这里意为自己当下虽处于贫寒之境,然而心中自有高远的志向。⑤鸣鸟待三年:鸣鸟指凤凰。《书·君奭》:"耇造德不降,我则鸣鸟不闻。"孙星衍注引马融曰:"鸣鸟,谓凤皇也。"《韩非子·喻老》:"三年不飞,飞将冲天;三年不鸣,鸣将惊人!"

【简析】

诗人身处底层,怀才不遇,有志难伸的勃郁不平之气长时期纠结于胸中,此刻得到尽情地发泄。在最后这首诗中抒发得更为强烈。首联从写景入手,渲染独居山中,风烟寂寥的凄清环境,颔联暗用典故,描写自己冷清而又贫寒的生活状况。颈联再用典故,以"谪龙""鸣鸟"自喻,表达自己不甘沉沦,终将奋起的志向。尾联更表明自己虽早生华发,但仍壮心如铁。坚信自己必将"一鸣惊人""一飞冲天"。那种积极向上,自强不息的精神催人奋进,读罢在心中引起强烈的共鸣。

西峰禅师有关文献辑录

● 洪东亮 整理

西峰神慧禅师 在景德镇禅师岭南五里，碑载唐光化中西峰神慧禅师自五台山至此。

（南宋王象之《舆地纪胜》卷二十三·江南东路·饶州·中华书局，1992年版，2003年第二次印刷，第1055页）

广福宝林禅院，在仙柱上乡 唐末有僧清素，自言从五台来，眉目端秀，发覆额，俶傥多异。时，县人郑传保据，号司徒。师造其垒，求安禅之地。传为言：自紫溪入西峰，有地数亩，无人迹，古木清秀，涧中有洞穴，神龙居之其旁，可以安禅。师曰："吾今夕当飞锡往观之。"传馆之于楼，肩镴严甚，比夜半失之，及明寝自若也。谓传曰："吾已用锡表其处，坤山而壬首，自此以往者，涉溪三十六度，岭二十四。"传使人视之，垒上新有行迹，他皆如其言，大敬异之，为筑室百余间，白刺史陶雅，请于杨氏，号上元宝林院，开坛度僧。时光化二年也。传尝以久旱，结采为楼，从师求雨。师表竹于楼之四隅，曰："雨于竹外。"已而果然。扬州旱，令属郡遍祷群祀。雅梦伟人自称汪王，为雅言，师乃水晶宫菩萨也，有五龙，可往求之。乃请师，师曰："吾已遣施雨扬州三昼夜矣。"杨氏封禅大德，住山十七年，聚僧数百人。一旦，尽散其众而逝，其骨身在今塔下。始，师尝作歌偈，有"文殊遣我来"之语。元丰三年，赐号慧应大师。饶州亦奏请赐神慧禅师。绍兴十三年八月，加神慧永济禅师。先是，杨氏遗师紫衣，不受，求锦袄着之。每往还池阳，有冯姥者，见常迎劳为设酒，乃脱袄为赠，使遇祷雨。阳出而浴之，并锡杖、铁笛、戒牒，皆见存。而院以熙宁二年改寿圣宝林。隆兴间，凡寿圣例改广福云。

（罗愿《新安志》）

清素 从山西五台山来黄山云门峰外曹溪结茅。宋绍兴年间（1131—1162）敕建普祐院时，高宗赐号神慧永济禅师。

（《黄山佛教历史沿革及主要寺庵和名僧》）

西峰寺位于闪里镇港上村，处于崇山峻岭之中 相传唐昭宗光化三年（900）五台僧人清素飞锡杖卓立其巅，邑人郑传为此建卓锡亭、西峰塔及寺院，并建有屋宇百余楹。

"五百年前西峰寺，五百年后九华山"。这句民间谚语，今虽无从考证，但从《江南通志》中仍能得知：西峰寺在祁西百二十里，上有铜鼎、铁笛、锡杖，唐五台僧所遗。宋时，西峰寺曾四次加封赐号，其额"上元宝林禅院"，为吴王杨行密所赐。

西峰寺的石拱桥负有盛名，现还存有五座，过首座石桥顺坡而上，右侧的山道旁三块硕大的青石碑刻记录了西峰寺的历史盛况和清素塔的建造过程，其字端庄严谨，劲健疏放。林间的残垣断壁让人仍然能感觉出当年晨钟暮鼓的景观，进入宝月形的山门，禅院、经室、僧房、摩崖石刻等遗迹历历在目，尤为难得的是嵌入院墙的碑林迄今仍保留完好。其中的内容可谓弥足珍贵，是一部完整的地方佛教经传史。从后院沿百步梯盘旋而上，便是卓锡亭之所在，"卓锡"二字刻石仍保留其间。宋人顾士龙有咏西峰山诗云："三十六溪清浅水，二十四重高下山，卓锡自无风雨厄，不然俗驾便须还。"

西峰寺隔壁的山坞里，近年发现有一块摩崖石刻，大约六平方米，有石刻两块，分别在右上方和左下方，每块石刻四十个字左右，主要是赞美西峰寺的，并落有印章，时间为明朝。摩崖石刻的发现，为研究祁门佛教文化提供了不可多得的史料。

（《祁门风物》）

祁门西峰寺考察纪行 查考到禅师山开山祖师西峰禅师两度受封的圣迹后，我陪同南山禅寺住持圣缘法师，冒雨前往祁门县西峰寺朝圣。

西峰寺处皖南仙寓山脉东南麓，毗邻东至、石台，莽莽苍苍，深邃高远。

从景德镇南云寺出发，沿206国道驱车80公里，至祁门闪里镇铜锣湾。在祁门根石艺美术学会会长张疆模、西峰寺村黄红星、黄国新的陪同下，行车13公里，经合城至桥头村，进入山区。

崎岖山道，辟于绝壁危岩之上，仅能容一辆小车勉强通行。盘旋6公里，过上港水库，至双河口村。危岩绝壑，有惊无险，如有神助。双河口村处两溪交汇处，二十世纪九十年代建桥一座。桥东通叶家、黄家村。桥西直行，通往西峰寺。

在双河口驻车后，我们一行徒步溯溪而上。踏着泥石山道，听流水潺潺，呼吸着润湿而清新的空气。深秋的山野，层峦尽染，斑斓瑰丽。沿途的几座古石拱桥，斑驳的字迹，述说前朝故事。沿广福桥左侧石阶而上；一路清流款款，飞花泻玉。攀爬上传说中的拔木井，跃上山岗，眼前豁然开阔起来。

这是一个修竹掩映的小山村——西峰寺村。村口有一座古老石桥，叫宝林桥，建于唐代上元年间。据介绍，旧时桥上有亭，名"换衣亭"。以前进入西峰寺，至此须整理衣冠，方可进入。

桥东山坡下，立着三块一人多高的石碑。透过风化模糊的字迹，触摸到远去的历史。中间一块碑刻，为《上元题修清素塔疏文碑》，碑文由明代祝世禄撰文，进士、祁门知县李希沁篆额，进士、四川参政谢存仁书丹。立碑时间为明万历丁未年（1607）。碑刻述及县人陈光庭与寺僧月天率众信士修塔。左侧碑刻，为翰林院修撰、状元琅琊焦竑撰文，浙江副使浮梁人陈大绶篆额。立碑时间为"大明强圉十洽"，亦即万历丁未年。右侧一块，残缺不全，年代不详，概为建塔功德碑刻。

据碑刻文献记载，西峰禅师本五台山僧，名清素，传为文殊菩萨化身。唐光化间往来徽、饶两地弘法，挟龙降雨，护佑生灵。祁门人郑传为其建寺庙百余间。后世亦屡次重修。从遗留下来的碑刻，可见西峰禅师在当地影响之深远。

绕过山嘴，村前广场后，数栋土坯瓦房依在山脚下。村子中央，有清素塔遗址，荒草掩盖，依稀可见残砖。清素塔与寺庙均毁于"文革"期间，寺庙砖瓦分给当地农民建房用，至今十余户农家的房屋盖的就是当年寺庙拆下来的缸瓦。昔时的西峰寺，变成了如今的西峰寺村。当地农户以茶叶、林木为业。近年来，青壮年多外出务工，部分村民迁居城镇，农舍多关门闭户，村子尤为冷清，仿佛一个遗世的村子。

穿过村子一片荒芜的菜地茶园，径直往山谷里走。沿途丛林茂密，青枫、红豆杉、南酸枣等合抱之木夹道。经过一座建于明代正德年间的石拱桥——中天桥，远远看见一座寺庙，这就是重修后的西峰宝林寺。正殿、偏殿均为木构，彩瓦，砖墙。

正殿左侧外墙镶嵌有六块古碑刻。碑刻为清嘉庆十八年所刻。唐代祁门人郑传捐山创寺，以奉五台山僧清素。族人设郑氏兄弟三公牌位于清素堂内。后因众姓捐资兴庙，当地陈氏将郑氏三公祠移出寺庙，并私占庙产。郑传后裔浮梁县人郑会保上诉祁门县衙。经裁定，复祀三公，明确庙产，计山场360亩、田租700秤、自种地30余处（垞）。

西峰寺重建于2005年，现无住持僧，为村民黄红星、黄国新等管理。每年农历八月十日清素诞辰日村民自发祭祀。

绕过右侧偏殿，拾阶而上百余步，为西峰禅师"卓锡亭"旧址。前有一碑，为明代洪武四年所立功德碑。旧址石阶、门槛石、天井、墙基尚存。旧址后部建有一神龛，祀有西峰禅师清素塑像。塑像底座为六方塔。塔后有一碑，为清道光甲申年立"卓锡亭"碑刻。

塔基上有两块碎片，石质与当地石质迥异。据介绍，此碎片为西峰清素禅师舍利子盒残片。得见禅师圣物，众人激动不已。征得黄红星、黄国新同意，将其中一残片赠予南山禅寺。在大家的见证下，圣物由黄红星交与圣缘法师。

千年前西峰禅师徽、饶两地传道弘法，在祁门创西峰宝林寺，一度僧侣数百人之众，至今当地俗传"五百年西峰寺，五百年后九华山"，足见昔时之盛况；在景德镇，西峰禅师开禅师山千年道场之先河。然而，如今两地道场，虽有香火延续，却不甚兴旺，有待中兴。

寺院兴衰，系于国运。今海清河宴，禅师山西峰祖师道场之兴复，恰逢其时。今得圣物，中兴可期。

时在丙申十月十九日。

（洪东亮《长芗历记》）

唐氏三先生生平介绍

● 唐 宸

我的硕士毕业论文是研究祖上的唐氏三先生，现将我的开题报告中关于三先生的陈述性内容发上来，供大家分享。因为是开题报告稿，不是正式论文，所以未列出文献引用出处。我的这篇介绍，当是目前学术界对于唐氏三先生生平的最详细的材料。现在我正在进行论文的写作，以及三先生诗文的点校和年谱的编写。

以下是我的开题报告中关于三先生的介绍部分：

《唐氏三先生集》为宋末至明初徽州歙县唐元（1269—1349）、唐桂芳（1308—1380）、唐文凤（1341—1432）祖孙三人之合集，程敏政（1446—1499）编定。全书含唐元《筠轩集》十三卷、唐桂芳《白云集》七卷、唐文凤《梧冈集》十卷，前列诸集原序，后附以传记铭志之文三卷，共计三十三卷。明正德十三年（1518），徽州知府张芹刊刻行世。清乾隆间修《四库全书》，三集均单行入集部。

唐元

唐元（1269—1349），字长孺，号敬堂，学者称"筠轩先生"。少与洪焱祖、俞魏卿并称"新安三俊"。延祐开科举，四试不利，遂大奋力于古文。初以文学授平江路学录。再任建德路分水县教谕。以徽州路儒学教授致仕。晚年名重东南，被誉为"东南学者之师"。

唐元私淑朱熹、魏了翁，深明理学，尤精于《易》，所著《易传义大意》一书受易学家胡炳文等人称赏。又著《见闻录》二十卷，"理学渊源，名物巨细，事无不考，问无不知"，《四库总目》称其"于经术颇深"。时乡里后学朱升、舒頔等人均师礼之，而东南诸理学家皆与友善。年三十六，以所作诗数十首谒方回，回为之作《唐长孺艺圃小集叙》，称其诗"所以可人意者，格高也……近人之学许浑、姚合者，长孺扫之如秕糠，而以陶、杜、黄、陈为师者也"。此后，"梦寐间不敢忘先生之训"，习诗必以格高为要。其《艺圃后稿自序》云:"遂闻古今作者格有高卑之异,知其说当自得之心,然博读静思其梯级也……窃谓自得于心者,无法之法;博读精思者,有法之法。"唐元早年尚未工文,数试科举不利,遂弃举子业,"大奋力于韩、柳、欧、曾之文,尤酷好魏鹤山(魏了翁)文集,以为临邛衣钵。五更孤枕潜思密运,不俟笔札,以腹为稿",于是"文从字顺,滔滔汩汩"。其文章"纡徐而典雅,有汴宋前辈之风",且"高古整齐,令人读之不休""极为虞集所推许",且为东南士人盛赞。

唐元所著有《敬堂杂著》《思乐杂著》《吴门杂著》《分阳杂著》《金陵杂著》《老学蘖稿》三千余篇,以及《易传义大意》《见闻录》等。今仅存《筠轩集》诗文十三卷。

唐元平生交游皆东南名士,仅《筠轩集》诗文所及者,即有:方回、曹泾、龚璛、张起岩、王士熙、吴师道、杨刚中、贡师泰、李桓、杜本、郑元佑、汪巽元、陈栎、汤炳龙、杨敬意、郑玉、程文、危素、毕祈凤、牟应复、马昂夫(薛昂夫)、郭麟孙、夏溥、刘致、盛则轩、程益、陈方、艾庭晖、俞肇、鲜于去矜、蒋师文、江光启、黄志斋、朱克用、赵孟威、夏希贤、夏泰亨、徐舫、胡初翁、孟淳、卢挚、于泰来、孙国瑞、庄蒙、吕广文、汪逢辰、尤拔、吴彬、汪德玉、程国宝、鲍元康、汪幼凤、周彦明、鲍椿、许洪寿、程植、孙岩等。

对唐元的评价(附今人研究):

《四库总目》:"盖其始终当元盛时,故所作多和平温厚之音,极为虞集所推许。又尝着《易大义》《见闻录》诸书,于经术颇深,其议论亦不诡于正。"

唐桂芳(字仲实):"紬绎经史百家,沉潜韩柳欧曾,于鹤山爱其博洽,自以为临邛衣钵。"

方回(字万里):"诗以格高为第一……(唐元诗)所以可人意者,格高也。何以谓之格高?近人之学许浑、姚合者,长孺扫之如粃糠,而以陶、杜、黄、陈为师者也。"

虞集(字伯生):"近睹《郑夫人行实》,佳甚。吾恨不识唐公之为人。"

贡师泰(字泰甫):"公文字有法度,诸人不可及。"

夏溥(字大之):"唐君之文高古整齐,令人读之不休。邻邦何幸,有此手笔!"

杨刚中(字志行):"诗思腾涌,如万斛泉不择地而出。"

杜本(字清碧):"公之诗文霶霈敷腴,不事险涩。诗慕陶、杜、黄、陈,文入欧、曾而卒于临邛。"

程敏政（字克勤）"筠轩之文纡徐而典雅，有汴宋前辈之风。故元名公张起岩、王士熙、吴师道诸君子皆盛称之。诗则含蓄而隽永，不作近代人语。虚谷方公为之序，美其格高，世以为知言。"

舒頔（字道原）："文章学问为时所宗……所谓充然浑然者，当不在汉唐下。诗尤高，丰缛清润，有台阁风。"

朱文选（字克用）："先生之为诗，盘折老硬，无纤巧态。为文和平霭霈，无险涩语。沉浸乎礼义之中，优游乎古今之际。"

朱同（字大同）："诗文霭霈敷腴，不事险涩。"

唐桂芳

唐桂芳（1308—1380），一名仲，字仲实，号白云、三峯、酒狂先生，以字行，学者称"白云先生"。幼勤学，承过庭之训，并师从洪焱祖、陈栎、胡炳文等，诗文精进，抱负不凡，尤为"远为濂洛，近肩紫阳"的陈栎所称，与朱升等人尤笃厚。弱冠客金陵，南台诸御史皆折节与交。于是问学于寓公郑复初、龚璛、钱水村诸名士，尝与刘基同砚。又与进士晢子正游，得其家藏王柏、金履祥二先生批点之《四书》《诗》《书》《易》《礼记》，顿悟经旨。寻被御史荐为明道书院训导、迁集庆路学训导。未几，列为教官，授建宁路崇安县儒学教谕。任内重修孔子庙庭，诸生云集。闲暇沉浸经史，喜读虞集之文。秩满升南雄路儒学正，以忧未赴，遂终老歙县槐塘，不复仕进。日以诗酒为乐，自号"酒狂"。明太祖定徽州，询以"平一天下之道"，以"不嗜杀人""遂民生息"等语对之。太祖命之仕，以瞽废辞。后摄紫阳书院山长。明正德间追颁"龙兴独对"石坊以旌之（今仍存）。

唐桂芳一方面认为"六经皆文"，诗文须"明理识源流"，以程朱义理为宗；又重视诗文作法与技巧，文章当"谨而且严""奇而且法""韩柳布筋骨"。推崇苏洵"闭户探赜，古今上下，融液胸臆，故下笔源源，而无艰险窘迫态"，及苏辙"文不可学而能，气可以养而致"之说。论诗则标举"典雅、冲淡、高迈、雄伟"之诗风，所作诗皆"一以气为主"，故成就其高。尝与天台丁复唱和，丁复之诗文"不事雕琢，而自然超逸"，遂以唐桂芳风格类己，称其为"小丁"。晚年讲道紫阳书院，"以耆德雄文师表一时"。

元明之际，徽州亦受涽乱。时唐桂芳避乱山中，兵燹之余，诗文散佚无多。经其子文凤及诸门生搜集，所存仅"百之一二"，合为《白云集略》七卷。平生交游与父唐元相类，除邑中士友及金陵诸御史外，多江南诸名士及各书院山长及州县学教官，其最笃厚者则为朱升、舒頔、郑玉、危素等。黄宗羲《宋元学案》以唐桂芳入郑玉《师山学案》之"师山学侣"。

对唐桂芳的评价（附今人研究）：

《四库总目》："所作容与逶迤，绝无聱牙晦涩之习，诗亦清谐婉丽，颇合雅音。"

陈田《明诗纪事》："仲实文宗老苏，诗亦格律苍老。"

明太祖朱元璋："博通今古，谙成败之迹。"

解缙（字孔昭）："新安，齐国文公阙里也。遗风余韵奕世犹存。自宋亡元兴时，则有若程勿斋、吴义夫、汪古逸、赵子常、郑彦昭、汪德辅、倪士毅、朱允升、郑师山、唐三峯。"

丁复（字仲容）："其文星光玉洁，瓜纹蜡色，温润而缜密，峭拔而孤耸，有中州诸老之气象。"

钟亮（字启晦）："其为文一以气为主，辞严而理正。及其成也，神惊鬼愕，意态横出，勃勃如春涛起涌，令人叹赏。其为诗清新流丽，出语惊人，而声调格律铿锵浏亮，读之琅然惬听……毅然以道自任，而不以盲疾废。当时士大夫学者翕然宗之。""先生有托而逃，盖佯狂云……先生生平澹于利欲，轻财尚义。与人交，洞见肺腑，不事边幅，而性孝友。"

陈浩（字养吾）："其诗五七言、歌行、杂体联成巨帙，动荡挥霍光芒，音韵已沾沾铿人齿颊……（其文）极其旨趣，理融事核，洗濯锻炼，卓然自成一家之文……精神坚悍，雄谈娓娓，其文气逼人，不敢迫视。""使仲实抱负不凡，遭时承平，而不罹于浊乱，则典谟雅颂施诸朝廷、荐之郊庙，必可媲美于《道园集》矣！""先生早交名公巨卿，晚归山林，乐恬退也；读书四五过，不求深解，乐道腴也；及户数十履，训诂不倦，乐育材也；少饮辄醉，咿嘤作歌咏声，乐性真也；舍去歙仅十里，非借书不一到城，避尘迹也。"

吕旭："为诗为文，以气为主，铿锵浏亮，变态横出，使人不敢迫视，盖天赋也。""公天性倜傥不牵细，故与人交结，洞见肺腑。其于宾庖，倾家有无，略无分毫吝惜。尤恳恳至孝。""岩岩峙立，不肯贬损。又不能媚权贵、谐时好，或曰惊座使酒难近，所以于仕进辄龃龉倾跌可叹。闲居无事，绘陶渊明、王无功像，以公画像侑食。时节设酒浆，或烂醉教发、歌笑哭泣以自放，乃私谥曰酒'圣陶先生''酒贤王先生'，自号曰'酒狂唐先生'。闻者以公怀才晦道，佯狂避世，亦未害其为高也。"

朱同（字大同）："状貌魁伟，颖悟绝人……其为文一以气为主，辞严理正；为诗清新流丽，格律高古。"

程敏政（字克勤）："三峰制作，虽本之父师，而精采呈露，有脱颖出奇之意。"

舒頔（字道原）："关键理致，雄伟雅健，飘飘然有凌云之气。至其论议，浩瀚若长江大河，滔滔汩汩，莫知所止，盖熟于文然也。""紫阳家学传真派，夜夜文光射斗牛。"

杜本（字清碧）："天下教官，当以唐公清才懿德为第一人。"

黄季伦："先生有志气为壮，班、马文章不足让。许身自比皋与夔，便欲致君尧舜上。朝忧民未淳，暮忧时未康。"

江佑："克绍家学，尤工古文，为诸儒领袖，名重当时。"

董复礼（字秉彝）："神标散朗，有逍遥八极之风。"

邓愈（字伯颜）："当乱兵中，谁敢忤意？而唐先生直言无隐，可谓儒而有胆气，仁者之勇也。"

陈有守《徽郡诗》评唐桂芳《秋胡行》："情词激烈，使秋胡复起，亦当惭赧无地。"

今人研究：

章培恒《全明诗·唐桂芳》提要："桂芳幼习儒业，亦治声诗，后又从事于古文。论诗文标举'奇而且法''谨而且严'。"该提要还利用其诗文考证了唐桂芳的生卒。

韩结根《明代徽州文学研究》："由于他长期出任学官，有较多的闲暇时光，加上雅号山水，所以写了大量歌咏自然、表现闲适生活情趣的诗歌。这些诗歌有的虽然也渗透着某种哲理，表现了作者瞬间悟道的感受，但诗中情景、情理交融，有着较高的诗歌意境与清新自然等特点，虽不代表当时徽州文学的主流方向，却代表了当时这一地区作家的最高水平。"

孙海洋《明代辞赋述略》评唐桂芳《别知赋》，其一："作品从体式和语言风格都近于唐宋，尤与韩愈《进学解》、苏轼《前赤壁赋》相近……篇幅不长，字清句晰，句式变化多端，跌宕起伏，流畅雅致。其中描写教书生活的文字更是轻松活泼，口气类似韩愈的《进学解》，行文与陶渊明的《归去来辞》相似。"其二："文章表面上是代朋友抒情言志，实际上是抒己之情，言己之志……全文用骚体，模仿《离骚》，情绪激昂，寓意深湛。"

评唐桂芳《耕读堂辞》："文词颇为质朴。"

评唐桂芳《白云山房赋》："其咏物、舍宇赋相对要华丽一些，篇幅也比较长，而且写法上多承汉赋……文中对山、对云和对山间隐居生活的描写十分细腻、生动而又传神，文词十分华丽，但又不像汉赋那样堆集辞藻，文章还比较流畅。"

评唐桂芳《乘露盘赋》:"此赋基本是继承汉代大赋的写法,对事物尽力铺张,极尽形容,但不堆砌辞藻,言词相对要平淡一些,语句比汉大赋要流畅很多。同时它的褒贬也是比较鲜明的。"

司马周《唐桂芳生卒年补正》利用唐桂芳诗文补正了《全明诗》提要中对唐桂芳生卒的判断。

另外,还有十余篇研究明初起义军历史、紫阳书院沿革等方面的论文提及唐桂芳。

唐文凤

唐文凤(1341—1432),字子仪,号梦鹤,桂芳次子,学者称"梧冈先生"。少而颖异,长益自奋,初以荐起为歙学训导。洪武末,以文学荐至京,以直言忤当道诸臣意,时诸臣私相谓曰:"此山林狂士也,留之恐不静。"遂授江西赣州府兴国县知县。任内廉恕公勤,而以课农兴学为首务。暇则游览山川,形诸题咏。民感其惠政,为建祠,泰和刘鸿为作《贤令祠记》。三年考满第一,适逢成祖永乐封建诸王,亲擢为赵府纪善。同诸朝臣出入禁近,与王达、杨荣、王景、杨士奇、徐旭、曾棨等人"诗文往复,赓酬唱和,殆无虚日"。后赵王奉命留守北京,"先生以道翊赞,宣上德,达下情,号令严明,仁恩敷洽,畿甸以宁。"宣德初,汉王谋反,事连赵府,赖文凤等人辅翼获免。"一时赵府官员多获罪,仅文凤以屡谏全。"寻以洛阳少尹致仕,教授于歙县槐塘,"绝口不谈世故,惟益和其声,以鸣国家之盛。"

唐文凤平昔"非濂洛关闽诸大儒之学不讲,非韩、李、欧、曾诸大家之文不尚",继理学家风。虽多唱和、应制之作,却无一时台阁浮华之病,尤为可贵。又"善真楷篆隶书,得前人笔意",与鲜于必仁诸书法名家友善。唐文凤所著,依时序则有《朝阳类稿》《政余类稿》《进忠类稿》《老学文稿》《洛阳文稿》等。今存世者仅合为《梧冈集》八卷。

对唐文凤的评价(附今人研究):

《四库总目》:"文凤与祖元、父桂芳俱以文学擅名,时号'小三苏',其诗文丰缛深厚、刊落纤浮,犹为不失家法。"

解缙(字孔昭):"新安,齐国文公阙里也。遗风余韵奕世犹存……传至国初,能以性命义理之学讲淑诸人,皆不失为文公之徒也。余尝闻而为之羡慕之……子仪,三峯之子也。文公之泽岂不长哉?"

王达(字达善):"观梦鹤先生子仪唐公之诗文,词顺理明,铿锵浏亮,声戛金玉,读之使人不厌。而其古文杂体,率皆雅驯纯粹,亦可谓难能矣!虽其天资之美，亦家传学问有本也，有在朝诸文士之气象。"

程敏政（字克勤）："梧冈制作专以上世为法而克肖之，不复以高视阔步为能。""宣庙之下乐安也，赵简王亦在危难之地。其后卒以恭顺孝友坐销其变，则当时辅导之臣若梧冈者容有力焉。"

梁潜（字用之）："其《道统叙》诸篇，皆布置曲折，端雅衍裕。若长者盛威严以临下，而众不敢慢；若大将提百万师徐行，而旗旄剑戟各有叙次，金鼓之音参错相应，真有学者之文也！"

黄希范："余奉命出守新安，乃文公阙里。求有学有守，仅得唐子仪氏……观其容貌进止，无矫揉诡随态；其议论，详瞻简明；推其问学文章，训诲子弟，循循有序。尤善真楷篆隶书，得前人笔意。信乎！积中形外者也！"

黎敏（字子敏）："吾友唐先生子仪，虽隐而在下，而天资最高，于天下书无不读，无不记。发而为文，烨然如云汉之章着；歌而为诗，铿然若金石之音宣。究其要，悉以理为主……其文字有理存焉，吟咏有理寓焉。不雕琢矫饰，豪纵而优柔，清新而质朴。包钜细而无外，得情性而不偏。求诸古而古之道无所异，征诸物而物之理有以同。可谓义精理熟矣！余来歙凡九易寒暑，江东之文无不获寓目焉，求如先生者鲜。"

谢矩（字子方）："其为诗文舂容不迫，论议悉源于义理之正，曾无浮夸侈靡之习，而森乎整饬之度，渊乎隽永之味。信乎！蓄之富而发之弘者也。""余闻子仪之宰兴邑，廉以律己，宽以抚民。不以察察为明，而识之自足以摘服也；不以悻悻为能，而才之自足以剸剧也。"

钟亮（字启晦）评唐文凤《环翠楼记》："命意清新，措辞典雅。立法严整，叙事深切。读之，琅然之音，苍然之色，臻古作者之域。"

傅清（字文皋）："古心古道，确乎自信而不拔。朝而即之，盎然而温也；夕而叩之，渊乎莫测也……其所著虽变化阖辟、抑扬曲直之不一，而井井秩秩、有要有伦，岂惟不越乎规矩准绳哉！一语一言，无不根柢于性命道德之懿。""先生遯于学术，善有韬晦，及出游江湖，至使人不知其为儒者。"

沈毅："新安唐梦鹤先生，老成闻望，工文章，精翰墨。历仕南北几五十年……知其古心古道，厚德君子也。"

谢惟高："以断则明，以罚则简，以教则详。吏之舞文者无所措其手，而民之无告者得以吐气矣！"

唐泽（字沛之）："先生文足以华国，才足以谋王，德足以格心。际遇盛时，受征而起，众莫不以台辅望之……先生安贫食淡，居官所至辄着冰蘗声。去兴国，有馈笋而匿金其中以报德者，先生弗知也，偿直而受焉。行几三百里始觉，亟回舟并笋还之。在赵府，王有赐非所宜得者，悉恳辞。后宫僚有以苟得被咎者，独先生一毫无所染。"

今人研究：

韩结根《明代徽州文学研究》："元末明初的徽州作家们深受理学的熏陶，他们的文集中歌颂和赞美节妇烈女的传记、序文与诗篇随处可见。"

韩结根《明代徽州文学研究》评唐文凤《朱节妇传》："显然，作者是从道德教化的角度出发来写这篇传记的。"

韩结根《明代徽州文学研究》评唐文凤《节妇吕嘉贞》："如果仅仅从艺术方面来看，这是一首写得颇为不错的诗歌。全诗以咏叹人生短暂为基调而展开，而对于'人生苦短'的咏唱本来就是文学史上一个永恒的主题，由于其中蕴含着强烈的生命悲剧意识，极易引发读者心灵的共鸣与震撼；另外，诗中'幽壤''白杨''湿翠''苍苍'这些凝结着感情色彩的诗歌意象的运用，也较好地创造了诗歌意境，有利于表达对死者的伤悼之情。然而，全诗的主旨却是从维护伦理道德出发的，作者在诗中所表现的思想观念是极其保守和迂腐的。"

岳淑珍《明代词学研究》评唐文凤《跋杨彦华书虞文靖公苏武慢词后》："唐文凤完全把词体与诗文置于平等的地位，而没有'诗庄词媚'的偏见……唐文凤评其'超诣不凡'，可谓深得虞集词之旨意，并表达出对隐逸旷达词风之欣赏。"

另外，尚有李永忠《草书流变研究》、徐卫东《明代皇位继承中的监国》、沈文凡《排律文献学研究》等论文提及唐文凤。

三先生诗文历代主要著录情况

程敏政《新安文献志》对三先生诗文有不少收录，皆是从《唐氏三先生集》中选出。

曹学佺《石仓历代诗选》选唐桂芳诗九首，选唐文凤诗八首。

钱穀《吴都文粹》选唐桂芳诗一首。

钱谦益《列朝诗集》选唐桂芳诗四首（其中一首为补诗），选唐文凤诗一首。

朱彝尊《明诗综》选唐桂芳诗一首；《词综》选唐桂芳词一首。

陈田《明诗纪事》选唐桂芳诗七首、唐文凤诗三首。

陈有守《徽郡诗》选唐桂芳诗二首、唐文凤诗二首。

沈辰垣《御选历代诗余》选唐桂芳词一首。

汪森《粤西诗载》选唐桂芳诗二首

《文渊阁四库全书》全文收录唐元《筠轩集》、唐桂芳《白云集》、唐文凤《梧冈集》。

历代徽州各级方志的艺文部分对三先生诗文都各有著录，此不详列。

李修生等《全元文》第二十四册收录唐元《筠轩集》内所有文章。

李修生等《全元文》第五十一册收录唐桂芳《白云集》内所有文章，附补遗一篇。

章培恒等《全明诗》第二册收录唐桂芳《白云集》内所有诗歌。

（故园徽州论坛《徽州唐氏三先生生平介绍》，有删节）

元代著名理学家唐元

● 洪东亮　整理

唐元（1269—1349），字长孺，号敬堂，学者称"筠轩先生"，徽州歙县人，元代著名的新安理学家、文学家，明朝开国谋士朱升的老师。历任平江路儒学学录、建德路分水县儒学教谕、集庆路南轩书院山长等职，高年以徽州路儒学教授致仕，时人誉为"东南学者师"。

唐元的诗文受到诗坛领袖方回和文坛领袖虞集的赞赏。虽然他的《易传义大意》《见闻录》等理学著作均已散佚，但雪泥鸿爪间仍能窥其得旨趣大概；诗文集尚存《筠轩集》十三卷，展示了他纡徐典雅的文风和丰缛清润的诗风。唐元等一批元代新安理学家、文学家，继承并发扬了程朱理学，为徽州学术与文学在明清的繁荣奠定了基础。

唐元是徽州"唐氏三先生"之一，与其子"白云先生"唐桂芳（1308—1380）、孙"梧冈先生"唐文凤（1347—1432）皆以诗文名于时，被誉为"小三苏"。三人皆著作等身，而《筠轩集》《白云集》和《梧冈集》中所存者仅十之二三而已。明代徽州文献学家程敏政曾合编校定为《唐氏三先生集》，有正德十三年（1518）徽州知府张芹刻本传世。清乾隆间，三集皆单行收入《四库全书》别集类。

生平

唐元既出诗书之家，自幼受程朱理学熏陶。少时与洪焱祖、俞魏卿为笔砚交，里人并称"新安三俊"。三人"徜徉山水间，洗濯磨淬，婆娑嬉游，未始不孳孳以苴学为务。戏谑亵狎，不一出诸口。"元朝灭宋后，科举废止达三十余年，江南文人多成游士。三人在干谒名公硕儒之余，恒心嗜学，闻名乡里。时徽州路总管孟淳初见唐元，十分器重，赠诗曰："新安三俊子其一，气貌清腴文字工"。因为早年"不识治生理"，唐元"屡阨衣食"。三十六岁，以所作诗五十四篇投谒被誉为"江西诗派殿军"的方回，方回欣然命其集为《艺圃小集》，并在序文中称赞其诗"所以可人意者，格高也……近人之学许浑、姚合者，长孺扫之如秕糠，而以陶、杜、黄、陈为师者也"。此后，唐元"梦寐间不敢忘先生之训"，"奋迅劘切以诗自鸣"。延祐二年（1315），元廷恢复科举。消息传到徽州，四十六岁的唐元一度"萤窗雪案"，学习应试文章，却四试有司不利，于是愤弃举子业。元廷科举规模不大，对汉人、南人又存有歧视，这使得当时大量文人转而从事吏事。当时，虽有数举不第而恩授教授、学正和山长之例，但对汉人、南人也存在年龄上的限制。唐元最初训导乡校，生活较为清苦。五十八岁时，得江浙行省授平江路儒学学录之职，在职兴文教，交游东南名士。六十五岁，迁建德路分水县儒学教谕。六十八岁，任集庆路南轩书院山长，声名已盛于金陵。寻以徽州路儒学教授致仕，退居歙县乌聊山下，"益以文章自任"，名重东南，被誉为"东南学者师"。"每侯伯下车，必先请见。四方大夫士子过其境者，必询其起居，即其庐而礼焉。"上门求文者也是络绎不绝，填塞阡陌。

家世

新安唐氏是一个世代书香门第的官宦世家。唐元的始祖唐承旷，是宋参知政事唐介的曾孙，宋南渡后为徽州知州，子孙遂为新安人。承旷传九世至廷隽，廷隽无嫡后，以婺源严田李玘之子李桂三继传。严田李氏本为唐皇室之后，其始迁祖李侟，为唐宣宗子昭王李汭第三子，避黄巢之乱于篁墩，易名李京，后卜居界田。传三世，李德鸿留居界田，李德鹏迁祁门新田，李德鸾迁婺源严田，此即徽州谱牒史上著名的"三田李氏"。德鸾传十世至桂三。桂三字常道，号梅癯，治《周礼》，于"理学诸文多所发明，具载《六典精义》"，过继后易名唐虞，是为唐元之父。

交友

唐元平生交友广泛，如：方回、虞集、曹泾、龚璛、张起岩、王士熙、吴师道、杨刚中、贡师泰、李桓、杜本、郑元佑、汪巽元、陈栎、汤炳龙、杨敬意、洪焱祖、俞魏卿、郑奕夫、郑玉、程文、危素、毕祈凤、牟应复、马昂夫（薛昂夫）、郭麟孙、夏溥、刘致、盛则轩、程益、陈方、艾庭晖、俞肇、鲜于去矜、蒋师文、江光启、黄志斋、朱克用、朱文选、赵孟威、夏希贤、夏泰亨、徐舫、胡初翁、孟淳、卢挚、于泰来、孙国瑞、庄蒙、吕广文、汪逢辰、尤拔、吴彬、汪德玉、程国宝、鲍元康、汪幼凤、周彦明、鲍椿、许洪寿、程植、孙岩等。这些人大多是当时身处东南一带的名士，以及诸路儒学教官或书院山长。唐元的交友情况，一定程度上反映出元代士人在干谒交际和从事教业上的真实状况，对考证相关人物的生平也有一定的价值。

著作

唐元生平所著，计有《敬堂杂著》《思乐杂著》《吴门杂著》《分阳杂著》《金陵杂著》和《老学蘘稿》凡"三千余篇"，以及理学著作《易传义大意》十卷、《见闻录》二十帙，可谓著作等身。今仅存《筠轩集》诗文十三卷，有《唐氏三先生集》本和清《四库全书》本。从版本上看，前者即后者的底本。《唐氏三先生集》的序、跋和附录中，保留了大量有关唐氏三先生的文献，是今人研究三先生和元明徽州文学的重要材料。

影响

《四库总目》称唐元"于经术颇深，其议论亦不诡于正""盖其始终当元盛时，故所作多和平温厚之音，极为虞集所推许。"

唐元致仕后，求文者众多，故文章遍传海内。文坛盟主虞集读罢，亦不由感慨曰："近睹《郑夫人行实》，佳甚。吾恨不识唐公之为人。"惜唐元的《郑夫人行实》已散佚。王士熙读唐元所谒诗文后，连称"作手"，并赠"乘槎深夜问支机，天女流梭舞凤飞。回首人间金粟尺，剪灯愁制五铢衣"一诗，张起岩、杨刚中、李桓等人皆追和成轴。夏溥也说："唐君之文高古整齐，令人读之不休。邻邦何幸，有此手笔！"夏溥承家学渊源，博通经学，工诗文，新安理学家郑玉、赵汸等人都曾向其问学。当时的著名散文家贡师泰则称唐元"文字有法度，诸人不可及。"贡师泰的文章，时人誉为"气充而能畅，辞严而有体，讲道学则精而不凿，陈政理则辨而不夸。"可见，唐元的文章在当时就得到了较高的评价。

唐元晚年退居讲学于歙县槐塘，朱升、舒頔等人均师礼之，"御史程君光道、山东进士陈子恭、江浙进士周可仁皆其徒也。"舒頔谈到唐元的诗文时说："文章学问为时所宗……所谓充然浑然者，当不在汉唐下。诗尤高，丰缛清润，有台阁风"。朱升之子朱同亦称其"诗文霭需敷腴，不事险涩"。门人陈浩则称："筠轩先生以文章行义为士轨式。"当时歙县的谚语亦云："凡入城府，不之东郭见潜夫（洪焱祖），则之南门见长孺（唐元）。"唐元卒后，朱升作挽诗曰："紫阳山下小柴门，每忆童年拜隐君。乔岳岩岩瞻寿相，长江浩浩读雄文。衮衣不独缘稽古，宦学何时见策勋。千载藤溪风月在，直须骥子表高坟。"

文献学家程敏政在《唐氏三先生文集序》中说："筠轩生于叔季，私淑考亭，仕不大显……筠轩之文纡徐而典雅，有汴宋前辈之风。故元名公张起岩、王士熙、吴师道诸君子皆盛称之。诗则含蓄而隽永，不作近代人语。虚谷方公为之序，美其格高，世以为知言。"永乐朝侍读学士王达也说："予阅筠轩先生长孺唐公诗文，辞理条畅，不假雕镂，浩瀚霶霈，浑然天成。得临邛衣钵，有宋季诸儒之气象。"清乾隆间修《四库全书》，翁方纲谈到唐元《筠轩集》时说："新安为朱子之乡，故其议论绪言颇津逮朱门。在元人著作中颇为近正，应抄存之。"也对其诗文的价值予以了充分肯定。

总的来说，唐元的理学旨趣体现出程朱理学在有元一代的发展，诗文创作则表现出"恪守程朱、毫不逾矩"的徽州时代风格。唐元等一批元代新安理学家、文学家作为当时徽州士人中德高望重的领袖，对继承发扬程朱理学、开辟明清徽州学术与文学的风貌起到了十分重要的作用。

（百度百科"元代著名理学家唐元"词条）

元末明初新安理学家汪克宽

● 康　健

汪克宽是元末明初新安理学最主要的代表人物之一，治学以朱子学为宗，阐明、发展朱子之学是他一生的追求。他的治学以《春秋》为主，同时重视对"三礼"的研究，著书立说，教授乡里。汪克宽的这些学术活动对新安理学的发展起了积极的推动作用，对后世的影响颇深。

元末明初出现了一大批著名理学家，而其中"以布衣入史局，纂修《元史》"的著名理学家汪克宽（1304—1372）是这一时期新安理学最主要的代表人物之一。

汪克宽，字德辅，一字仲裕，学者称环谷先生，祁门桃墅人。生于大德八年（1304），卒于洪武五年（1372），与"赵汸、倪士毅，朝夕讲学，并称新安三君子"。《明史》云：汪克宽"祖华，受业双峰饶鲁，得勉斋黄氏之传。克宽十岁时，父授以双峰问答之书，辄有悟。乃取《四书》，自定句读，昼夜诵习，专勤异凡儿。后从父之浮梁，问业于吴仲迁，志益笃。元泰定中，举应乡试，中选。会试以答策忼直见黜，慨然弃科举业，尽力于经学。《春秋》则以胡安国为主，而博考众说，荟萃成书，名之曰《春秋经传附录纂疏》，《易》则有《程朱传义音考》，《诗》有《集传音义会通》，《礼》有《经礼补逸》，《纲目》有《凡例考异》。四方学士，执经门下者甚众。"程敏政赞其像曰："此考亭世嫡门生第四人也，此龙兴史局布衣第一人也。六经皆有说而春秋独盛。"然而对这样一位重要的理学家，至今少有专文论及，究其原因无外乎是：因其长期的民间授学，淡泊名利，再加上其著作后世有多散佚，故为后世学者所忽视。笔者搜集一些关于汪克宽的史料，尤其是《环谷先生年谱》的发现，更是充实了研究的史料。在将相关史料加以整理的基础上，就汪克宽的治学主张及其学术成就，做初步探讨，不当之处，请方家教正。

一

南宋以降，新安理学获得重大发展，徽州地区形成了研习理学的风气。所谓"自井邑田野，以至远山深谷，居民之出，莫不有学有师，有书史之藏。其学所本，则一以郡先师朱子为归。凡六经、诸子百家之书，非经朱子论定者，父兄不以为教，子弟不以为学也。是以朱子治学，虽行天下，而讲之熟，说之详，守之固，则为新安之士为然。"汪环谷（克宽）在《万川家塾记》中也称："近代以来，濂洛诸儒先继出吾邦，紫阳夫子集厥大成，揭晦冥之日月，开千古之盲聋，于是六合之广，四海之外，家诵其书，人攻其学，而吾邦儒风之丕振，俊彦之辈出，号称东南邹鲁，遐迩宗焉。"清代徽州学者赵吉士称："老儒宿彦，自蒙童读书，至老死未尝暂释，著述充栋。"汪克宽成长在有"程朱阙里"之称的徽州，自小就受到良好的理学熏陶。

汪克宽有着深厚的家学渊源，祖上三代都以理学著称。《宋元学案》称："祖父华与族兄相，皆学于双峰。两人问难叩击，悉得其蕴奥。祁邑理学之盛，自二人发之。"其"父应新记识博洽，议论慷慨，孝友行谊重于乡。尝著《便民二十条》，力陈当世要务。"克宽六岁，"外祖石溪康贡士教之《孝经》《论语》《孟子》，随口成诵，日记数百言。及从乡先生学，每屈其师，日新月异。至十岁，父因取东山问学于饶双峰讲授之书及当时问答之言，授之克宽玩索。有得遂于理学寖悟。乃取朱子《四书》，自定句读，昼夜诵读，知之为学之要，自是读《六经》《诸子》历代史、通鉴纲目诸书，悉皆成诵。"程敏政在《汪环谷先生传》云："自我文公朱子之学，一传为勉齐黄氏族，再传为双峰饶氏，三传为东山汪氏（即先生仲父），而先生宽嗣其传。"四库馆臣又说："其学以朱子为宗，故其文皆持论谨严，敷词明达，无支离迂怪之习。"由此可见汪克宽得到了朱子学的真传，他一生的学术活动可以归结为著书立说，羽翼阐明朱子之学；讲学收徒，发扬朱子学。

全力捍卫朱子学

元代朱子学虽然有了很大的发展，但是天下学者趋之若鹜，学派迭起、门户纷争，乱了朱子之真。元代新安理学家陈栎说："朱子既殁，天下学士群起著书，一得一失，各立门户，争奇去异，赴会缴绕，使朱子之说翳然以昏。"朱子学面临着危机，为了维护朱子学的纯洁性，徽州学者可谓是煞费苦心。在汪克宽之前，陈栎在这方面称得上是佼佼者，他"力于圣人之学，谓朱子殁未久，而诸家之说，往往乱真。乃著《四书发明》《书传纂疏》……凡

诸儒之说，有畔于朱氏者，刊而去之，其微词隐义则引而伸之，其所未备者，复为说以补其阙。于是朱子之说，大明于世。"汪克宽为捍卫朱子学，也做了许多努力。

《资治通鉴纲目》是朱熹的重要著作之一，然而朱熹之后的学者在论述时，与朱子的观点抵牾之处多。为了还朱子之真，汪克宽在《通鉴纲目凡例考异序》中说："纲目凡例与纲目之书，皆子朱子手笔，褒善贬恶，明着义例，悉用《春秋》法，一字不苟。然学者抄录，书肆传刻，久而漏误者多，尹氏发明乃或曲为之说……目之与凡例，时或异同，皆抄录、传刻之失也。况尹氏所纪纲目，如秦王迁太后，误作"秦人"；隋主坚弑介公阐，误作"杀"，慕容败死，作"贬死"；征士陶潜作"处士"之类，讹舛尤甚。克宽自幼受读，尝有所疑，而未敢决其必然。今者僭蹐，谨摭刊本纲目与子朱子凡例相戾者，敬录于左，以俟有识者考焉。"通过写《通鉴纲目凡例考异》，汪克宽使朱子之学"大明于世"，在很大程度上维护了朱子之学的纯洁性。

潜心阐发朱子学

汪克宽不仅以捍卫朱子学为己任，而且"皓首穷经"，以阐明朱子学为最高人生目标。《四书》是儒家的最主要的经典著作之一，汪克宽说："《四书》者，六经之阶梯……孟子殁，圣经湮晦千五百年，迨濂洛诸儒先抽关，发蒙以启不传之秘，而我紫阳子朱子，且复集诸儒之大成，扩往圣之遗蕴，作为《集注章句》，或问以惠后学，昭至理于皦日。盖皜皜乎不可尚已，而其词意浑然，犹经虽及门之士，且或未能究其精微，得其体要，矧初学之昧昧乎？"《四书集注章句》是朱熹的代表作之一，而后世学者在"辩论之际，未为明备"。他又接着说："近世（宋元）儒者，惧诵习之难，于是取子朱子平生之所以语学者，并其弟子训释之辞，疏于朱子注文之左，真氏有《集义》，祝氏有《附录》，蔡氏、赵氏《有集疏》《纂疏》，相继成篇，而吴氏《集成》最晚出，盖欲博采而统一之。但，辩论之际，未为明备；去取之间，颇欠精神，览者病焉。比年以来，家自为学，人自为书，架屋下之屋，叠床上之床，争奇炫异，窃自附于作者之列，锓于木而传诸人，不知其几益，可叹矣！同郡定宇陈先生，云峰胡先生睹《集成》之书行于东南，辗转承误，莫知所择，乃各摭其精纯，刊剔繁复，缺略者足以己意。陈先生著《四书发明》，胡先生著《四书通考》。"汪克宽认为以上二书比较符合朱熹《四书集注章句》的本义。但汪氏认为以上二书，仍有不足，有待于进一步完善。与汪氏同时代的著名理学家倪士毅在前"二书"的基础上撰写了《四书集释》，请汪氏作序，"倪君犹虑其有未底于尽善者,爰即旧本,重加正是,视前益加精密,闲出是书,请余序其所以然者。"汪氏在通读全书后,提出了自己的看法,并和倪氏讨论,汪克宽说:"余窃以为,书固不可不解,鲜固不可不详,然理贵玩索,始有自得之功,读是书者,苟不能沉潜,反复求其义,而反诸身而徒资口耳之末,则非子朱子所望于后学也。"倪君曰:"然"。这样汪克宽才"乃序,而书之,以志卷颠云。"由此可见汪氏在阐明朱子学上,是不遗余力的。

同时,汪克宽认识到,要想朱子学得到发展,必须博采众说,吸取其他学派的营养。汪克宽还自觉地根据朱熹的观点和言论对儒家经典《春秋》进行注疏,取得了重大成就,他一生的代表作《春秋胡传附录纂疏》就是根据朱熹的言论进行创作的。此书前附有《先儒格言》,有孔子、朱熹等人的言论,其中以朱熹的格言最多。关于《春秋》朱熹有自己的心得,他说:"(胡)安国春秋传大义,正人心,扶三纲,叙九法,体用该贯,有刚大正直之气。"又曰:"胡文定义理正当。"又曰:"《春秋》今来是从胡文定说。"从朱熹的这些言论中,可以知道朱熹认为胡安国的《春秋传》是符合"天理"的,值得提倡。朱熹的言论在徽州就是"圣谕",这自然也对汪克宽产生了重大影响,从而使汪克宽的春秋学以胡安国为主。汪克宽在《春秋胡传附录纂疏凡例》中云:"近代诸儒惟胡氏发明程子之意最详。朱子称:'义理正当,是以国家设科专用三传及胡传,'然三传自有注疏全文。故今纂疏以胡氏为主。"汪克宽又在《春秋纂疏序》中说:"春秋传注,无虑数十百家。至于程子,始求天理于遗经,作传以明圣人之志,俾大义炳于日星,微辞奥旨了然,若视诸掌。胡文定公又推广程子之说,著书十余万言,然后圣人存天理,遏人欲之本意,遂昭焯于后世。愚尝佩服过庭之训,自幼诵习。至正壬戌,从先师可堂吴先生,受业于浮梁之学宫,朝夕玩绎,若有得焉。顾每自病諛,见寡闻而于类例之始终,证据之本末,莫能融贯而旁通之,乃元统甲戌,教导郡斋讲剧之暇,因阅诸家传注,采摭精语疏于其下,日积月羡,荟萃成编,非敢以示同志。盖以私备遗忘云尔。窃尝伏读圣人之经,一事之笔削,一言之增损,一字之同异,无非圣心精微之攸寓而酌乎。义理之至,当如殊会一也。……克宽自揆浅陋,奚敢管窥圣经贤传之万一,然详注诸国纪年、谥号,而可究事实之悉,备列经文同异,而可求圣笔之真,益以诸家之说,而裨胡氏之阙遗,附以辨疑,权衡而知三传之得失。庶几初学者得之,不待徧考群书,而辞义灿然亦,不为无助也。"汪克宽根据朱熹的观点和言论对儒家经典进行注疏,同时在博采群说的基础上,竭尽全力恢复《春秋》原貌,这使得朱子学得到了巩固,也达到了使朱子学获得发展的目的。

二

汪克宽的学术研究独具一格,明代著名学者程敏政说:"汪克宽,六经皆有说,而《春秋》独盛。"此语道出了汪氏治学以《春秋》为重的特点。

治经以《春秋》为重

汪克宽之所以潜心于春秋学研究,能以春秋学著称,是与其老师吴朝阳的教导分不开的。泰定三年(1326)春,汪克宽23岁,当他听说延陵的吴朝阳以《春秋》登甲子进士,任鄱阳丞时,(克宽)特往访之。在与吴朝阳的交流中,汪克宽领悟了《春秋》心法。吴朝阳曰:"论《春秋》无他法,不过尊君抑臣,贵王贱霸,内华外口而已。"汪克宽答曰:"先知三纲五常之大义,然后以圣人之笔削。"听到此语时,吴朝阳大喜曰:"子可谓真知作《春秋》心法矣!"汪克宽所谓的"先知三纲五常之大义,然后以圣人之笔削",就是说要遵循封建社会的长幼尊卑的等级秩序,要以"春秋笔法"行事,这是严格遵守朱熹要求的"三纲五常"的要求,以达到"明人伦"的目的。

汪克宽在吴朝阳的教导下,致力于经学尤其春秋学的研究。他一生两次参加科举考试,皆以《春秋》应试。一次是在领悟《春秋》心法后,"于泰定三年秋,以《春秋》应江浙乡试,中前列。"第二次是在泰定四年,汪克宽到京师,参加会试,"论《春秋》与主司不合,又对策切直,遂见黜于中书。"这次落第使他看清了当时政治的腐败,发出了"道不行于世"的感叹。从此厌恶科举,无意仕进,潜心于经学研究。汪克宽曰:"道不行于世,不若著书立言,以贻后学,俾传之于来世斯,亦不负余之所愿也。"于是汪克宽"乃取圣人手笔之《春秋》,博考诸说之同异得失,以胡文定公之传为主,而言就众说,荟萃成书,名之曰《春秋经传附录纂疏》。"

《春秋经传附录纂疏》是他的代表作,书成时年仅31岁,此书影响很大,是书于1334年刊行后,有多人为该书作序,对它的评价很高。至元四年,官至礼部尚书的汪泽民在序文中曰:"吾宗德辅(即汪克宽)年妙而志强,学优而识敏,潜心经传,尝名荐书于是偏,取诸说可以发明胡氏者,疏以成篇,观其取舍之严,根究之极,亦精于治经者欤。德辅学有原委,而纂集之志,思欲羽翼乎。"翰林学士虞集在序文中亦云:"(克宽)能取胡氏之说,考其援引之所自出原类,例之始发,而尽究其终……夫读一家之书,则必尽一家之意,所以为善学也。推传以达乎,经因贤者之言,以尽圣人之志,则吾于德辅尤有取也。"弘治《徽州府志》的作者也极力赞扬曰:"克宽经史圣贤之言,心融神会，造诣极深。故为文略不经意，而浑融典雅。"四库馆臣亦云："然能于胡《传》之说一一考其援引所自出，如《注》有《疏》，于一家之学，亦可云详尽矣。"从以上的各种言论中，我们可以知道汪克宽的《春秋经传附录纂疏》得到了世人赞赏和重视的。除了《春秋经传附录纂疏》外，汪克宽还撰有《春秋诸传提要》等春秋学著作。

重视对"三礼"的研究

"三礼"即《周礼》《仪礼》《礼记》，可谓是封建社会的历代统治者和士大夫关注的重点。新安理学的开山宗师朱熹就十分强调君臣、父子、兄弟、父妇之礼，朱熹曰："《周礼》为礼之纲，《仪礼》其本经，而《礼记》其义疏。"朱熹重视对"三礼"的研究，主张人们的行为要符合三纲五常的要求，鼓吹"存天理，灭人欲"，朱熹的思想为后世学者所接受。但朱熹有关对"三礼"的著述未完成，这在汪克宽的《经礼补逸自序》中说得很清楚："朱子尝考定四经三礼，谓三礼体大，未易绪正，晚年惓惓，时是书为就而殁，遂为万世缺典。"徽州人对朱熹顶礼膜拜，朱熹未竟的事业，应由后人完成，而汪克宽就潜心"三礼"的研究，以图达到光大朱子学的目的。

汪克宽非常重视对"三礼"的研究，他研究三礼的目的在于发展朱子学，主要著作有《周礼类要》和《经礼补逸》，而以后者的用力最勤，影响也最大。汪克宽在《经礼补逸自序》中说："自乐亡，而经行于世惟五：《易》《诗》《书》《春秋》《礼》。虽中不无残缺，而未若《礼经》甚焉。然三百三千传，盖十之八九矣。"换言之，就是礼经大量散佚的现实状况，也是促使汪克宽发明"三礼"的重要原因之一，其目的是通过恢复"三礼"原貌，从而有利于正常的礼仪制度的建设和发展。他的治学时的具体原则是："考《仪礼》《周官》《大小戴记》《易》《诗》《书》《春秋传》《孝经》《家语》及汉儒记录，凡有合于礼者，各著其目，列为吉、凶、军、宾、嘉五礼之篇，名之曰《经礼补逸》。"其中吉礼68目、凶礼57目、军礼25目、宾礼25目、嘉礼21目，最后是礼经附说部分。

《经礼补逸》发明《礼》意，纠正谬说，是新安学派的一部重要礼学著作，对后世产生了深远影响。曾鲁在《经礼补逸序》中说："学礼之士，诚能因汪氏之所辑，以达于朱子之书，则三千三百之目，虽不可复观，其全然郁郁乎闻之，岂不若身而击之矣乎。"四库馆臣引程敏政语曰："环谷先生《经礼补逸》一编，尤号精确"，可见四库馆臣对此书的价值也是肯定的。清代的学者周中孚称："国朝乾隆中，秦味《五礼通考》，实循汪氏（即汪克宽）诚例。"说明汪克宽的这本书是得到后世重视的。

结　语

汪克宽是元末明初新安理学的重要代表人物之一,《新元史》曰:"元末为朱子学者,以克宽为大师。"他的学术思想对新安理学的传承与发展起了积极作用。

汪克宽一生以教育为业,先后执教于中山书堂、查山书院、万川家塾、乐安庄书舍等书院和家塾,还教授宣、歙间,培育了一大批弟子,为新安理学的传承做出了贡献。同时,他著书立说,其著作除了由后人编纂的《环谷集》外,还有《春秋经传附录纂疏》《左传分纪》《春秋诸传提要》《易程朱传义音考》《诗集传音义会通》《礼经补逸》《周礼类要》《六书本义》等等。《四库全书》收录了汪克宽的《春秋经传附录纂疏》30卷、《经礼补逸》9卷和《环谷集》8卷。四库馆臣在收录时赞曰:"其学以朱子为宗,故其文皆持论谨严,敷词明达,无支离迂怪之习……在其乡人中,不失为陈栎、胡炳文之亚。"汪克宽的学术成就极大地丰富了新安理学的内容,对新安理学的传承与发展起了积极作用。

(《时尚祁门》2015 年第一期)

汪克宽撰《重修郑司徒庙记》考释

● 陈　琪

内容提要：新发现的汪克宽碑文，记录了他第一次陪同父亲到浮梁拜谒吴可堂夫子，路过郑司徒庙时父亲告诉郑传的事迹。第二次纂修《元史》告竣归里，路过郑司徒庙，乡人请他写《重修郑司徒庙记》。在《重修郑司徒庙记》一文中，高度称赞郑氏三兄弟起兵三十余年，招抚流散，轻徭薄赋，与民休息的丰功伟绩。

关键词：汪克宽　郑传　碑刻文献

近日做祁门县西峰寺碑刻调查，联系到营前"郑三公"，寻访了江西省浮梁县经公桥镇祖庙里村的"郑司徒庙"。我们发现郑司徒庙中不仅供奉着"郑三公"神位，还有明清时期的7块碑刻，其中元末明初徽州理学家汪克宽所以撰文化的碑刻尤其珍贵，经查在已经出版的汪克宽多种文集中均没有收入，为汪克宽在洪武三年（1370）撰写的《新修郑司徒庙记》。碑刻立在郑司徒享堂右侧的后墙，通往寝室的侧门。碑刻石质虽然较好，但是字口较小，风化不能识别的用口代替，整理碑文如下：

重修郑司徒庙记

元至治二年（1322）壬戌，予年十九，从先君子来浮梁，谒可堂吴夫子，道经司徒庙。先君子示予曰："此吾乡人也。唐季兵革四兴，壤土分裂，司徒兄弟三人集义驱群凶，州申署保义指挥使。厥后，功高位显，保障八州，殁葬邑西仙桂乡田源。乡人思之，立庙营前三凤山下。公显于祁而尤著于浮。当浮人陈旭乱，公以一勉克奇，藤溪民安堵无恙，兹庙所以报也。"唯时，予随行，敬聆之不敢忘。洪武二年（1369）己酉，被召与金华宋濂先生纂修《元史》，告竣归里，由大江入鄱湖抵饶，乘小舟达浮，河水浅滞，遂陆行，度将军岭，舍于新居，籍雨郑氏之环竹居。居去司徒庙里许，因忆曩时先君子言，问司徒事于主人。主人曰："吾祖也。适庙重修，幸辱临，敢请一言以记。"余惟古之祭法，能御大灾、捍大患则祀之，以其有功于民也。歙、饶寇盗充斥之秋，非英勇忠义卫斯民，民孰赖焉。且吾邑自古多贤豪之士，昔汉梅侯鋗从番君吴芮佐高祖，伐秦入函谷关，天下既定，以功封列侯，食邑十万户。所居在邑城东，旧有梅侯祠。今郑氏祖，亦从杨氏吴王仕唐，增秩上柱国、检校司徒，事与梅侯类，史称"杨氏治吴"。招抚流散，轻徭薄赋，与民休息，公之功载诸志乘。始御黄巢，广明迄天祐，起兵三十余年，民无失所，生英殁灵，旱疫之祷靡不应。然则浮民之所以思之，数百年后，犹丹青黝黑，俎豆而尸祝之，宜其与吾祁等，岂非不惟其功，惟其德乎？抑予闻公生有异状，隆隼美髭髯，刚勇不群，贼闻风披靡，今仰瞻仪像，觉英毅如生，回忆四十八年前先君子述公之事，言犹在耳，益增予蓼莪之感云。

时大明洪武三年岁次庚戌春正月，祁门汪克宽敬撰。[1]

祖庙里村在江西省浮梁县北郊经公桥镇，关于"祖庙里"的名称，郑培先在《郑氏宗谱》中是这样说的："祖庙在浮梁北乡新居。新居何以称也？昔其地名藤溪，自我祖司徒公镇国居祁营前，时值天下大乱，奉诏起义兵保障乡邦，因收浮梁陈旭，以子延芳、延琚、延襃、延瑛、延昇五子拔寨归祁。浮民以余贼反复未定，攀辕泣留，公亦泣不忍决。神僧清素进曰：'此地瓜藤形，居此，富贵绵绵，不绝如缕。请从民望。'公遂令五子居之，更其地名曰'新居'。"① 因此在一些地方文献中，祖庙里、藤溪、新居三个地名常常出现。

郑司徒庙形制和现在的徽州祠堂，由门厅、享堂、寝堂三部分组成。其中享堂高大，廊柱上有十余对楹联，为历代文士所撰写。其中一对写道："荫分浮北千百枝千百叶倒生亲插两楹株；阡始祁西一万德一万功遗泽长留八字水。"这幅联语讲述了郑传等起自祁西（今安徽祁门），建盖世功业之后子孙移居浮北，当时为了检验是否能够居住，按照徽州人的习俗，他们选择一块地方倒插了两根樟树枝，言定树木成活就可以居住，谁知树木生成非常茂盛，于是就在"倒生亲插两楹株"的地方兴建了新村。如今这两棵树已长得枝繁叶茂、郁郁葱葱。

"郑司徒庙"又叫郑三公堂，供奉和祭祀的三位先祖分别为唐敕封金紫光禄大夫上柱国镇国公郑传、朝议郎宣州司马检校工部郎中郑鲁、总制正都统检校尚书左仆射郑玫。根据永乐抄本《祁阊志》记载：郑传，邑西二十都营前人，王尚书（璧）大献婿也。幼而刚勇，独立不群。唐光化中，群盗纵横来侵，乃召集义兵保护乡邑，大立战功，因而显达，领司徒之职，任生杀之柄，盗息民安，仕至上柱国镇国公金紫光禄大夫。其子延辛，亦以武功仕至殿中侍御史。② 郑司徒庙建成后一千多年间，经七次修缮，最盛时古建筑群占地十余亩。十年动乱中，为防止碑刻被"红卫兵"破坏，村民将碑刻沉入塘底保护起来，直到二十世纪九十年代从塘里捞出，因此碑刻保存尚为完整。两块石碑记叙了郑传、郑鲁、郑玫三人生平事迹及明、清重修庙宇情形。

汪克宽（1304—1372），字德辅，一作仲裕，亦作德一，别号环谷。南乡桃墅（今属祁门县塔坊乡）人。生于元大德八年，卒于明洪武八年，年69岁。受业双峰饶鲁，后问业于吴仲迁，学益笃。泰定三年（1326）中乡试。会试以答策切直见黜。弃科举业，尽力于经学，教授宣歙间。洪武初（1368），朝廷征召编修《元史》。书成，将授官，以老疾辞归。克宽著有《环谷集》八卷，《经礼补逸》九卷，均入《四库总目》，又有《程朱易传义音考》《诗集传音义会通》，并传于世。③

汪克宽在碑文中写道：元至治二年（1322）19岁的时候，陪同他的父亲到浮梁，拜谒吴可堂夫子，实际上他是去投靠可堂门下。汪克宽家学一直很严，年幼时受业于南宋著名理学家饶鲁。饶鲁字伯舆，一字仲元，号双峰，余干人，为理学大师，众望所归，四方聘讲无虚日。家里建有朋来馆，用以居住学者；又建石洞书院，前有两峰，因号"双峰"。门人私谥曰"文元"④。汪克宽后来随从吴可堂游学。吴可堂字仲迁，浮梁人。从双峰饶鲁学，尝应科举没考上，于是弃去科举，辟居横塘，讲道不废。皇庆间，浮梁县令郭郁延请为师，以训学者，时称"可堂先生"，使者表其所居曰"逸民"。年90卒。⑤

汪克宽与其父经过郑司徒庙，其父介绍说：庙主为我们祁门人郑传。唐朝后期，寇盗蜂起，群英混战，当时的皖赣边境"胡曹、王仲隐、赵言、刘乃、李仲霸、陈孺、熊宿、孙靖、汪叔、查敖、王延显、顾全武诸寇"[2]骚扰，百姓不得安生，官宦家庭出身的郑传、郑鲁、郑玫三人奉朝廷旨意，举兵抵抗农民军袭扰江南，保护徽、饶、歙、睦、池、婺、抚、信八州百姓免遭兵灾，"或剿或抚，或擒获之，或学进之，或剪灭之"，从广明到天佑年间，凡三十来年，百姓安堵。郑传死后葬在祁门西路的仙桂乡田源（今闪里镇），人民为了怀念郑传，在营前三凤山下立庙纪念。郑传因黄巢之乱时守御祁门而名声大振，然而尤其显赫的功绩还是在浮梁县。当浮梁陈旭寇乱之时，郑传以勉励士卒奋勇抗战而建立奇功，使得藤溪的百姓安居乐业，所以当地百姓建成庙宇用以奉祀报答。至今兴旺不衰。

洪武二年（1369）己酉，汪克宽被召与金华宋濂先生纂修《元史》，告竣归里，由大江入鄱湖抵饶，乘小舟达浮，河水浅滞，遂陆行，度将军岭，舍于新居旧雨之环竹居。元朝灭亡，朱元璋下令编修《元史》，洪武二年，以宋濂、王祎为总裁官，汪克宽等十六人为纂修，开史局于南京天界寺，进行编写。从洪武二年二月到八月，用一百八十八天的时间，修成元顺帝以前元朝各代的历史，共一百五十九卷。宋濂（1310—1381），初名寿，字景濂，号潜溪，别号龙门子、玄真遁叟等，汉族，祖籍金华潜溪（今浙江义乌），后迁居金华浦江（今浙江浦江），明初著名政治家、文学家、史学家、思想家。洪武二年（1369），奉命主修《元史》。⑥此年，汪克宽纂修《元史》告竣归里，从长江到鄱阳湖，再沿着阊江至浮梁。因为秋季干旱，河水浅滞，只能走陆路回祁门，再次过郑司徒庙。恰巧浮梁人重修"郑司徒庙"落成，乡亲们让他给写一篇彰显郑司徒事迹的文章，刻碑以传后人，使得世世不得忘怀。

文章认为祁门自古以来就有不少贤豪之士，比如汉代梅鋗跟从番君吴芮辅佐汉高祖，讨伐暴秦，天下平定，以功封为列侯，食邑十万户。郑传也从吴王杨行密讨伐盗寇，为唐朝将领，以功迁升为上柱国、检校司徒，其所为之事与梅侯相同，历史上称"杨氏治吴"。汪克宽高度称赞郑氏三兄起兵三十余年，招抚流散，轻徭薄赋，与民休息的丰功伟绩。

梅鋗（前228年—前196年），梅鋗为鄱阳东北乡（今祁门闪里一带）人，原是秦代鄱阳令吴芮的部将，陈胜、吴广起义时，吴芮率兵加入反秦队伍。数年后，项羽号称西楚霸王，大封诸侯，吴芮被封为衡山王，梅鋗封列侯，领10万户。⑦项羽兵败自刎之后，梅鋗与吴芮归属汉高祖刘邦，吴芮改封长沙王，梅鋗仍为列侯，其封地据明代县志说在祁门，因此祁门县城，别名"梅城"。⑧这种别称算是对他一种永久性的怀念。

汪克宽所撰写的《新修郑司徒庙记》，通过两次拜谒"郑司徒庙"的经过，感受到浮梁百姓对郑传的崇敬，郑传在世时，保国卫民，有"捍大患"之功；殁后显灵，"旱疫之祷靡不应"，能"御大灾"，符合国家条律上祭祀的成法，所以数百年来祭祀香火不绝。

（本文为2016年度安徽高校人文社会科学研究重点项目"徽州名族个案调查与研究：以祁门为中心"SK2016A041阶段性成果之一）

【注释】

[1] 调查人：陈琪、刘伯山，调查时间：2017年8月16日，碑刻规格186厘米×93厘米×9厘米。

[2] 光绪八年（1882）李鸿章撰《重修郑司徒庙碑记》，调查人：陈琪、刘伯山，调查时间：2017年8月16日，碑刻规格165厘米×92厘米×11厘米。

参考文献

① (清) 郑培先修浮梁祁门《郑氏宗谱》卷三十三，咸丰十一年刊本。
② (明) 黄汝济撰永乐《祁阊志》卷七，抄本，藏祁门县图书馆。
③ (清) 道光《徽州府志》卷十一之三《人物志·儒林》。
④ (清) 黄宗羲等撰《宋元学案》卷八十三。
⑤ (清) 黄宗羲等撰《宋元学案》卷八十三。
⑥ 《明史》卷一百二十八（《列传》第十六）。
⑦ (明) 黄汝济撰永乐《祁阊志》卷五，抄本，藏祁门县图书馆。
⑧ (清) 汪韵珊纂同治《祁门县志》卷十一。

刘鼎改状

● 吴先龙

刘鼎，原名刘国旺，九都刘仲村（今都昌县万户乡刘仲村）人。同治末年举人，无意仕途，中举后到景德镇禅师庵设席教书，本文介绍刘鼎先生修改牛伯仁讼状争湖洲一事。

牛伯仁，六都人，为当时都昌县第一讼师。牛在读小学二年级时，有次在校住宿，半夜先生被东家叫醒。原来附近有个惯偷，半夜到校东家偷窃，校东儿子捉贼，见贼半截身子从洞中爬进，一刀下去竟将贼斩为二截，不知如何处理，先生也无办法。牛伯仁偷偷听见，就说那还不好办？在确实想不出好办法的情况下，先生叫牛伯仁说。牛伯仁说："用两个大木箱，将尸首分别装入锁好，扛到贼家门口，拍三下门，放在那里就走。"贼家以为是贼又偷了东西来，忙将箱子藏了起来，过了十多天，尸体发臭，贼家才发现，可是尸体是在自己家里，无法报官，只好偷偷埋掉。

牛伯仁出道后坐在县衙内写状纸。有一次一个哑巴找他，咿咿呀呀说不清，牛伯仁用纸写上：告状的是哑巴，不知告谁家，指东家，抓西家，老爷一问定不差。县官一见状纸，心下明白，牛伯仁是叫他抓傍证，便派差役跟着哑巴，指东抓西，抓了个邻居，一问才知道哑巴的父亲死了，伯父霸占哑巴家财，县官便惩罚了哑巴的伯父。

以前县城有个冯讼师，包打官司。牛伯仁出道后，找冯讼师的就少了。一次，冯讼师找到牛伯仁说，干脆我俩打一场官司，牛伯仁说怎么打，冯说比如我是你的父亲，告你忤逆可以吗？牛说好。于是冯讼师一纸诉状，告牛伯仁忤逆不孝，县官传牛到堂，跪在堂下。县官审问，牛一言不发，只是举着双手摇摆，手掌中依稀有字，县官奇怪，走下堂仔细一瞧，只见牛伯仁左掌写着：妻有貂蝉之美，右掌则写着：父怀董卓之奸。县官勃然大怒，喝令将冯讼师棒打出衙，冯讼师输得不明不白，从此销声匿迹。

有一年冬天，都昌来了个新县令，此人有靠山，听说都昌讼棍多，往往给官府增添麻烦。这天雪后初晴，便将一些绅士、讼师请到县衙，设酒招待，酒足饭饱之后，县令指着县衙内的一棵大树说：树大根深。然后请大家说下句，想大家捧场。可牛伯仁却接着说：尽惹天下浮尘。县令不悦，又指着南山说：雪压群山，哪个尖峰敢出。牛伯仁时见一束阳光从破壁中射出，灵机一动，信口说道：阳钻破壁，这条光棍难拿。县令大怒，什么光棍，你是破棍、臭棍，便一脚踢去，谁知牛伯仁顺势抢过县令的一只靴子便跑。县令一见，哈哈大笑：如此小人，如此小人。第二天，牛伯仁竟一纸状告到府衙，说是都昌县令，下车伊始，夜入民宅，行为不端，有靴为证，县官只得向牛伯仁赔礼，牛才撤诉。

牛伯仁打官司，全县闻名，所以凡大的纠纷都请牛讼师出面，官司便没有输过。上司衙门一见牛的诉状，便觉头疼，不敢随便批驳。

这一年春天，鄱阳湖草洲发生了一起惊动沿湖数县的特大纠纷。都昌农民与南昌农民在鄱阳湖湖洲打湖草时发生了争执，都昌民风向以剽悍出名，开始打伤了南昌农民，南昌农民则仗着该地方有两位翰林撑腰，竟用大炮轰击都昌草船，船跑不动，在港汊中拥挤，翻了几条船，淹死了十三人，死人以六都和九都的人最多，六都的人咽不下这口气，与九都刘仲村合计，请地方绅士吃茶酒，请牛伯仁参与诉讼。牛伯仁一状到省，诉状中有"鄱阳湖内人命案事"，省见是牛讼师之状，不敢批驳，见是湖内，便批转鄱阳县处理。那时鄱阳湖管理界限不明，内湖有鄱阳县，湖之口有湖口县，湖外沿湖县更多。鄱阳县接到批文，说此案原被告都不是鄱阳县人，出事地点又不在鄱阳县境内，故置之不理。牛伯仁考虑，便将状改写在鄱阳湖之口，省又将状批转湖口县处理，湖口县也说原被告不在其管辖境内。

官司拖延，弄得没有着落。刘仲村人只得到景德镇请刘鼎先生。刘鼎先生本不愿多管社会上的事，但却于乡亲们的面情，只得下乡。他先看了牛伯仁的诉状，非常佩服牛的文才和诉讼能力，但认为事关两县，且湖面辽阔，苦主分散，交通不便，在省府左右推诿的情况下，必须要有惊天的理由，才能震动省府要员，迫使师爷不敢隐瞒案情，建议在原状中进行了十三处小小改动。大约一是将题头中的鄱阳湖口的"口"加了一竖，成为"鄱阳湖中"，省府无法划定哪个下级县受理。二是原诉状中，"炮惊落水者数"改为"炮毙落水者数"，要求偿命。按律法常规，如此大的命案，省府必须立即处理，并上报最高法律机构。刘鼎又提出选好抱告（即原告苦主），当时法律以高压手段对付民间诉讼，刑罚特别严厉，民间所说的要过四关，特别是处理山林、土地、水利、湖洲纠纷，不做调查，只看哪一方决心大，不怕死。这四关是竹棍夹指、滚钉板、下油锅摸铜钱、穿铁靴。前三关尚且疼痛难忍，后一关更是将铁靴烧红，穿进去，双脚烧焦，人会在万分痛苦中死去。刘仲村刘匡山为人勇敢坚毅，自愿充当抱告，先在老学堂内自试刑法，用门缝压指，将一块生铁烧红，用一指头伸上去，嘶嘶作响，大家都说他坚强，观者如潮，其他人都不敢试。

　　刘鼎、牛伯仁将刘匡山带往省府，递上状纸，师爷见是鄱阳湖中，无法下推各县，又见是炮毙十三条人命，案情重大，再不敢隐瞒。开庭那天，南昌某都应诉的二位翰林坐在厅堂，刘匡山一走进去，双脚跪在二位翰林面前，主审官惊堂木一拍："原告何不跪拜本官！"刘匡山不慌不忙地说："历朝历代以来，凡审案原告、被告均跪在堂下，今天被告却坐在堂上，宛如上宾，不知老爷有哪条律法可作依据，历朝历代有无此种先例。"主审官自知理亏，怕官司无法收场，便对二位翰林说："翰林爷要官帽，还是要湖洲？"翰林都知刑罚无假，只得说愿意赔偿。由于被告主动认错，原告也就没有受什么刑法。当堂判决，南昌偿命十三条，即老百姓传说的盖十三颗人头到都昌。南昌师爷与牛伯仁是旧交，便私下调解，十三条人命赔偿黄金两千两，湖洲按历史习惯划分，都昌人"上从滕王阁，下到蜈蚣脚，禾苗见青就可割"，南昌人只能割芦苇。今后如再因此湖洲发生纠纷，南昌人杀死都昌人要偿命，都昌人杀死南昌人则免受刑罚，为保证都昌人不要偿命，省府发给都昌二十四道免死牌，一道免死牌可免死一条人命。官司定谳，刘鼎、牛伯仁、刘匡山用托盘接受赔偿金，将大部分分给淹死农夫，另一部分黄金和二十四道免死牌，分别分给都昌湖洲有份额的村庄。刘鼎改状，在都昌传为美谈，口口相传，说明实有其事，但原件不可能保存至今，具体真实情况，恐难说清，其中有不少便以讹传讹。

　　正是：千里鄱湖草青青，炮毙炮惊传至今。刘鼎一字千钧力，笔底乾坤万古名。

（刘伯清、冯云山口述）

我在禅师庵读经馆

● 姚甘霖

民国七年至九年（1918—1920），我在禅师庵养晦斋经馆受业二年多。禅师庵是个山清水秀的好地方，清净，很适合办经馆。据说宋代这里就是读书的胜地。有人说铅山状元刘晖就曾经在这里读书成才。我读书时，还有几位先生在这一带设帐。我知道有三所，余兆麟、罗先生（罗文海），再就是我读书的余国琛先生，他们都是晚清举人。他们设馆，也都有个学校名称，我的先生设馆取名养晦斋，名字都很好听。

教我的先生余国琛，字仲昆，又叫余邦辉，都昌人。他会试失第，分发浙江候补知县，未曾实受，来景设馆。我读书时，他还留着辫子，颇有前朝遗老的派头。下面将我受业的情况做些回忆，算是对"经馆"这个高级私塾做点具体叙述。

经馆的招生对象，在当年皆是较为殷实富有人家的子弟，一般家庭出身的，对经馆可望而不可即，甚至望都不可望。在养晦斋的学生中，我年龄最小，才十三四岁。其他同学都是结了婚的。他们都读过十多年私塾。经馆的学生人数一般几个人到十几个人。养晦斋第一年 14 人，第二、第三年都是 8 人。经馆先生收费很高，当年学费名称叫"束修"。古代"束修"指晒（烘）干的肉，是送给老师享用的。后来就专指送给先生的酬金。学费每人每年现银 50 元、40 元、30 元不等，我第一年 25 元，第二、三年 30 元。除束修外，一年三节还要送 1.2 元作节礼。

教学方法和课程，总的来说，是沿用清朝的书院读书模式，基本上以自学为主。先生讲学，要看先进过去学什么而定。先生怎么教，学生怎么学。余国琛先生是策论中举，他就不是以教八股为主。有的先生考八股的，当然也就以讲八股文为主。教材除选读十三经外，还有《古文观止》和选读集部，如《随园全集》等。史部子部没有选读。这些集子都是自由阅读。经馆学生都有查阅工具书的能力，每人都有《康熙字典》和《辞源》。由于学生的年龄和文化程度参差不齐，课本也就不一致。我读的有《左传》《唐诗句解》和

《古文观止》。《古文观止》是中国文学最高水平的文集，自先秦到明代，其中选了不少唐宋名家的文章，如《滕王阁序》《原道》等。先生选这些文章，集中讲课。先生开讲的课，一般不要求背书，只要求读熟。每逢三、八之日为作文日，是经馆教学的主课内容，先生出题作文作诗作对联。文题有论说文、也有叙述文，诗题有五言、七言绝句，也有律诗。对联则不是题目，而是先生出上联，学生对下联。学生作文（诗），先生要批改，有眉批有总评。经馆有不成文的作息时间，学生一般都自觉执行：早上朗读，时间约半小时。早餐后，稍事休息就"习字"。习字要求大字临帖两张，每张16个字，大字临什么帖？一般是柳体和颜体，颜体是高一级的要求。小字要求500字，正楷书写，学生不练行书和草书。私塾习字，天天交给先生画圈，经馆则不必上交。先生隔些时日检查一次，指出笔画毛病，给予改正。下午读书。经馆朗读与私塾差不多，一般是读出声来，要有抑扬顿挫、平仄韵律，很是好听。年纪大点的学生不要求背书。我要背《左传》，先生点一段，读一段，背一段。先生也作简单讲解，有时也多讲几句，晚上也是各人朗读，我要背一首唐诗，背完了，先生讲解一首，第二天晚上再背。约9点睡觉。一年里经馆学生读书时间比私塾的少一些。经馆开学是农历二月中、下旬，结束是十二月上旬。逢年过节，先生和学生都回家五、六天。平时先生或学生有事随时可以回家，打个招呼，无所谓请假。

　　经馆与私塾在生活方面截然不同。经馆的学生，生活自理，完全离开家庭。经馆自己独立办伙食，雇了一个伙夫专职办理，伙食相当讲究，正餐是四菜一汤，两荤两素。隔两天他下山采买一次，并到学生家里走一走。到学生家去，一是报平安，二是捎带换洗衣服，有时也带些吃的什么的。经馆的先生和学生都吸烟，用的是水烟筒，铜制的，下边有个水罐，吸烟的嘴上歪，很苦。吸烟时咕咕响，烟经过水的过滤吸入。伙夫要替学生清洗水烟筒。总之，经馆读书的生活，自由散漫，舒适惬意。

　　今天，回忆经馆先生，我百感交集。我在经馆读书之日，正是全国"五四运动"蓬勃开展之时。我在禅师古刹闭门读经，根本就不知外面世界的多姿多彩，科学、民主的新潮流离我十分遥远。如果我不在经馆，而是投入到"五四运动"的洪流中……

　　　　（本文为徐镇寿1984年春于南昌姚甘霖住所对其访问并录音整理而成）

禅师庵前百亩田

● 陈海澄 整理

南郊渡峰坑的深山坳里，有一座名叫禅师庵的古刹。古刹坐南朝北，北坡下面，是通往景德镇的石级路,它像一条长龙，弯弯曲曲，连绵十余里。路的两旁或一侧，是一层连一层的梯田共一百余亩。这些田不仅不要肥料，而且永不干涸，年年丰收。据当地老人讲，清朝咸丰年间，浮梁大旱数年，唯禅师庵前的百亩良田，依然是好收成。为什么这坵田有如此之好呢？其中有一个美妙的传说。

很多年以前，有一位名唤普善的老和尚云游至此，见群峰如花瓣，古树如大伞，便于此结庐，面北修行。

有一天，普善和尚托佛盂，闭着双眼，盘膝于蒲墩参禅。忽然天昏地暗，狂风大作，把大树连根拔起，继而瓢泼大雨夹着冰雹，倾空而下。山窝中间的草庐，在风雨中飘摇欲坠。普善见状，掐指一算，连言道："善哉，善哉。"话音刚落，只见一条湿漉漉的黑龙跪在面前，一边磕头一边说："师父，你发发慈悲，救救我。"普善和尚说："你一生作恶不少，今天许真君捕捉你，是你罪有应得。"黑龙说："我一生不听母训，以致如此结果。我别无所求，只要见母一面，纵然上斩妖台，也心甘情愿。"普善和尚说："你既不听母训，为何还要见她一面？"黑龙说："幼时，母亲要我好好读书，我却玩乐无度；母亲要我结交良友，我却行凶殴斗。如今，母亲年迈，无人侍奉，我要准备足够的柴火，让她老人家平平安安地度过冬天，我虽死无怨。"普善和尚乃佛门子弟，向来以慈悲为怀，今听了黑龙一番忏悔的话，便动了恻隐之心，于是说："好吧，不过你见母之后，备齐了柴火，一定要前往西山伏法。"黑龙连连称是。普善将佛盂之水，撒了几点在黑龙身上，黑龙就变成一粒小小的籽，普善将他藏在指甲缝中。

再说许真君，乃天下第一福星，专门为黎民百姓铲除邪恶，并赐福于善良人家。如今，奉玉帝旨意，到鄱阳湖捉拿罪恶多端的孽龙。孽龙到后来也有所悔悟自己的罪行，所以未战几个回合，便往婺源方向逃窜，许真君紧追不舍,追到浮梁地界,忽然不见孽龙踪影,他在云头到处张望,见山坳的草庐中有点佛光直冲天际。心想,莫非孽龙躲藏于此?许真君按下云头,走进草庐,向普善和尚稽首,并探问孽龙下落。普善和尚说:"黑龙确实有罪,念他幡然思念母训,待他见过母亲,并为母亲备好过冬柴火之后,自会到西山伏法。到那时,或杀或囚,任凭真君。"许真君见普善替孽龙讲情,那孽龙定藏此处无疑,便说:"如此说来,是你把他藏起来了?"普善脸色一沉,说:"区区草庐,任凭搜查!"许真君也知道普善和尚道行非浅,真的要藏孽龙,是无法搜到的。他正色说:"只怕他恶性不改,哄骗你我。"普善和尚接着说:"倘若黑龙不按时到达西山,贫僧愿割下首级,代他一死。"许真君见普善和尚发誓,知道再讲也没有用,就说:"愿师父信守诺言。"说完,他驾起祥云,往南昌而去。

普善和尚目送许真君走后,便对黑龙说:"刚才的话你都听见了,你快去见母亲吧!见了母亲,砍了柴火,立即赶往西山,到时候,也许会得到宽宥。"黑龙流着泪说:"我能得见母亲,全靠师父仗义相助,我无以为报,愿赐良田百亩,作为师父的产业。"说完,黑龙跳出指甲,于草庐北向,就地一滚,只听得轰隆一声巨响,从草庐到十里远的山脚下,出现一百亩良田,黑龙还屙了一泡尿,化作清泉,从田中流过。之后,黑龙向普善和尚磕了三个头,便往婺源见母去了。

黑龙非常信守诺言,见母以后,便到西山伏法,许真君见他有如此孝心,便将他锁在深水中,说:"铁树开花之日,便是释放你之时。"并答应他每年看母一次。

禅师庵自从有了百亩良田的产业,香火也日益旺盛。

口述:余爱德　流传地区:景德镇

(景德镇文史资料第19辑《景德镇民间故事》,赣新出内准字0006577,2009年第一次印刷,第212—214页)

附 录

景德镇市历代书院述略

● 洪东亮

书院是唐宋至明清时期出现的一种独立的教育机构，是私人或官府所设的聚徒讲授、研究学问的场所。书院之设始于唐，兴于宋元，发展于明清。据史料记载，景德镇地区最早建立的书院是浮梁县建于南宋初期的新田书院。丽阳镇建有东山书院。南宋庆元三年（1197），在景德镇创办了长芗书院。元代，浮梁创办了双溪书院，乐平创办了慈湖书院。清代书院得到发展。

今考诸史志文献，以2014年景德镇市行政区划为准，分别就珠山区、昌江区、浮梁县、乐平市境内历代书院述略如下。

珠山区境内的书院

珠山区是景德镇市的核心城市区，涵盖了古代景德镇大部分区域。旧时的景德镇是浮梁县所辖的一个镇。珠山区境内的书院起步较晚，至清代，随着陶瓷产业的发展，人口的繁盛，书院多达20余所，其中比较有名的有景仰书院、闾阳书院等。尤其是在清代以及民国时期，这里有许多会馆，已知会馆24个，有书院名称的19个，如都昌会馆称古南书院，徽州会馆称新安书院，湖北会馆称湖北书院等。但这个时候的书院，大多是有其名而无其实了。民国时期不少会馆以会产办学校，多数仍沿用书院名。

景仰书院

据道光《浮梁县志》载，景仰书院位于景德镇五图江家坞，地名净土庵。乾隆十年（1745）知县李仙洲曾设义学于此。十二年（1747）绅士程阅呈请

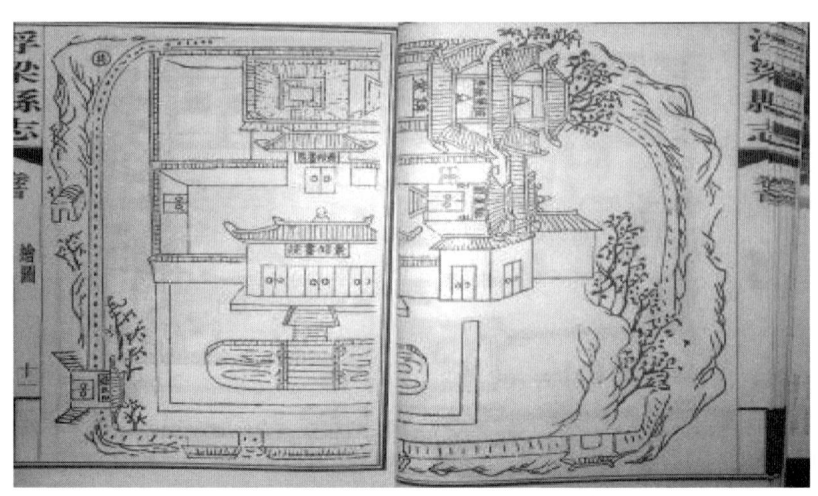

道光版《浮梁县志》载景仰书院图

改建书院，未遂。四十一年（1776），饶州府驻景德镇同知兴圣纪建景仰书院，并作记。有讲堂、书斋等房21间。清嘉庆二十一年（1816）同知宁瑞、知县刘丙重修，并增建讲堂，刘丙作记。道光四年（1824）同知钮士元、知县乔桂重修，延请山长。考取生徒，发放膏火，由同知负责管理。

据龚鉽《陶歌》载："窑户陶成、陶庆二会创有书院，曰景仰书院。"书院基金，除置有田产外，还有放贷取息和房租收入。因客籍人要回本籍入学（科举考试），所以景仰生员流动性较大。咸丰年间（1851—1861），景仰房屋被烧毁。光绪年间（1875—1908），新建书院于东门头（今胜利路，京剧团宿舍所在地），由客籍人组成专门机构管理。新建书院坐西朝东；前有庭院、有照墙，正门外有长廊，共三进；中为讲堂，两旁为书房，对着东门头开庭院门。清末书院停办后，景仰房屋一直由县、镇教育机关使用，其学产收入归于镇办教育专用。

闾阳书院

位于珠山区彭家上弄16号至32号老旧民居处。始建于道光年间（1821），烧毁于咸丰年间（1860）前后，重建于光绪十年（1884），距今160余年，镶嵌在里弄南面墙上的碑文记载：新安祁南闾阳书院已墙已地，光绪十年孟秋月重建。

据聂春发考证，闾阳书院为祁门人创办。书院设在彭家上弄内，聚居着窑户、红店、坯房、钱庄等，连接着珠山龙珠阁。闾阳书院长30米、宽18米，共计540多平方米，堂庑杂间在弄内的38号至40号内。闾阳书院为三进、三大开间，分仪门照壁、花苑内假山、梧桐莲池、院落连接钟楼、讲堂、回廊，有左右厢房、后楼屋、教谕堂、明伦堂、忠义孝悌祠等。生员由祁门人与里弄内官员、商户、士子、学童为主，阊阳书院为民间办学与官办民助、个人出资、家族筹建，实行教学与研究相结合，书院既从事教学又从事研究著述，祠孔子、朱子，敬天地国亲师牌位。

　　光绪二十六年（1901）"戊戌变法"时，光绪帝通令全国书院停办，一律改为中小学堂。阊阳书院也因此被窑户的建窑开厂所挤压，间由私塾撑持至中华人民共和国成立后被国家征收，遗址面积仅存原址的十分之几。

　　阊阳书院始建、重建一直由祁门县在景德镇的商贾大户捐钱物支持。尤其得到了民族实业家康达（字特璋，祁门人）的大力支持。光绪三十三年（1907）内阁中书康达谪往景德镇监制御瓷，宣统元年（1909）推任浮梁景德镇商会总理、江西省瓷业公司总理，并在鄱阳分厂开办了中国第一所陶业学堂与景德镇毕家上弄分校。期间，康达多次到阊阳书院讲学、授课，留有"福荫龙阁乾坤地，祖佑阊阳栋梁材"的阊阳书院大门楹联。

昌江区境内的书院

　　昌江区境旧属饶州鄱阳县、浮梁县。境内书院始于宋代。

　　早在北宋时期，进士史邈回乡在昌江西岸的官庄村，授徒讲学，远近学者纷纷前来向他求学，称之为"东江夫子"。史邈的弟弟史逊也中了进士，但无意仕途，与兄长归里讲学，均以理学著称于时。省志、府、县志均载其事。史邈筑室讲学虽无书院之名，实开一代学风。

　　境内著名的书院有长芗书院、东山书院。

长芗书院

　　志载长芗书院是南宋庆元三年（1197）由景德镇监镇季齐愈（一作李齐愈）仿照白鹿书院制度创建的。明洪武初举朱伯高为山长、张京伯为直学。洪武四年（1371）朱伯高受荐为府学教授，书院遂废。详见本书"书院春秋"部分。

东山书院

　　位于丽阳镇寺山脚下，始建于宋代，为丽阳进士彭汝执所建。南宋彭大雅曾为书院撰写《东山书院记》，并赋诗，有"化雨春潮归硕望，风流儒雅足名师"句，今丽阳寺山有遗址。宋代丽阳彭氏人才辈出，成为鄱阳望族。彭氏十分重视教育子孙,北宋有状元彭汝砺,南宋有彭大雅。其中彭大雅,功绩卓著,是南宋著名的抗蒙古名将,他进士出身、知重庆府,曾经主持修筑重庆城防,为蜀之根本。其随使出访蒙古,著有《黑鞑事略》,是研究古蒙古国的珍贵文献,著名学者王国维为该书签证,复旦大学教授许全胜作校注。

西河讲堂

据道光《浮梁县志》载,西河讲堂在镇市西河之上,今址及存废时间不详。明代正德三年戊辰(1508)科进士光禄沈良(字少溪)建。讲堂有"平畴百顷,峻壁千寻,长林幽涧映带四野",每年得谷物百石。万历间进士陈文衡曾讲学于此。明代嘉靖间浮梁举人吴宗吉作记,"构房庑数十间""延知名之士,待来学之人"。

仰高书屋

位于鲇鱼山镇郭璞峰下。宋熙宁二年(1069)徐氏始迁至此,建书屋教育族人。元代以诗人徐瑞为代表的徐氏人才辈出,多人载入县志文苑。民国甲子(1924)年同郭璞庵一起毁于匪劫。

浮梁县境内的书院

浮梁县有着1300多年的建县历史,历来重视教育,浮梁的书院建设一度"盛于他邑"。除在景德镇举办的,如长芗书院、景仰书院等书院外,今属浮梁县境的历代书院,至今仍然有着十分重要的文化价值。

新田书院

位于新田都(今鹅湖界田一带)。书院是南宋税赋改革家李椿年于绍兴年间(1147)创办的。李椿年(1076—1164),字仲永,浮梁界田村人,宋徽宗重和元年(1118)进士,绍兴十七年(1147)户部侍郎兼直学士,权吏、兵两部,封晋宁郡(今广西荣县)开国侯。

新田书院创建经费由李姓大户人家集资,建有大成殿、讲堂、学堂、文昌阁、公局、书房等,由照壁、仪院门楼、三进三大开间组成,由堂庑、斋舍连接天井、假山、莲池点缀其间,祭孔子,属典型的江南园林式书院建筑。书院置有良田数百亩,以田租当其经费。嘉定年间(1208—1224)李大有率乡人重修,书院规模进一步扩大,并延请李德俊为师。新田书院废止时间不详,其遗址名义学坞。

双溪书院

位于浮梁县北关莲荷塘，建于元代至元十七年（1280）。双溪书院的地址是南宋时期本籍人赵源建的"进士庄"，传至其孙赵镇远时，因科举未行，庄未有所归，请于按察副使奥屯希鲁，以庄置书院，建堂双溪，上额曰"双溪书院"。书院有礼殿、敬简堂12间，聘请宋末进士赵介如为山长。刘辰翁、赵介如均有记。赵介如是南宋丞相江万里的学生，官至饶州通判。至元二十七年（1290）书院为寇所焚毁，第三年廉访使姚燉到浮梁县视察时命改创。赵镇远又割地资助，仍名"双溪书院"，明初毁。明万历三十三年（1605）知县周起元按志载图重建。汤显祖作《浮梁新作讲堂赋》。

双溪书院占地约260亩。书院前面有范仲淹知饶州行县时倡议开挖的四十七亩莲荷塘，为浮梁"古八景之一"的"北沼荷香"，塘内广种白莲，建有"聚奎桥"。知名学者、理学家吴迁、胡云龙、黄龙光、杨维翰、王学古、黄士俊等都曾主讲双溪。明天启五年（1625）魏忠贤迫害"东林党"、诏毁天下书院，双溪书院及浮梁其他书院皆毁。

两河书院

位于浮梁城门都（兴田乡城门村），明万历四十五年（1617），当地进士陈太绥和昆山教谕、处州太守吴敦本等倡办。巡按陈于廷曾给两河书院讲堂命名"求斯"，命阁名为"喟然"。浮梁县教谕、吉水人邹元标给书院作记，记中称"邑北乡界去治二百余里，而风俗人文绰约有古风"，书院之建"岁时集缙绅孝廉父老子弟讲说六谕外，参订学脉，维持风纪，歌咏盈野，洋洋盛矣。"该书院毁于明天启五年。

昌江书院

位于县治东，旧为义学，久废。其始建时间不详。清雍正年间，知县张景苍利用民舍延师讲学。乾隆元年（1736），知县沈嘉徵于旧址带头捐献俸禄，建学舍三栋，额名"昌江书院"，并作《昌江书院记》。沈嘉徵曾为书院作诗四首，其中"曾闻十室有忠信，敢道山城学者无？""昌水阳山毓地灵，草茅千古有穷经"句，对浮梁重教好学的传统予以好评，并对后学提出"最是家修宜切处，士先品行后文章"的要求。乾隆五十六年（1791）知县何浩以北关外建有绍文书院，遂改昌江书院为考棚（试院）。一年组织两次考试，浮梁县童生每次考试不下六七百人。

绍文书院

在双溪书院旧址。乾隆三十八年（1772）知县黄泌倡建，屋三进，额名"绍文书院"，并作记。乾隆五十六年（1791），昌江书院及其田产并入。嘉庆八年（1803），郑凤仪作《绍文书院厅壁记》。绍文书院以田租供养。辛亥革命后，绍文书院于1913年改为浮梁县立绍文高等小学校，第一任校长朱光庭，毕业于南京两江师范。革命烈士姚国湖、姚象谦、姚象贤曾就读该校。1915年，浮梁县知事陈安报准将浮梁县公署迁移景德镇，绍文小学随迁至镇北莲花塘（现中共景德镇市委院内）。中共景德镇党组织创始人姚甘霖曾任校长。1935年，绍文小学迁回旧城（新平乡），校址在旧城新衙门内。1938年，改为浮梁县新平乡中心小学。

南阳书院

位于浮梁县下长源都（今湘湖镇兰田村）羊须坞，清道光元年（1821）由当地绅士公共建。有头门、正厅、讲堂，共三进，斋舍三十余间，田产260亩。知县刘丙作记，谓"浮南萃山水之秀，人文蔚起。" 刘丙时任浮梁知县七载，曾重修绍文、景仰两书院，对南阳书院之建，大加赞赏，希望南阳书院能列绍文、景仰之间，期待"乡无不教之地，地无不学之人"学风，并勉励书院"慎其始必思其卒，广其教务遏其流"。

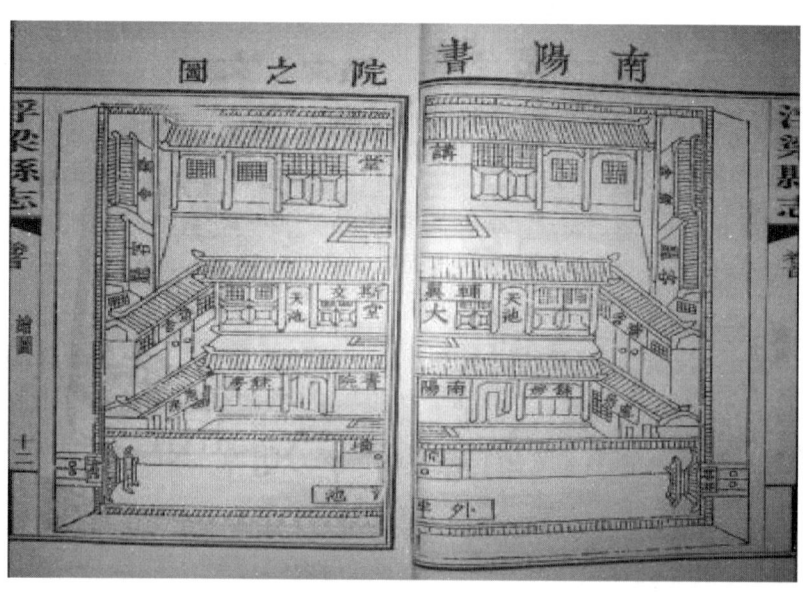

道光版《浮梁县志》载南阳书院图

东山书院

在浮梁县东乡（今浮梁县鹅湖镇一带）龙头山（一作龙塘山），道光三年（1823）当地人捐白银万两建成，有头门、讲堂、文昌阁，共三进，斋舍50间，学田600亩。知县乔桂作记，称其"人无异教，家无异学，道德一而风俗同。修之身而行无不宜，献之廷而用，而无不裕。"道光九年（1829）知县沈棠作记，称"浮梁书院之建盛于他邑。在城者曰绍文，在景德镇者曰景仰，在长源都者曰南阳。外此复有栖梧文会、锦江社学。以广袤百数十里之地，而建学如此其多，于以见邦人士，急公好义，养育人才意良厚也"。清末东山书院废止。民国初期，东山书院旧址改建为"东乡公立高级小学"。革命烈士、中共景德镇早期地下党员吴严邃曾在东山小学任教。

西河书院

位于浮梁县三龙乡。据徐镇寿等调查，西河书院由当地人汪龙光于清光绪二十五年（1899）创办，是浮梁县历史上最后建的一所书院。民国三年（1914），西河书院正式按照民国"高级小学"的学制办学，汪龙光的长子汪子铭任校长。汪子铭，1879年生，1906年公派日本留学，1911年任乐平县知事（县长），二年返乡。汪子铭正式改西河书院为"浮梁县西乡高等小学"，任校长二年，病故。

湘山精舍

位于湘湖西北湘山，明嘉靖二十年（1541）湘湖人冯廷威于其旧庄之右，建楼舍、鱼池，置经史卷帙，名"湖山精舍"，教授族人子侄。湘湖冯氏为浮梁望族，宋末冯光大曾任景德镇长芗书院山长。

北斗书院

建于浮梁县江村乡沽演村，清光绪五年（1879）建，有学田600亩。1918年改办育政小学，1922年又办昌北小学。1934年毁于战火。

元升书院

清光绪二十九年（1903）建。存废情况不详。

石岭山庄

元至顺年间江白度建。存废情况不详。

瑞莲精舍

元延祐年间吴迁建。存废情况不详。

格物堂

在浮梁桃墅，明万历间当地人公建，汪自如于此讲学。存废情况不详。

乐平市境内的书院

乐平城东有翥山，城南临泎水（乐安江），故乐平别称翥山，又号泎水，素称文物之乡。历史上曾涌现了"一王二侯三驸马，四位左右一品相，五位状元、榜眼和探花，三百多位进士郎"。乐平历来重教之风蔚然，书院之建鼎盛。

慈湖书院

位于乐平县治长乐坊（今乐平市区的老城隍庙区小南门右侧观音阁）。宋杨简任乐平知县时，首倡士民兴修学舍，阐明心学，以崇教化。杨简（1141—1226），字敬仲，号慈湖，慈溪（今属浙江省）人，是著名教育家、思想家陆九渊心学的传承者。元至正十九年（1282）知县翟衡谋于宋故丞相马廷鸾，在城东南隅一处灌丛之地，辟为书院新基，以祀杨简，朝廷赐额"慈湖书院"。至正二十七年（1290），马端临任山长，前后达26年。元中后期程时登、王松坞、赵述翁等都是这一时期慈湖书院的学生。程时登，临港程家村人，元代理学大师，其时开门收徒，本县贤达多出其门，且著作颇丰。危素撰《乐平州慈湖书院赡学田记》。元末兵毁。

清康熙三十年（1683）九月，知县朱衮见书院久废，重建书院并易名"凤游书院"，延师授徒，供奉宋代杨简、明代金忠士二人。洪炜作记。清雍正五年（1727），凤游书院在重建中改为观音阁。1983年，乐平市博物馆在观音阁中收得"凤游书院"碑刻一块，现存该馆。

泎阳书院

又名丽阳书院，位于县治左（今市政府大院东侧），由县人王邦本（一说王邦平）捐资创建于明万历二十三年（1595），请知县金忠士（号丽阳）题额"泎阳书院"，金自作记。书院置学田120余亩。后人为感金之德政，改名为丽阳书院。明代有着"七饶师表"之誉的史桂芳（号惺堂，今昌江区丽阳镇古田村人）作《丽阳书院记》。

鳌山书院

位于小北门内试院墙后（今为民机械厂厂址）。知县元克冲建于清乾隆二十九年（1764），至光绪二十七年（1901）废止，光绪三十二年（1906）改为高等小学。

墨庄书院

建于清咸丰年间，由后田石景芬开办。

明阳书院

开办于清代。

军山书院

开办于清代。

万全书院

南宋瑞平年间方贵与建。

竹洲精舍

南宋瑞平年间洪士龙建。

碧梧精舍

南宋咸淳末年马廷鸾建。马廷鸾著《碧梧玩芳集》24卷，后收入《四库全书》。

披云堂

南宋咸淳末年僧普绕建。

浮梁县的书院

● 徐镇寿

书院之名始于唐代，是皇家编、校、典、藏图书的处所。之后，发展为讲学授徒、培养人才的教育机构，北宋已很兴盛。清末废科举，兴学校，书院历史遂告结束。浮梁书院，自南宋首创，至清末停办，历时800年。本文就其产生和发展做一简介。

新田书院

浮梁最早创办的书院，名新田书院。清康熙《浮梁县志》载："新田书院在新田都，宋绍兴年间侍郎李椿年建。嘉定间，李大有率乡人共新之，有大成殿及堂庑斋舍，置义田数百亩。教族子弟，延李德俊为师。后废，其地今尚曰义学坞。"古代浮梁，设有10个"乡"，57个"都"。新田都亦称辛田都，隶于锦绣乡。新田都所辖地段在今鹅湖（不含鹅湖，鹅湖属劝义都）至小源（不含朱锦）。李椿年是丰田都界田村人，这里原是浮梁历史上的八个乡村集市之一，称界田市，亦称界田街，素与东埠、湘湖、桃墅齐名。新田书院当设于这一带。"义学坞"地名已不可考。

李椿年，字仲永，北宋重和元年（1118）进士。南宋绍兴五年（1135）任洪州通判，后入朝为左司员外郎、左司郎中。绍兴十二年上疏"经界不正"，升户部侍郎。绍兴二十六年（1156）罢官。新田书院创办时间，当在绍兴十四年之后。南宋嘉定年间（1208—1224）；李椿年的侄儿李大有（进士）领族人重修了书院，专供李姓子弟读书。废于何时，无从稽考。

长芗书院

长芗书院的创办，比新田书院约迟四五十年。南宋庆元三年（1197）由景德镇监镇李齐愈倡建，地址在"镇市西"。"镇市"，指的是"镇市都"，即景德镇。那个时候，镇市都隶于兴西乡。"镇市西"的区域属长芗都，即今河西、十八渡、官庄至禅师山一带。长芗书院当设于禅师山一带。禅师山风光秀丽，北宋即盛礼学，刘辉和程节兄弟曾同读于禅师山的云林别墅。他们是嘉祐同年进士，刘辉进士第一，原籍铅山；程节、程筠则是浮梁人。近代，直至抗日战争胜利，在禅师山设帐开馆者，从不间断。

据史籍记载，长芗书院是"援白鹿例"创设的。白鹿洞书院在庐山五老峰东南，是宋代四大书院之一。南宋淳祐年间，汪天定任长芗书院山长（相当于校长）时，"负笈（书籍）者四方云集"。汪天定是湖田都人，他专于义理之学，声誉颇佳。在长芗任山长的多崇理学，已知有汪天定、凌子秀、朱继曾、吴迁、闵济、吴莱、张京伯等。最后一任山长朱伯高，于明洪武四年（1371）调任饶州府学教授，书院停办。

双溪书院

元至元十七年（1280），由江东按察副使屯希鲁倡导，办双溪书院于浮梁县治"北湖右"，这是创设在县治的第一所书院。北湖，又名莲荷塘，北宋范仲淹知饶州时，到浮梁视察，见县城里缺水，遂倡导筑堤蓄水以成湖。南宋淳祐年间，进士赵源建"进士庄"，书院始由进士庄改建而成。

十年后，即至元二十七年，书院被烧毁，旋即重修，建有祀奉孔子的"礼殿"，瞻仰先贤的"左堂右斋"，有专祀朱熹、饶鲁、金去伪等理学家的"别祠"，有教师讲学用的"人文四斋"，有学生读书用的"小轩"，还有"庖膳房""客厅"等。双溪占地面积很大，为浮梁历代书院之冠。明初，书院再次被烧毁。明万历三十三年（1605），知县周起元重修，并按历史原样，圈定了双溪地址的占地范围。

双溪书院的首任山长赵介如，是宰相江万里的学生，南宋宝祐进士，任饶州通判，入元不仕。他对双溪办学宗旨，明确提出"不事科举，而专义理之学"。他的学生中，先后有郑合生、章谷卿、徐逊、汪克宽都金榜题名中了进士。元末明初，在双溪任山长的杨维翰，浙江诸暨人，他不仅在文学上享有盛誉，而且善书法、工画，尤以墨兰、石竹擅长。

明万历年间，浮梁县书院除双溪外，还有兴田城门的两河书院，景德镇的西河讲堂，西湖桃墅店的格物堂等。天启五年（1625），魏忠贤迫害"东林党"，"诏废天下书院"，浮梁书院皆停办。双溪书院的房子变卖，解体为民宅。

昌江书院

清初，视书院为"群聚徒党"之所，采取抑制政策。雍正十一年（1733），朝廷同意省城设立书院。乾隆元年（1736），浮梁知县沈嘉徵，领头捐银120两，在县治东的义学旧址建昌江书院，拨官租充书院膏火（经费）。清朝廷正式同意府县设书院则是乾隆十年的事。昌江书院是清代在州县较早创设的书院。

沈嘉徵，浙江山阴人，是雍正六年至乾隆五年的浮梁县令，这段时间也是唐英在景德镇督陶的期间。沈嘉徵在浮梁任县令13年，政绩颇丰，教育尤佳。他"择文行素优者为掌教"，对学子提出许多具体要求。勉励学生勤奋攻读，说"十室之邑，必有忠信"（孔子语），意思是只要肯努力，山城里必出国家栋梁。他还强调学生必须是品德第一。他除了亲自到书院讲课以外，还亲自过问学生的勤惰，勤者奖励，惰者惩罚。在他的重视下，浮梁教育出现了"党庠术序遍生徒"的盛况，于是逐渐形成"延请名宿训课生童""书声彻夜，不间暑雨祁寒"的风气，使浮梁科举纷纷传捷，"岁科两试，半夺前矛；乡会三场，频闻入彀"。沈县令这样为地方办教育，确实值得后人缅怀。

这里须说明清办书院的情况。清代书院，其性质已不同于宋、元、明时期由名家讲学的书院。它从创办开始，政府就紧紧抓在手中。因为明末出现了"东林党事件"，生怕一放手就出事。所以一开办就一级一级由官办官管，所谓"大者属诸行台，小者属诸州府县之长"。对书院的掌教、生徒的选择，清廷都有明文规定。浮梁县治的书院，从沈县令创办昌江起，历任知县都亲自到书院督课，查掌教之优劣，查生徒之勤惰。书院的教学内容、要求、教学方法，清王朝都有全套规定，基本上与县学相同。所谓县学，是从唐代起设于地方的教育机构，也是科举制度最基层的机构。县学生员，经县试、府试及格的，即中了秀才的，方称"入学"。每次每县入学都有名额限制，浮梁一般是10名左右。到省里参加举人考试叫"乡试"，乡试科中即举人。参加乡试的人，必须取得秀才资格。县学同时管理孔庙活动。县学设学官，称教谕，由朝廷任免，官阶比知县低一品。一般知县为七品，教谕为八品。后来还设了副职，称训导。浮梁县治的书院，每月设二课，一次官课，一次师课。官课由府、县（主要是县令或教谕）出题阅卷，师课由书院掌教（山长）主持。阅卷后，对学生功课评定等级，由官署和书院按等级发给少量银钱的奖赏。

乾隆三十八年（1773），县令黄泌倡浚莲荷塘。此举也反映了当时浮梁经济形势比较景气。昌江书院是建在县城里，地盘无法扩大。随着教育的发展，书院校舍不敷使用。在浚疏莲荷塘的同时，清理了双溪书院的旧址。黄知县圈定，在双溪旧址建一书院，取名"绍文"。黄泌说"绍文，怀贤也"，就是继承先人的事业的意思。创办初期，绍文隶于昌江，即昌江书院的分部，"邑侯录课于昌江，生徒肄业于绍文"。随着绍文建筑的完善，昌江书院渐渐就停办了。乾隆五十六年（1791），昌江书院改为考棚。

景仰书院

景仰书院，清道光《浮梁县志》又称它为景德镇书院。"书院建在景德镇五图江家坞，原名净土庵"。乾隆十年（1746），知县李仙洲在这里首倡义学。乾隆十二年，李知县会同饶州府驻景德镇同知郑之侨筹办书院，后因这两位筹划人离任而搁浅。乾隆十八年又议办书院亦不成，为和尚做了庙堂。乾隆四十年，因住庙和尚私自砍伐了院中的树木，有人向官府告发，再议建书院。当时饶州府驻景德镇同知兴圣纪查明核准，于次年（1776）创办书院。取《诗经》"高山仰止，景行行止"句意，取名"景仰"。当年书院建筑，有"照堂五间，讲堂五间，后楼屋三间，左右厢房并堂廊侧房共六间。院外偏左三间供祀龙神"。共计有房21间。创办时，以浮梁籍士绅为主，捐田输银并首其事。事成，书院的管理，"凡考取生徒，延请山长，约发膏火，由同知经理"。同知，是清代府一级的官员，一般为六品。同知署，就是饶州分府。

景仰的地址究竟在江家坞的什么地方？据道光年间绘制的"浮梁县境全图"和嘉庆年间绘制的"景德镇全图"推断，五图在今东门头、莲社路一带，今江家坞亦属五图境城之内。据80岁的杨瑞开老师说，儿时听其舅父说，江家坞北侧山丘旁是景仰旧址。这里原有龙王庙，有条小巷，老人旧称"书院里"。说准确一点，就是现在景德镇饭店北后侧小山丘上，近几年在山顶端建有凉亭。

景德镇五方人口杂居，素称"十八省码头"，而镇上居民，浮梁本籍人极少。景仰设于景德镇城区内，其生徒几乎都是客籍人。嘉庆二十一年（1816），同知宁瑞、知县刘丙发起重修景仰书院，经费由陶瓷界集资，增建了房屋，扩大了规模。当年知县刘丙的幕友龚鉽有诗纪其事。龚鉽，南昌人，写过上百首陶瓷的诗，后刊辑60首，书名叫《陶歌》。其中一首写道：

陶成子弟集昌南，书院崇开一座谈。

坯铋早消甄土日，满窑和气足清酣。

（窑户陶成、陶庆二会创有书院，曰"景仰书院"。余曾代刘侯作《记》。）

可惜的是龚鉽代知县刘丙写的《记》，迄今未发现，但这首纪事诗确也为我们提供了重要史料：

第一，重修景仰书院是陶成、陶庆二会集资的。这二会，指烧槎窑，烧柴窑两个行业的组织。那时，在景德镇从事陶业的，浮梁籍极少，所谓"而今尽是都鄱籍，本地窑户有几家？"陶成、陶庆二会，指的是景德镇的客籍人，这同时反映在办学的经常性经费来源上。一般书院筹措办学基金都是置田买地，而景仰的佃户很少。它经常性经费主要来自两个方面，一是房产租金，二是银两取息。已知民国期间，它仍持有大量房屋，分布在陈家街、黄家弄、杉树巷、麻石弄一带，其租金大部分划拨给了天翼中学。

第二，景仰生徒几乎全是"陶成子弟"，也即主要是窑户老板的子弟。古代科考，对籍贯审查很严，一是外籍人在浮梁科考，会占浮梁的名额；二是有人脚踩两只船，两处应试。乾隆十八年，浮梁还置有《禁籍碑文》，规定入浮梁籍20年以上和无籍可归者方准在浮科考。景德镇的客籍人，要回原籍入学。"陶成子弟"在景仰授业，返原籍科考，生徒流动性大。在教学方面，与昌江、绍文相比较，景仰增添了讲学内容，远不限于每月二课。景德镇虽隶于浮梁县，但饶州府又直接插手景德镇，设驻镇同知署。景仰直接由同知经理，这里同时反映了景德镇的历史地位和景仰书院的某种城市特点。

咸丰年间，景仰书院被火烧毁。光绪初年，景仰书院重建于东门头（今胜利路的市京剧团宿舍）。1984年，82岁的施文谟老师回忆说，曾见过重修景仰书院的碑文，说它是客籍人办的，浮梁人不插手问事。他曾听老人说，住在云谷巷的汪家，住在牌楼里的陈家曾有人参与书院的管理。据民国初年在这里任景德镇平民学校的教师、85岁的姚甘霖老人说，民国初年我们都称这栋房子为景仰书院。新建的景仰书院，坐西朝东，前有庭院、照墙。正门外有长廊，共三进，中为讲堂，两旁是书房。向着东门头开有庭院门，石坊今仍存。清末废科举后，其房屋和产业一宜由景德镇（不由县）的教育机关管理和使用。

其他书院

清道光元年（1821），下长源都羊须坞（今湘湖蓝田），乡民公建南阳书院；九年（1829），东乡龙塘山（今鹅湖镇）建东山书院。知县沈棠在《东山书院记》中说"浮梁书院之建，盛于他邑。在城者曰绍文，在景德镇者曰景仰，在长源都者曰南阳，外地复有栖梧文会、锦江社学。"栖梧文会、锦江社学创于乾隆三十六年（1771），分别设于城门都（今兴田乡城门村）和长宁都（今江村）。光绪年间，江村沽演建北斗书院；黄坛南溪建西河书院。对这一批农村书院，知县刘丙在《南阳书院记》中称他们为"义塾"，说是鉴于绍文、景仰因"限于数额，不能遍及"而设置的"义学"，即所谓"远赴市城，不若就教梓里"的乡属学堂。据说南阳书院的讲堂书斋30间，东山是50间，北斗、西河竟达百间。

咸丰年间，绍文、景仰、东山三所书院皆被烧毁。谁烧的？同治《饶州府志》说绍文是太平军烧的。东山在原址重建，绍文、景仰择址另建。绍文书院后址在县治南，即孔庙右侧，今旧城中学内。

光绪二十七年（1901），清政府颁兴学诏书，提出县治书院改为学堂。光绪三十一年，废科举，县学书院停办。绍文书院于宣统二年正式改为县立绍文高等小学堂。农村各书院，于民国初年先后改为国民学校（初级小学）。

会馆·书院

景德镇的会馆，多数有书院名。如都昌会馆称古南书院，徽州会馆称新安书院，婺源会馆称紫阳书院，抚州会馆称昭武书院等。景德镇的会馆，已知有24所，还有无"会馆"名字的浮梁公所、桐城公所未在此列。会馆是旅居景德镇的同籍人共建，具有同乡会的性质。

景德镇的老会馆始建时并没有书院的名字，民国初年新建的也没有书院名。会馆配上书院的名字，是清末光绪皇帝兴学诏书颁发之后的事。书院取名，或以原域名胜、名人，如古南、三山、芝阳、双钟、紫阳、鹭州等；或用原州府之别名，如筠阳、新安、洪都、章山；或直接用省府州县原名，如湖北、苏湖、宁绍等。会馆虽未直接办学，但作为住舍和书斋，曾有其一定作用。会馆都有其闲散房屋，供流动来镇的子士短暂住宿和读书，甚至个别会馆举行讲会。此外，会馆对那些回原籍科考者给予资助，科举取中者给予奖赏。因此，会馆虽没有授业办学，但对教育也有一定贡献。民国期间，景德镇不少会馆以会产办学，办有私立小学、中学和职业学校8所。如古南书院办静山中学，紫阳书院办紫阳中学，新安书院办新安小学等。没有办学校的会馆，大多由公益事业征用，其中用于公立学校的10所。

中华人民共和国成立后，人民政府即着手对会馆财产进行清理。1950年1月，市各界人民代表会议决定，成立市"会社祠公有财产整理委员会"，旋即对会馆财产进行了接管。会馆（书院）的历史宣告结束。

（《景德镇文史资料》第八辑，景德镇市政协文史资料研究委员会，主编王遐、副主编石奎济，1992年第一次印刷）

杨简与乐平慈湖书院

● 徐行溥

一位哲人说得好，什么是历史？历史就是记忆，一个人不能没有记忆，一个地方乃至一个国家和民族不能没有记忆。历史总是留下一些值得人们怀念或者反思而引发记忆的人和事，尤其是那些有着浓墨重彩之笔的人和事，构成了让人们永远回首的或绚丽阳光或悲壮惨烈的斑斓多彩的恢宏画卷。今天，我们回顾堪称"文章节义之邦"的乐平的历史文化，就不能不去认识一下在宋代曾任乐平知县的杨简以及以他的名号命名的慈湖书院。

（一）

杨简（1141—1225），南宋哲学家，字敬仲，浙江慈溪人。《辞海》"杨简"条述"因筑室德润湖上，号慈湖，世称慈湖先生"。宋绍熙三年（1192）任乐平知县，1194年迁任国子监博士，后任温州知府等职，官至宝谟阁学士、太中大夫。

杨简是我国宋明时期陆王学派的重要人物之一，是著名哲学家、教育家陆九渊的嫡传弟子，深得陆氏心学的真传，其著作有《杨氏易传》20卷及其弟子编成的《慈湖遗书》等。在《己易》一书中，他说道"易者己也……天地我之天地，变化我之变化，非他物也"，认为《易》之理即人之心，卦爻象的变化及其差异出于人心，把宇宙变化的总过程说成是主观的心的变化过程；在认识论上，提出"人心自明，人心自灵"的观点。尤《杨氏易传》，专主"心性"之说，是心学派易学的代表作，对后世影响很大，在明代可谓其说大行。虽然杨简的哲学思想中关于宇宙天地变化观点含有朴素辩证法思想因素，但其整个思想体系属陆王心学的主观唯心主义范畴，作为中国封建社会重要的哲学思想体系，是在与程朱理学这一客观唯心主义学派对峙中而存在的。杨简的思想与陆九渊"宇宙便是吾心，吾心即是宇宙""学苟知本，六经皆我注脚"的本体论思想，及"知行合一""知行并进"的认识论观点同出一辙。

然而，作为古代思想家，杨简在乐平任知县期间，兴学重教，扩建县学，并"首倡士民兴修学舍"的业绩是值得肯定的。历代《江西通志》《饶州府志》《乐平县志》对杨简办学业绩均有记载。如载于《江西通志稿》的元人危素（1303—1372，元明之际文学家，江西金溪人，曾仕于元，官至参知政事，入明为翰林侍讲学士）在元至正初年（约1342年）所写的《乐平州慈湖书院赡学田记》一文中，就写道："昔杨文元公之宰乐平也，首倡士民兴修学舍，阐明心学，以崇教化。未几，民翕然应之，嚚健驯服，至今号诗书之邦""杨氏学出于陆文安公，其为乐平也"。即是说，杨简在乐平，首倡民间办学，修建校舍，兴学重教，用出自其师陆九渊的心学来治理乐平，教化民众。乐平的百姓也积极响应，于是不久后，乐平一些人的跋扈强悍之风得以驯服，使得至今乐平被称为"诗书之邦"。可见，距之150年后的元人对杨简在乐平兴学重教业绩评价极高。

有史料证明，杨简在当时，就深得乐平百姓的爱戴，1194年迁任国子监博士离乐时，绅民夹道欢送。如洪迈在其《送杨简迁国子监博士》五言古诗中道："聊述路人颂，持作送君诗"，可见，当时洪迈亦在乐平绅民欢送杨简之列，同时也说明，杨简在乐平任知县虽短短两三年，却政绩颇佳，百姓赞许，以至离任时，绅民惜别，路人皆颂，依依不舍之状略见一斑。乐平绅民久久怀念其兴学政绩，在杨简逝后57年，即元至元十九年（1282），乐平县尹翟衡主政时，兴建"慈湖书院"，以资纪念杨简。

（二）

慈湖书院，元至元十九年（1282）县尹翟衡在县城长乐坊县学后兴建。为纪念南宋兴学知县杨简，以杨简之号"慈湖"为名。元人危素文曰"事既上闻，赐额曰'慈湖书院'"，可见此事之初朝廷已知，并赐匾额命名，故称"慈湖书院"。其院址即今迎宾东路与水务局隔河相对的"观音古寺"东侧。（观音古寺亦称"观音阁"，是宋以前就建有的一座古庙，原称"香林古刹"）自此，慈湖书院及清初在此地重建并易名的"凤游书院"，成为乐平书院办学史上的一个重要办学场所，

同治版《乐平县志》记载慈湖书院事

也是当时饶州府的一所著名书院。

　　书院创办之初，知县翟衡就亲往归乡隐居的前朝宰相马廷鸾家，邀请其子马端临至书院执教。由于马廷鸾年事已高，健康不佳，因"侍亲疾"，马端临未能赴任。至元廿七年（1290），慈湖书院经朝廷批准正式设立山长（院长），在时任县尹的诚邀下，马端临出任慈湖书院山长。在任上，马端临严谨执教，勤勉办学。为乐平培养了一批学有所成的读书人。史书、志书上所载的元中后期乐平的一些地方名流如程时登、王松坞、赵述翁等都是这一时期慈湖的学生。如其中的程时登，临港程家村人，元代理学大师，其时开门收徒，本县贤达多出其门，且著作颇丰。仅志书上载有书名的有关《大学》《中庸》《周易》内容的著述就达十多种。马端临在慈湖期间，一边专心治教，其在书院讲稿就汇集成拥有159卷的《大学集传多识录》一书刊刻发行（此书可惜毁于兵燹）；一边潜心治学，为《文献通考》编著而付诸辛勤劳动。直至1295年应友人邀请出任浙江衢州柯山书院山长，才离开慈湖书院。

　　元末，慈湖书院与相邻的"香林古刹"，同毁于战乱。直至清初康熙廿五年（1686），浙江秀水（今嘉兴）人朱衮任乐平知县时，见书院久废，在原慈湖书院旧址重建，并更名为"凤游书院"。因香林古刹庙东有一石称"凤游石"（传说曾有凤凰来游）而得名。据同治《乐平县志卷四·书院》描述：书院有"堂庑庭阶，窗棂墙壁，简朴且坚。四周隙地，植以桂柏、桃梅，环以黄金翠竹。近纳湖山之秀，远绝尘世之嚣。士人讲学习其中，诚游息藏修之所也"。凤游书院在清嘉庆元年曾改名"杨公祠"。咸丰三年（1853），太平军起事攻入乐平，书院及毗邻的观音阁（雍正五年古刹大修后改称此名）同毁于战火。同治年间有杨姓族人出资重修，后历经乱世渐于败落，只剩下高坡上一座庙堂，书院亦不复存在了。好在改革开放后，观音阁得以重修，恢复了古寺的庙堂，一度沉落的遗址，今日依旧缕缕青烟，声声佛钟，大有昔日乐平古十景"梵寺钟声"的遗风。遗憾的是古书院早已无影无踪了。1983年，乐平博物馆在观音阁收得"凤游书院碑"一块，正面碑首阴刻楷书"朱邑侯凤游书院记"文题，下镌刻碑文，其内容是记载县令朱衮重修书院的缘由与沿革。碑后刻有书院兴修组织者、捐资者、监造者诸名。

　　回顾乐平封建时代的教育史，自科举以来，唐代在县城长乐坊建先圣庙，北宋神宗熙宁五年（1072）在先圣庙内建县学，南宋绍熙三年（1192）杨简予以扩建（元贞年间一度升为州学）。元至元十九年建成的慈湖书院，是乐平县学之外建书院的首举。此后，有明成化年间及清代几度重建学宫，扩建大成殿、明伦堂等。但就书院而言，后尚有明万历廿三年（1595）建洎阳书院

（后改丽阳书院），清康熙年间重建凤游书院，清乾隆三十一年（1766）在小北门（今为民厂内、老北门小学所在地）建翥山书院等。直至1901年书院废止，1904年在原翥山书院开办新式高等小学。此外，尚有厚田石景芬咸丰年间在家乡开办的墨庄书院，名口村清代开办的明阳书院、凤友书院、军山书院等。

然而，慈湖书院作为乐平历史上创办书院的首举，无论其办学延续时间之长、影响之深，还是慈湖命名的纪念意义、曾任山长马端临的历史地位、培养出名流的学术成就等方面来说，慈湖书院是彪炳乐平教育史册浓墨重彩的一页。

东山书院

● 吴嘉球　吴　庄

从宋代理学家朱熹在庐山白鹿洞书院讲学后，国内一般重视地方教育，大都有书院创立。在明清两代，特别注重书院。我们浮梁县四乡和县城就有五大书院：在东乡的叫东山书院，院址在鹅湖小港嘴内进龙塘山；在南乡的叫南阳书院，院址在湘湖街；在西乡的叫西河书院，院址在南溪桥；在北乡的叫北斗书院，院址在沽演；在县城内的叫绍文书院，院址在小东门泮宫塘，后为绍文小学。我们亲眼看到的只有东山书院和西河书院。北斗书院据北乡老辈谈，在北伐时毁于兵火。南阳书院，不知毁于何时。1935年我们到黄坛友人家去玩，路过南溪桥，从西河书院门口经过，只见院门关闭，大门上匾额白底黑字"西河书院"。这四所书院，唯北斗书院领先，东山书院是依照北斗书院式样造成的。北乡先以茶叶发展，经济优裕，故先。东乡田地多，大米一度值价高，捐献给书院的基金是田，所以东山书院规模居县四书院之首。

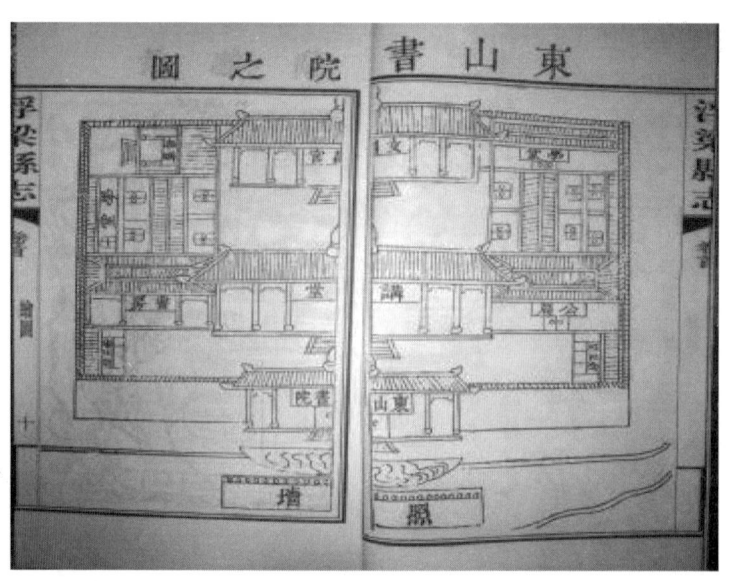

道光版《浮梁县志》载东山书院图

科举时期，读书人从小入蒙馆读书，叫启蒙，后来年龄大了读四书、五经，叫经学，总之，都称私塾。教师是有功名的秀才，来到书院读书的学生，都是准备送县考试后往饶州府考秀才的。到民国初年，东山书院所在地设有区乡村的机构，书院除供应读书之用外，就等于我们东乡政治文化治安中心。整个东乡，每年安排上级政府交给的任务时，都是由本乡各都图（元代乡里制度）人民选举首人（等于代表），这些首人是各都图有名望、有权威的士绅，到东山书院开会商讨有关问题的。

关于建设东山书院一事，经过我们访问，老一辈说，发起人是高岭人氏，有说姓冯有说姓汪，莫衷一是。据事实来说：是由各都图有识人士宣传捐款兴建无疑的。另外各都图人民还捐献了不少良田，由书院收取租谷作为全乡文化政治和治安等方面所用，无须要全乡人民摊捐派税。这些良田都分落在各个都图。当时有一本记载簿，名曰"公输录"，这份文献一毁于"土改"，再毁于"文革"，现已湮没无存。

东山书院所辖的范围，上至瑶里、罗源、梅岭、汪湖，下至王港、汪家山、港口、坑口、河源，南至内外天保，北至朱锦、曹村，中段渭水、墩口、臧湾、府前、九坞、十三村，直上鹅湖、东埠、南白。都图名称有尚西、福义、陇源、辛安、丰田、学口、辛田、劝义、义合、锦义、兴义、人寿、新飞、新兴共14个都，18个图。每都本身是一图，只有陇源都、新飞都、尚西有二图，锦义、丰田、人寿各一图半，共10都10图半。每年收租谷由都图首人值年轮流。

东山书院院址在龙塘山，四山环绕，老树苍松，中藏一座寺宇式的巍峨建筑，门前有半月形鱼池，两旁有围墙，地面嵌着大青石板，门口四根柱子，分三扇大门，门楣上挂有横匾额，白底黑字，文曰："东山书院"，字斗大左右。进门中间一大天井，两旁走廊左右有拱抱柱子，地面又是大青石铺地。过天井直上大厅中设有一神龛，供有文昌神像，老辈说，文昌帝君是专司阳间、阴曹文化的神明。两旁排列四根柱子，柱子上挂有大红朱砂底金字对联，是清初朱柏庐《朱子家训》上摘录的文，曰："读书志在圣贤，为官心存君国"。旁边柱子上还书有对联，文曰："真学问从五伦做出，大文章自六经得来"。字迹雄壮，据说是清末瑶里书法家程简先生手笔。两侧楼上楼下共有卧房百间，房间不大，只容床、桌、椅、箱，是供给来书院读书人用的。靠右通大厅旁，有一幢房子，中间厅堂，旁边厢屋，这是各都图首人开会、收租谷、住宿、休息的地方。厅屋中堂上面横悬匾额，白底黑字，文曰："正谊明道"。字义是各都图来书院为公务，是要正其谊不谋其利，明其道不计其功，也就是大公无私的意思。中柱有以"东山"二字藏头镶嵌而成的对联，文曰："东道莫辞劳，往往来来都为一乡事；山高深仰止，重重叠叠俨成五岳峰"。旁柱八字对联又嵌"东山"二字，文曰："东壁图书，西园翰墨；山间明月，江上清风"。这厅屋、桌椅、几凳，虽谈不上阔气，却是当时大家庭厅堂的风度。在这里长期看管书院房屋的是一位50多岁的师傅，名叫李兰仍，为人老实，看管房屋还做炊事员，每年上下半年全乡都要在书院开会，李兰仍帮忙操办临时工伙食，收租时间也由他雇人办伙食和晒谷，他本人招待茶水，到鹅湖买菜办货，直到1934年书院拆毁才离开。

东山书院的读书情况，一是师生感情甚笃，二是教学管理不机械，允许自由研究，三是课程设置不多，利于研讨，可以优游暇豫，玩索有得。主持书院人叫山长，我高祖得之公是清嘉庆年间秀才，也是东山书院下东乡首人，当时领导他的山长姓曹名声，曹村人，资格是拔贡，高于秀才，次于举人，书院首人、学生都称他曹老夫子。同治、光绪年间，程起凤、程云从、陈畴、朱光庭四人都是进士、举人、拔贡、秀才，都在东山书院讲过学。

书院是全乡人士捐献学田聚资兴办的，学生只带行李、食米到书院攻读，柴水由院方供给。1931年，全乡在书院办了一所小学，名曰东乡公立完全小学。这所小学办得很完整，有图书室、体育场、洗澡间，兼之书院原有楼上楼下一百间卧室，非常宽敞。教师都是乡里有名人士，如晚清拔贡名称"浮东才子"陈畴先生讲的古文，我们听得津津有味，他作文又批点，简单扼要，容易导引学生向何处用功。我们还记得他做了一首校歌，歌曰："全乡公办小学成，旗帜标语一番新。东山书院甚光观，满门桃李乐成荫。愿诸同学齐努力，精研笃行为方针。莫道东乡文化古，将来事业著奇勋。"这所小学只办了几年就停办了。

书院经济来源是学田，都是高价值的好田，各佃户交书院租谷，附近的送书院，离书院远的即用钱折算。抗日战争以前，书院田租仍很可观，秋收时间，都图值年首人轮流到书院值班收租，有工资旅费，供给膳宿。书院每年上下年各开一次全乡首人大会，以及对内对外经济开支，都由书院租谷支付，除完粮外，有余租谷和结租的钱，统统作为书院储存。有一次和婺源人争天保黄山寺打了一场官司，费用也是由书院支出。后来书院不设学校，地方设立区乡保甲，书院也就空余，租谷由首人发给旅省旅镇学生津贴，看人数多少，40、30、20元不等。抗战军兴，三征迫切，人财物力虚空，书院田租抵不上完纳两征田赋稻谷，各都图首人也无须到书院收租。种书院的田佃户，也就纷纷辞佃，书院经济也就无着落，书院房屋也雇不起人看管。当时国民党对江西工农红军"围剿",乡村实行并村政策,这幢有历史性的文物建筑,不幸在1934年三月间于臧湾第三区区长李敷荣(乐平人)手中拆毁,有些木料搬到臧湾小学添建教室,其他砖瓦老百姓拿了些,大部分倒掉。前人齐心合力、艰苦经营,一旦毁于时代潮流。

今年春,我俩收购茶叶完毕,是日天朗气清,同游少年读书书院遗址,由小港嘴转道前往,到达目的地,只见剩下门前半月形鱼池形迹,屋基上树木丛生,荆棘纵横,徘徊瞻眺,抚今追昔,真有无限感怀。我俩依据各人在书院的经历和观感,东拼西凑地共写这篇回忆录,以记不忘。

(《景德镇文史资料》第八辑,景德镇市政协文史资料研究委员会,主编王逞、副主编石奎济,1992年第一次印刷。吴庄,1917年生,浮梁王港乡人,王港茶场工作。吴嘉球,1916年生,浮梁鹅湖人,鹅湖医院工作。二人昔日均是东山书院办的小学学生)

西河书院

● 杨瑞开

1937年春，我任教于三龙中心小学，经常求教于当地名儒林步青先生。一次先生谈及西河书院旧事，指出：西河书院为清末举人汪龙光所倡建，并得浮梁东、南、北各乡名流赞助，于光绪后期破土动工，占地20余亩，历时三年有余建成。该地山环水曲，环境幽静，是建造学宫的理想地段。书院除大小厅堂外，有书房数十间，（外传有房舍99间）结构古朴，气势宏伟。林先生劝我利用假日去一睹其风采。

1938年秋后，景德镇市区常被日寇的飞机轰炸，城区居民大举下乡迁避，市内学校，被迫停课。此时，友人程哲来南溪工作，邀我去创办南溪中心小学，校址即设在西河书院，这对我来说，真是事如人愿。这样，我便以办学身份，在西河书院居住了长达两年三个月之久。

西河书院建于南溪桥西约500米的大平原上，为两幢隔墙并列的巨型建筑。西河在其南侧约百步，河水从万山谷底，迂回曲折静静地向东南方流去。濒岸紧邻书院为一宽广草原，自春至秋，绿草成茵，可坐可卧。书院北侧山峰，由东向西逶迤伸去，形成一道天然屏障，阻住南侵寒流。山间古木参天，时有獐、麂等兽出没，莺歌鸟语，四季可闻；冬春之交，更有一种兰花，一枝九蕊，异香扑鼻，当地人称之为"九节奇兰"，堪称兰花中的珍品。

书院正门向东，门外留一广场，约占地亩余，南为濒河大道，直达大洲瓷土矿区。院南围墙中部开一便门，与大道相通，此门后被区公所扩建为新式大门，正中大门遂弃而不用。门外草坪，被人用来种植玉米或棉花之类作物。

书院共四进，首先正门为高大的牌楼式廊房，中为大门，两侧各有小楼式房阁二间；首进与二进之间，有广约一亩的圈地，正中为青石铺砌的小道，两侧各植石榴树一棵（当时仅剩路北一棵）。

第二进正中为一大厅，两侧有前后相通并列的书房各三间，似为教谕住所。大厅宽敞，中央留有进入第三进的大门，闭而不开。大厅正中，放一长方大桌，形式古朴，原木色，质地坚实，为建院时所遗。此进当时为区公所办公处。

第三进为一回字形建筑，中间一大天井，两侧各有若干并列小书房，左右对称，前排除留有与二进中门相通空间外，两端各有较大书房二间。天井正中为大青石平铺路面，成正方形，四周有排水小沟。

第四进建筑成凹字形，后排及左右两侧均为书房。南部墙外为一大型馔堂及炊事、贮藏室，有一便门，小径直通西河。屋后为洗涤室。

为便于学生寄宿，在院南隔墙建有一条形长廊，分成十数小间，西部直通馔堂与炊事间。

书院并列的另一巨型建筑，有三进，前进与正院相同，唯无大门。

前后二进之中，有一大草坪，据说建院初，曾广种花果树，后因年久无人管理，仅剩几簇灌木，当中种花植果树遗迹，仍依稀可辨。

第二进中央为宽阔通道，左有一前后相通书房，右墙开一沟通两院的大门，门侧有通第三进的甬道。紧靠甬道，设立小学时，加建一教师办公室。

第三进地势略高，两进之间，中央为一大天井，有石阶三级，拾级而上，为宫殿式建筑，上有藻井，下为青石铺地，中间有一神龛式建筑物，可能为供奉孔子神像之处，但我去时，神像已一无所见。

大殿两侧，各有较大住房一间，宫殿之后有一花园，广约半亩，由左边住房进出；我当年即选居此室，园内杂草丛生，无人问津，而我又爱恬静，闲时刈草，坐听虫鸣鸟语，倒也别有情趣。

书院建造雄伟，青砖灰瓦，房舍全未加工髹漆，古朴无华，饱含对学子的教育深意。

木材全为樟杉，乡老传说，均由全县各乡送来，每根成材梁柱，直径都在0.5米以上，全院落地大柱，超过500根；板壁穿枋，全为整片木材，每根柱底，垫以鼓形石础，静而观之，给人以庄严肃穆之感！

全院房舍，除大厅、通道、天井、馔堂、炊房之外，都有楼板、地板。由此可知，当时筹划、设计、建造，所耗人力、物力、财力之巨与艰辛，而创建人汪龙光为之费尽心血与对后人及学子所抱之殷切期望，可谓大矣。

这是一座培育人才的学府，有其实用价值，非一般奢侈玩赏建筑可比。1940年，即容纳了星子、湖口等沦陷区迁来的难民（当时称为"义民"）千余人，第四进驻有一个中队士兵，却互不相扰、互不通声气，足以说明房舍之宽之大。

1941年3月，我离开该院回市任教，书院房舍，犹是板壁生辉，楹柱屹立，毫无虫蛀风蚀现象，想不到竟在30年后的"文革"期间被夷为平地，殊为可惜也！

今天，我执笔时，书院的轮廓，仍浮现在我的思维中；我也怀念那山间的九节兰花，不知每年冬春之交，它还在那深山幽谷中，放出异样的芳香否？

附：汪龙光传略

江龙光，字伯式，号勉斋，邑优廪生。光绪乙酉（1885）科拔贡。丙戌（1886）朝考三等，奉旨咨吏部，以复设教谕选用。癸巳（1893）恩科中式第七名举人。辛丑（1901）由举人报捐内阁中书。己亥（1899）创建西河书院。庚子（1900）奉宪备办团练。壬寅（1902）上柯中丞十八条陈，奉批通饬各属准行。癸卯（1903）江西派办政事处，委办饶州农工商矿事宜。甲辰（1904）以中书入京供职。适逢清后行万寿典礼，奉旨荣封二代，晋奉政大夫。丁未（1907）襄办江西南浔铁路。戊申（1908）襄办江西瓷业公司。庚戌（1910）合邑民选充任江西咨议员，复由全省民众复选充任咨政院议员，兼全省请开国会代表，并由学部奉充中央教育会会员。本年奉旨以裁缺内阁中书，改授广东补用知县。

辛亥（1911）民国肇兴，江西都督马，委署萍乡县知事，旋奉财政郎改委景德镇统税局长。壬子（1912）充任江西省议会秘书长。癸丑（1913）简任湖北巡按使秘书官。甲寅（1914）建造全县汪氏宗祠，并纂修县志及《景德镇陶录》。

生于咸丰庚申年（1860）八月十三日亥时，殁于民国丁巳（1918）二月初九日辰时。奉江西巡按使戚公准予立专祠，颁给"山高水长"匾额，著有《仍柏园诗文集》。（摘自三龙乡芦田村汪氏家谱）

（《景德镇文史资料》第八辑，景德镇市政协文史资料研究委员会，主编王遐、副主编石奎济，1992年第一次印刷。 杨瑞开，1914年生，从事中小学教育工作六十余年）

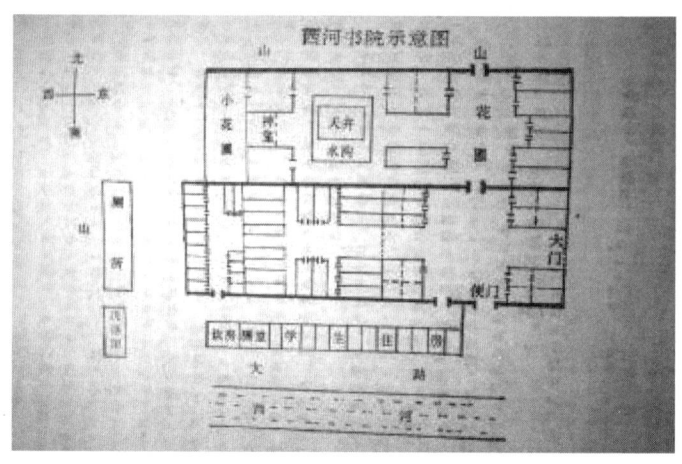

西河书院示意图

北斗书院

● 郑惟馨

北斗书院始建于清代光绪年间，何人倡建，现考察无踪。当时虽刊载于谱，但各村宗谱多在"文革"期间毁灭殆尽。现就笔者幼年时的一点浅闻分述于后，仅供参考。

书院不仅是文化阵地，也是文人学士集会议事的地方。浮梁东、南、西、北四乡都有创建。北斗书院建在浮梁北乡沽演村边沿，坐北朝南。行者至此，首先映入眼帘的是一座雄伟的门楼，其上横书"北斗书院"四个醒目的大字。两边各砌约5米高见方砖墙，用石灰粉刷雪白，八字形撇开。门前是一块宽敞的绿草坪。未进其门，就给人一种舒服的感觉。进入里面，布局讲究，多是对称。建筑规模宏大、宽敞，共计房间100间，是两层楼房。其中有会议厅、工作室、仓库、教室，有学生、当事人和工作人员的寓所。后面有一个大操场，操场后有池沼、花圃，周围栽有四季常青的松柏、翠竹。最后面是一座高大的魁星楼阁，楼拔地而起，似有冲入云霄之势。其楼阁顶端四角翘起，登斯楼也，心旷神怡，可鸟瞰方圆十余里。魁星楼这一建筑物具有深远意义，标志着北斗书院乃地方的唯一文化阵地。所谓"魁星"，属文曲星，因此而得名。整个书院砌有两米多高的围墙围住，这些建设虽不能与宫殿和当今现代化建筑相媲美，但在当时农村还数一流。听前人说，生活在这优美的环境中，有如世外桃源。清早可在操场上呼吸新鲜空气，锻炼身体；工作、课余之时可漫步花圃、池沼之间，亦可栖息于翠竹、松柏、垂柳之林。看到的有：百花斗艳，蜂飞蝶舞，清澈池水中的游鱼历历可数。听到的有：竹树林中的八哥高歌，蝉鸣鼠跃；东方泛白，夜深人静之时，书声琅琅，不绝入耳。书院的命名，委实名不虚传。可惜的是好景不长，在1934年被烧毁。书院被烧的情况大致是这样：

1934年，红色政权在浮梁北乡大部分地方建立。5月，祁门高塘村为"维护"其白色政权，组织"义勇队"，三番两次来北乡"围剿"红军。从九龙翻山越岭打到溠口村，不遇红军，则就地搜刮民财，以饱私囊。当时他们在溇口放火烧毁房屋三幢，随即绕道沽演放火烧了北斗书院。待书院化为焦土后，便沿河而上，经石溪、沧溪扬长而返高塘，这座具有历史意义的文化阵地，就这样毁于一旦。

书院的机构简单，内设团总一人；财务司账一人，负责全盘进出的经济账目；产物管理一人，负责物资产业保管；还有巡警若干人，专出公差，投送信件，其实也是团总的卫士。团总，算是高位，独揽大权。这一宝座，非一般人可以胜任，必由全乡文人学士集中选定。候选者，必须具有高学位、高威望。任团总时间最长的是溇口的朱之翰先生（朱邦道的祖父），他是进士学位。朱之翰先生见背后，则由其子朱舫良接充，其学位低，是个高中预科生，不过在地方上威望较高，尚能取信于民。及至1934年前后，书院日趋衰落，团总名义，无形消失，只设一员总管，其职责，掌管产业。江村的郑景尧先生曾充任过斯职，时间不长，也可说是最后的一任。

书院一年有一二次集会，由团总召集。集会的内容有：（1）有关全乡的公益事业的新建与重修。小型的，由受益者筹划，大型的，书院则从产业项下抽出援助，多少不等，视工程量而定。（2）有关全乡村与村、个人与个人发生的争田、争山的纠纷，在当地不能得到调处的，则提交书院论处。提交的纠纷案件，无一不能得到解决，且不致引起诉讼。其原因是，与会者都是各处的文人学士，威望高，他们从息事宁人的角度出发，就事论事，既不扩大，也不缩小，不偏不袒，更不感情用事，谁是谁非，秉公论处。这样，既消除了地方的钩心斗角，又免贻笑于他乡。

北斗书院没有设立过公办学校，只设过二、三堂经学（私塾），虽然设在书院内，但与书院无关。而书院却备有教室、房间、课桌、板凳，从不收取费用，纯属方便学者，以期多出人才。经学堂的组成，则由各家长互相邀集，请一名有学位、文化高的老八股先生任教，其薪俸全由学生负担。每堂经学的学生不足30名。废除科举制度后，书院曾办过"育正小学"，经费由书院筹措解决。黄云甫先生任校长，时间不长，后迁至沧溪村续办。

书院的产业有良田千亩，这是其经济的主源。书院被烧前，掌管专有其人，有收有支，自给尚余。被烧后，这笔田产由朱邦道掌管，曾为振兴乐农乡中心小学动用过。后来，朱邦道把这笔产业，按北乡的乐农、桃墅、全民、新政、兴田、峙滩六个中心小学平均分领。分领后，各小学则以此产业收入，除完纳公粮外，充作学校经费。笔者任新政乡中心小学校长时，曾亲身经管过。1934年后，田多人少，荒芜严重，收入也就微乎其微了。不过有比无还是好得多。使人感激至深的是：历年出外深造的学生，都能享受适当的资补，至今还有人念念难忘。

（《景德镇文史资料》第八辑，景德镇市政协文史资料研究委员会，主编王遐、副主编石奎济，1992年第一次印刷。郑惟馨，1924年生，浮梁江村人，曾在储田中学任教）

景德镇的私塾

● 王达林

在普遍实行现代化教育制度的今天，私塾这种教育形式，已成为历史陈迹，本无再述的必要。但在追溯教育沿革的时候，又不能回避这个问题。根据个人的了解，现对私塾教育和景德镇的私塾情况做一些简介。

一、私塾教育

1.私塾的类型

我国教育，从古以来就有公办和私办学校。公办学校，夏、商、周就有。《孟子》记载："夏曰校，殷曰序，周曰庠，学则三代共之"。这些学校，校、序、庠，是地方学校，学乃京师的学校。以后还有国学、太学。唐代开始有书院，当时是公办，后来也有私办和公私合办。清末，各省书院都转为学堂。

私办学校，即是私塾。私塾，顾名思义，是私家或私人设立的学塾。其主要类型有二：

①家塾。即由一家或几家联合延师教其子弟。

②私塾。即私人设馆，招授生徒。这种类型私塾最普遍。从春秋战国时代直到清末民初，延续了两千多年。尽管清末、民国和中华人民共和国成立初期，新学兴起，中、小学校林立，私塾仍被政府作为弥补公立学校不足的教育类型而允许存在。直到1953年，私塾就越来越少了。到"文化大革命"以前，这种类型的学校，才自然被淘汰。

2.私塾的层次和教学内容

私塾的层次有两种，一是经馆，一是蒙馆。蒙馆，又叫蒙学。这个层次的学生程度极杂，有初入学的新生，有读几年书的学生，也有以开讲、作文为主的学生。其级别大约相当于现在的小学和初中。有的蒙馆读书、识字、讲解、写作都有，相当于现在的高小；有的只是读读写写，讲解不多，相当于现在的初小。经馆，又叫大学，学生年龄较大，程度较高，在教学上着重讲解、写作。学生程度整齐一点的经馆，以自学为主，其级别大约相当于现在的中学或中学以上。读了经馆的学生，有的可以去参加县童生考试。这类学校，学生一般都在校膳宿。

在旧社会，读书的目的大致有三种情况：第一，富裕者，希望其子弟读书、过考、做官，有长读的打算；第二，一般者，希望其子弟能做点小生意，只要求粗通文字，能写简单的书信和应用文；第三，贫困者，只望其子女能认、能写一般常用的字。第一种只是少数，第二、三种居多。

私塾的教学内容也有三种，在具体课程的设置上，虽无明确规定，但大致相同。

第一种：《三字经》《百家姓》《孝经》《小学》《大学》《中庸》《论语》《孟子》《诗经》《尚书》《易经》《礼记》《左传》《古文观止》或《古文析义》《古文释义》《东莱博议》《唐诗三百首》《古唐诗合解》等。经馆还要着重阅读王凤洲、袁了凡合著的《纲鉴》或《御批通鉴辑览》和一些八股文章（民国以后就不学）的范文，蒙馆也有的读鉴略等等。

第二种：《三字经》《百家姓》《千字文》《增广贤文》《幼学》《论语》《大学》《中庸》《孟子》《千家诗》《神童诗》或《唐诗三百首》。

第三种：《三字经》《百家姓》《增广贤文》《千字文》《教儿经》或《女儿经》《四、五、六、七言杂字》《幼学》等。

以上三种，是大致的内容，但有些家长要求读这样或那样的书，教师还应根据家长的要求去做。不过《三字经》《百家姓》都是要学的，因为《三字经》这本书，是专为启蒙教育编写的教科书，书中综合了各方面最基本的知识，它从人的出生谈起，谈到家长教育子女的重要，再简介应该学习的天文、地理、三纲、五常等伦理知识和封建道德，最后列举了历代许多勤学苦读的男女典型。全书中心贯穿了一个"学"字。还有一个原因，就是句子简短，读起来容易上口，所以成了必读书。

《百家姓》这本书全是姓氏，在社会交往中，随时都会接触到，所以也成了初入学的必读书，并且还要求每个学生能认能写。

3.私塾的教学方法

①死背硬记。学生一入学，就是糊里糊涂地跟着老师"念经"，读死书，而且死背硬记。这种方法历来受到指责。其实，我认为这是一种最好的方法。因为中国的旧文体是文言文。儿童入学，蒙昧无知，此时此刻，如向其讲解

高深古奥的文言文，那真是对牛弹琴。而恰恰在这个时期，人的记性很强，把一些经典著作，像储进电脑那样装进去，到年龄大一点时候再讲解，学生就能举一反三，触类旁通。老师是在我读了几年死书之后再开讲的。老师从我几年前就早已背得滚瓜烂熟的《论语》开始讲解。他说："子，就是孔子。曰，就是说。子曰，就是孔子说。"他还说："子，除了作'儿子'解释外，还可以当作'先生'去称呼别人。"经他这样讲，我恍然大悟了，脑子里也自然由此及彼地想到"告子曰""孟子曰"了。以后，我慢慢地感到读起书来，很有味道。过去读书的人有句这样的话："上学之初是蠢材（除了读死书，认字、写字之外，就一无所知），开讲之后就是天才"。这句话，千真万确。正说明过去分两步走：第一步死背，第二步理解。

②个别教授。在蒙馆中个别施教，是基本的方法，除了少数学生集体听讲解同一本书以外，其他整个教学过程，如读书的"教、读、背"；习字的"写、指导、改"；识字的"写、认"；讲书的"讲、习、回讲"；作文的"讲、写、改"等等，都是个别地进行。这种方法好处很多：教师对学生掌握知识情况非常清楚，便于因材施教，针对性强。学生也因惧怕环环节节的检查，不敢偷懒，所以教学效果明显。经馆中除了集中听讲之外，个别施教的方法也使用得比较广泛，但比蒙馆还是少得多了。

4.私塾的师资和待遇

塾师的待遇：古代只听说学费叫"束修"。中华人民共和国成立以前，一个蒙馆教师，一年可以收到40至50石米的学费。经馆教师，比蒙馆可以翻一倍。此外，由于家长对教师的尊重，平时有些馈赠和宴请，端午、中秋还有"节敬"。礼物一般都较丰厚。这些日子里，塾师家里的酒、肉、鸡、蛋和应时物资，那是吃不完的。

二、景德镇的私塾

1.经馆

景德镇的窑户老板多，他们也望子成龙，请一些秀才、举人来教其子女。清末民初时，我们都昌有两个举人在景德镇教经馆很有名。一个叫余兆麟、一个叫余邦伟。这两个同时人，分别在禅师庵、沙陀山设馆，时间较长，学生也较多。

民国时期，又有两位也有点名望。一个叫刘世艺，一个叫罗文海。他们也是都昌人。刘设馆在沙陀山，罗设馆在禅师庵。刘是秀才，罗不知是什么功名。以后还有几位老师，都有名望。冯承杰、余昆国、冯天问（冯承杰儿子）、吴东阁。这四位中，只有吴东阁才是以教书为职业的正式教师。其他三人，家庭都比较富有，并不像吴东阁那样以教为业。冯、余教的学生数量不多，但年龄都较大，都有一定的基础。他们没有正式设馆，谁请他们，就到谁家里去教。

1948年前后，有钱人的子女，有一些考上了中学。但还有很多人考不上，他们的家长纷纷去请老师，好像比赛似的，都昌姓余的几个人从本乡请来余霁川、余豪华。邵裕如也同几个姓邵的人从都昌县城请来了邵益我，婺源人就请何燮。这时候的经馆共有五所，葡萄架的吴东阁，徐家街的余豪华，水星阁的余霁川，广益弄的邵益我，沙陀山的何燮。

这时候的经馆，实际上和蒙馆相差不大，只不过形式上像经馆的样子。学生在馆起伙食，在馆里住宿。

2.蒙馆

1945年以后，全镇29所，学生人数，一般多则二十几人，少则十几人，学生共580余人。中华人民共和国成立后，在政府的关怀下，将私塾教师组织起来，成立一个大组，大组下分三个小组。我曾担任过一段时间大组长，29位老师中，有一部分年纪较轻的，陆续参加了工作。

（《景德镇文史资料》第八辑，景德镇市政协文史资料研究委员会，主编王遐、副主编石奎济，1992年第一次印刷）

参考文献

[1] 王象之. 舆地纪胜 [M]. 北京：中华书局，1992.

[2] 浮梁县志 [Z]. 台北：台湾成文出版社有限公司，1989.

[3] 浮梁县志 [Z]. 扬州：广陵古籍刻印社，2007.

[4] 饶州府志 [Z]. 南昌：江西人民出版社，2014.

[5] 倪少成. 景德镇市教育志 [G]. 景德镇：[出版者不详]，1988.

[6] 汪水传. 景德镇地名志 [G]. 景德镇：[出版者不详]，1988.

[7] 陈新平，江寿如. 景德镇市志（有史记载—1985）·第五卷 [G]. 景德镇：[出版者不详]，2012.

[8] 吴逢辰. 浮梁民俗 [G]. 南昌：江西人民出版社，2009.

[9] 郑显忠. 昌江区军事志 [Z]. 景德镇：[出版者不详]，2011.

[10] 黄宗羲. 宋元学案 [G]. 北京：中华书局，1986.

[11] 王梓才，冯云濠. 宋元学案补遗 [G]. 北京：中华书局，2012.

[12] 叶德辉. 书林清话 [M]. 上海：复旦大学出版社，2008.

[13] 黄宽重. 宋代的家庭与社会 [M]. 北京：国家图书馆出版社，2009.

[14] 吴莱. 元代别集丛刊·吴莱集 [M]. 长春：吉林文史出版社，2010.

[15] 毛飞明. 方回年谱与诗选 [G]. 杭州：杭州大学出版社，1993.

[16] 罗愿. 钦定四库全书萃要·尔雅翼 [M]. 长春：吉林出版集团有限责任公司，2005.

[17] 吴莱. 钦定四库全书萃要·渊颖集 [M]. 长春：吉林出版集团有限责任公司，2005.

[18] 汪克宽. 钦定四库全书萃要·经礼补逸 [M]. 长春：吉林出版集团有限责任公司，2005.

[19] 俞希鲁. 至顺镇江志 [G]. 南京：江苏古籍出版社，1999.

[20] 欧阳玄. 欧阳玄全集 [M]. 成都：四川大学出版社，2010.

[21] 阮元. 宛委别藏·编类运使复斋郭公敏行录 [G]. 南京：江苏古籍出版社，1988.

[22] 江西省博物馆. 国宝——江西省博物馆镇馆之宝 [G]. 上海：锦绣文章出版社，2014.

[23] 罗愿.《新安志》整理与研究 [M]. 合肥：黄山书社，2008.

[24] 冯从吾. 钦定四库全书·元儒考略 [M]. 北京：书林书局，2015.

[25] 王遐,石奎济.景德镇文史资料·第八辑[G].景德镇:[出版者不详],1992.
[26] 罗伯特·芬雷.青花瓷的故事[M].海口:海南出版社,2015.
[27] 邓文原.钦定四库全书·巴西集[M].上海:上海古籍出版社,2002.
[28] 徐东述.宛委别藏·运使复斋郭公言行录[M].上海:商务印书馆,[1911].
[29] 洪焱祖.钦定四库全书·杏庭摘稿[M].上海:上海古籍出版社,2002.
[30] 汪克宽.钦定四库全书·环谷集[M].上海:上海古籍出版社,2002.
[31] 舒頔.钦定四库全书·贞素斋集[M].上海:上海古籍出版社,2002.
[32] 中共景德镇市委党办.中国共产党景德镇历史图志[G].北京:中共党史出版社,2004.

跋

　　五年前，与景德镇学院张德山教授论及书院历史，第一次接触到沉寂了六个半世纪之久的长芗书院。他鼓励我对这所著名的书院进行研究。也就是从那时起，我与书院结下不解之缘。毫不夸张地说，长芗书院是我人生中最美丽的邂逅。

　　书院文化研究与当代复兴之路，其实是十分艰辛的。五年来，我就像一个考古工作者，或者像一个侦探，只要发现一点有关长芗书院的蛛丝马迹，就要追踪到底。我先后搜寻和查考了上百种文献资料，并多次深入实地进行考察。为复兴书院，我多次造访省城，远赴京师；三进省博，两入国图；访名家教授于北大清华；参访了江西白鹿洞、鹅湖、象山、豫章、湖南岳麓、北京七宝阁、安徽竹山等书院或旧址。经过不懈努力，尽管还有许多未解之谜有待破解，复兴工作依然任重道远，当长芗书院从历史深处走来时，还是给世人带来了久违的惊喜。

　　长芗书院的文化研究与复兴工作，得到诸多领导和师友的关心与帮助。中共景德镇市委书记钟志生等来山考察；市政协主席黄康明关注书院的研究与复兴工作，并欣然为本书作序；市文化广电新闻出版局局长艾春龙、原景德镇日报社总编辑魏望来等对长芗书院文化研究会的成立给予了帮助。著名学者楼宇烈先生拨冗晤见；北大教授、中国文化书院院长王守常为本书题写书名；江西书院研究会胡青、王立斌、张劲松等予以指导；景德镇陶瓷大学曹建文教授、陈宁博士等予以了帮助；景德镇裕宏陶瓷文化有限公司程春林、东郊学堂黄清华、黄薇伉俪等对书院的复兴给予了鼎力支持！

　　本书在成书过程中，林进军先生提供了不少重要资料和信息；韩晓光教授为本书"历代诗抄"章节提供了素材；市教育局徐镇寿、宋国华以及浮梁县冯云龙、吴逢辰等对研究工作予以了支持。众多参与书院复兴工作的朋友以及媒体记者，他们期许的目光给了我们无穷的动力。市委统战部、市民宗局等有关单位领导对书院的研究与复兴工作予以了热心指导；市佛教协会副会长释果祥主持了书院文化研究会工作；南云寺、南山禅寺热心社会公益事业，坚持"禅学并重"的理念，为书院的文化研究与复兴工作提供了帮助！

在此一并致以诚挚的谢意！

　　由于水平有限，本书难免有错误和不足之处。付梓之际，赘此数语，恳请专家与读者不吝赐教。

　　岁在丁酉冬月，长芗后学东亮跋。